EXPOSÉ COMPARATIF

DE L'ÉTAT FINANCIER,

MILITAIRE, POLITIQUE ET MORAL

DE LA FRANCE

ET DES PRINCIPALES PUISSANCES DE L'EUROPE.

DE L'IMPRIMERIE DE J. GRATIOT.

EXPOSÉ
COMPARATIF

DE L'ÉTAT

FINANCIER, MILITAIRE, POLITIQUE ET MORAL

DE LA FRANCE

ET DES PRINCIPALES PUISSANCES DE L'EUROPE.

PAR M. LE BARON BIGNON,

CI-DEVANT ENVOYÉ EXTRAORDINAIRE ET MINISTRE PLÉNIPOTEN_
TIAIRE DE FRANCE A CASSEL, A CARLSRUHE ET A VARSOVIE.

> Quels autres rois se peuvent vanter d'avoir un si
> beau, si opulent et si heureux territoire, et le com-
> mandement sur tels peuples? De même, quelle terre
> pourrait-on dire avoir eu de tels rois?
> *De l'excellence des Rois et du Royaume
> de France*, par JÉROME BIGNON.

PARIS.

LE NORMANT, LIBRAIRE, RUE DE SEINE, N°. 8.
DELAUNAY, LIBRAIRE, PALAIS-ROYAL, GALERIES DE BOIS, N°. 243.

(x^{bre} 1814.)

AVANT-PROPOS.

Les inquiétudes, bien naturelles sans doute, mais véritablement exagérées, qui se sont répandues à Paris et dans les provinces, lorsque les communications du ministère ont, dans le mois de juillet dernier, fait connaître la situation des finances du royaume, m'ont porté à croire que le rapprochement de l'état financier des principales puissances de l'Europe avec celui de la France ne pourrait que contribuer à rassurer les esprits. Si le spectacle d'un mal plus grand qui existe ailleurs ne diminue pas en réalité celui qu'on éprouve, la comparaison que l'on fait de l'un et de l'autre, est un premier adoucissement qui dispose à croire à la facilité du remède. En m'occupant de la recherche des matériaux nécessaires pour établir l'avantage relatif de notre position sous ce point de vue, j'ai été conduit insensiblement à examiner aussi la situation de la France sous les autres rapports, dont l'ensemble constitue la force ou la faiblesse des États. Le premier travail qui m'occupait s'est trouvé n'être alors que l'une des parties d'un travail plus étendu, dont j'ai senti toute la difficulté, mais dont il m'a paru que l'exécution devrait produire un effet utile. Chacune des questions que j'ai traitées, aurait demandé une attention exclusive, et aurait pu former seule un corps d'ouvrage à part; mais, d'un autre côté, leur réunion en un seul faisceau a le mérite de présenter à la fois tous les élémens dont se compose la puissance et d'empêcher l'imagination, rassurée sur un point, de conserver sur d'autres des craintes vagues et indéterminées. En toute position, quel que soit l'abîme ouvert devant nous, c'est un acte de prudence de commencer par en mesurer la profondeur. Cet effort est presque toujours récompensé par le plaisir de connaître que la peur avait créé des fantômes ou supposé aux ombres qui nous effrayaient, un degré de consistance qu'elles n'avaient pas.

La première partie, destinée à offrir notre situation financière comparativement à celle des autres grandes puissances européennes, n'est qu'un exposé de faits dont la seule énonciation porte avec elle ses conséquences.

Il en est à peu près de même de la seconde partie, qui a pour objet l'appréciation de notre état militaire. Tout consiste à peindre ce qui est. Je n'ai eu qu'à tracer un tableau dont personne ne pourra méconnaître la vérité.

Les deux dernières parties roulent, au contraire, sur des objets extrêmement susceptibles de discussion : c'est une raison de plus pour en faire le sujet d'un sérieux examen.

Lorsqu'en considérant notre situation politique à l'égard des diverses puissances, il m'arrivera de chercher à établir qu'il convient à la France de suivre telle ou telle marche, je n'entends rien de plus, sinon qu'en prenant pour base les faits connus, en partant des données que fournit la notoriété publique, mes raisonnemens me conduisent à telles ou telles conclusions. Il se peut que les données sur lesquelles je m'appuie ne soient pas exactes; que mes conclusions ne soient pas justes. Je suis loin de prétendre que mes idées soient aveuglément accueillies. Mon désir est d'appeler les recherches des hommes éclairés sur ces importantes questions. Il est essentiel qu'elles soient envisagées sous leurs divers aspects, de manière que la nation puisse établir son jugement avec connaissance de cause; qu'elle soit en état d'apprécier les actes du gouvernement à l'extérieur et qu'il se forme une opinion nationale qui indique elle-même au ministère la conduite que prescrit le véritable intérêt de la France. Cette étude est indispensable chez un peuple qui a un gouvernement représentatif, parce que, malgré les dispositions de la loi fondamentale, qui laissent au roi le droit de déclarer la guerre et de faire des traités de paix, d'alliance et de commerce, la nation, de son côté, par le droit qui n'appartient qu'à elle de voter les impôts, a toujours le pouvoir indirect de prévenir ou de faire cesser une guerre dont le commencement ou les suites ne seraient pas conformes à son intérêt ; parce que, à l'égard des traités d'alliance et de commerce, bien que le droit de les conclure soit aussi réservé au roi, c'est toujours aussi un droit et surtout un devoir pour la chambre des députés et pour la chambre des pairs de faire parvenir au trône de justes représentations dans le cas ou des traités défavorables viendraient compromettre la sûreté de l'État ou sa prospérité.

Peut-être la dernière question est-elle la plus délicate de toutes. L'objet général que j'ai en vue étant de constater l'ensemble de la situation de la monarchie dans les huit premiers mois qui ont suivi l'heureux retour de la famille des Bourbons, j'ai dû y faire entrer, comme un de ses élémens principaux, un aperçu fidèle de l'état de l'opinion publique. J'ai d'abord hésité à toucher une partie aussi sensible. En y portant un regard attentif, j'ai reconnu que le mal, s'il existe, se borne à la superficie, tandis que la masse est saine et pure. L'opinion est un être moral qui a, pour ainsi dire, ses maladies particulières; mais, comme ces maladies, qui se composent de préjugés et d'idées fausses, soit sur des questions politiques, soit sur des intérêts personnels, n'altèrent point la droiture ni la pureté du cœur, je n'ai pas craint de signaler ces vices de l'esprit en respectant d'ailleurs le caractère des individus.

Au lieu des bannières diverses qu'on élève sans cesse au milieu de la société, je n'en reconnais qu'une seule sous laquelle je vois rangés les hommes de bien de toutes les classes. Unis par les sentimens, ils semblent divisés par les opinions; mais cette division elle-même est beaucoup plus apparente que réelle. Le grand intérêt du gouvernement est de les empêcher de se heurter entre eux : c'est ce que fera la main prudente et ferme d'un monarque qui ne peut qu'aimer également tous ses sujets, et dont l'équitable impartialité, répandant ses bienfaits sur tous ceux qui en sont dignes, à quelque classe qu'ils appartiennent, ne laissera de rivalité entre les divers partis que celle de le bien servir.

Le lecteur fera de lui-même une réflexion toute naturelle sur cet ouvrage. Il jugera sans peine, d'après l'importance des questions que j'ai traitées, que, pour porter ce travail à un certain degré de perfection, il aurait fallu y consacrer plus de temps que je n'ai pu le faire; pour gagner un peu en correction, j'aurais perdu l'avantage de l'à-propos. La troisième partie présente la situation politique de la France dans un temps déterminé, dans l'intervalle de la paix de Paris aux arrangemens de Vienne; pour qu'elle ait quelque intérêt, il convient de n'en pas trop retarder la publication. Cependant, quand même l'état de choses que j'ai décrit prendrait bientôt, ou aurait déjà pris une autre forme, l'exposé que j'en ai fait serait toujours vrai en le rapportant à l'époque à laquelle il appartient.

L'urgence est plus grande encore à l'égard de l'un des objets sur lesquels roule la quatrième partie, l'état moral de la France. Mes observations sur cette question intéressante, déjà terminées il y a plusieurs mois, renfermaient des idées qui étaient presque neuves en ce sens qu'on les entrevoyait à peine dans les écrits publiés alors. Depuis, on est revenu insensiblement à un plus noble langage; la plainte adoucit ses expressions; la haine même s'exprime avec moins d'amertume; les honnêtes gens se pénètrent mieux chaque jour des véritables sentimens du roi; enfin, la voix des passions n'étouffe plus entièrement celle de la sagesse. M. de Chateaubriand surtout a prêté à la raison tous les charmes d'une éloquence persuasive. Comment se hasarder maintenant sur la même route? Je m'étais mis en marche l'un des premiers; mais je n'étais pas armé à la légère : la pesanteur de mon bagage a retardé ma course, et maintes personnes parties plus tard arrivent au but avant moi. Cependant si la vérité est une, les formes sous lesquelles on peut la produire sont infinies; il est en outre difficile que, dans les choses qui paraissent se ressembler le plus, il n'y ait pas encore des différences essentielles. En expliquant à merveille comment tout doit être, M. de Chateaubriand trouve en général que tout est déjà ainsi. C'est le privilége d'une imagination vive dont le prisme heureux lui montre ce qu'il veut voir, donne aux objets la couleur qui le flatte, et lui fait prendre ses désirs pour des faits. Après ce premier mouvement, M. de Chateaubriand semble se défier lui-même de ses propres assertions, et il se met à prêcher les hommes qu'il nous avait montrés d'abord comme convertis. En regrettant avec eux les pertes qu'ils ont faites, il leur expose les avantages qui leur sont offerts en échange. La forme est ingénieuse et les raisonnemens sont justes. Il n'y a qu'un vœu à former, c'est que sa doctrine se répande, germe et fructifie. J'aime aussi à me représenter notre situation morale sous un jour favorable; mais je tâche de ne point aller au-delà du vrai. Quelques traits échappés à M. de Chateaubriand nous la montrent tout-à-fait en beau; il me semble qu'il en a fait le roman : je crois en avoir fait l'histoire. Au reste, si, en me bornant à la réalité sans ornemens et sans illusions, je trouve que l'état de l'opinion, tel même que je le vois, présente de solides motifs de satisfaction et de confiance, il est évident que des suppositions plus riantes ne font qu'appuyer mes raisonnemens et doubler la force de mes conclusions.

FIN DE L'AVANT-PROPOS.

EXPOSÉ COMPARATIF

DE L'ÉTAT FINANCIER,

MILITAIRE, POLITIQUE ET MORAL

DE LA FRANCE,

ET DES PRINCIPALES PUISSANCES DE L'EUROPE.

INTRODUCTION.

Huit mois sont à peine écoulés depuis que la plus miraculeuse des catastrophes a rendu le repos au monde, en rendant à la France la famille de ses rois. Dans ce court intervalle, tout a changé de face : la nouveauté de notre situation nous a d'abord étonnés nous-mêmes. Un calme inaccoutumé forme le plus étrange contraste avec la violente agitation à laquelle il succède, et nous fait goûter un charme presqu'inconnu, dont le prix ne peut que s'accroître par sa durée. On s'enhardit à compter sur le lendemain ; et le crédit public, malgré quelques variations inévitables, a éprouvé l'heureuse influence de ce retour de sécurité. A l'aspect d'un changement si prompt, tout en jouissant du bien-être actuel, j'ai voulu m'assurer si la tranquillité douce à laquelle on se livre, n'était pas plutôt un bonheur inspiré, qu'une confiance réfléchie. Mes recherches m'ont convaincu qu'elle est le résultat d'un jugement éclairé, qui repose sur les fondemens les plus solides ; que la France, malgré son épuisement momentané, renferme à la fois dans son sein des germes précieux de fécondité, dont le développement peut porter au plus haut point sa richesse intérieure ; et des principes de force, capables de la maintenir sur la première ligne des grandes puissances, d'où l'amour-propre national a pu craindre un instant de la voir descendre.

Les gouvernemens ne sont pas des corps isolés que l'on puisse juger séparément. C'est le rapport de la prospérité d'un gouvernement à celle d'un autre, qui donne la mesure de la prospérité de chacun. Le seul moyen de bien apprécier leur position, est de la comparer à celle des puissances de même ordre. Ce parallèle m'a conduit aux conclusions les plus satisfaisantes. Tout homme de bon sens qui voudra se donner la peine de suivre cet examen, partagera ma conviction.

Certes, la France ne peut pas se réjouir de l'état de souffrance et de misère auquel sont réduites presque toutes les nations européennes, puisque cet état même est comme un reproche vivant, qui rappelle, avec le souvenir de ses succès prodigieux, les prodigieux abus de la victoire ; mais les actes des gouvernemens ne sont pas les crimes des peuples. Quoique les entreprises militaires ou politiques d'un cabinet, soient en elles-mêmes répréhensibles et condamnables, le peuple, qui croit y voir le véritable intérêt de l'état, ne trouve pas moins dans leur exécution la juste moisson de gloire due à son courage, à son dévouement et à ses sacrifices. Les sujets méritent la couronne civique, tandis que l'histoire, et même l'opinion contemporaine, marquent du sceau de la réprobation le chef suprême qui a fait servir à un si fatal usage, toutes les qualités et toutes les vertus d'une nation loyale et magnanime. Entraînée ainsi dans une fausse route par les gouvernemens successifs, qui ont disposé de sa population et de ses moyens, la France a malheureusement prêté son nom à des événemens, dont toutefois la responsabilité effective ne doit pas être pour elle. Il n'est pas une seule contrée du continent, sur laquelle, à la suite de nos avantages militaires, il n'ait été établi un système régulier d'exaction, comme un droit résultant de la possession obtenue par la conquête. Cette exaction, d'ailleurs accompagnée de formes légales, n'en avait que plus d'activité pour faire arriver au trésor français toutes les richesses des pays occupés. La création de ce système fut une suite de la nature nouvelle des premières guerres que la France avait eues à soutenir pendant sa courte existence comme république. Sans nous piquer de faire revivre les vertus austères de Rome, nous avions aisément pris quelques-unes de ses habitudes, celle surtout de piller les provinces conquises (1).

(1) On n'a pas l'intention de faire ici honneur au gouvernement monarchique d'un désintéressement qui n'est pas plus dans ses mœurs qu'il n'était dans celles des Romains. Trop de témoignages historiques, et même certains pavillons de nos boulevarts déposeraient contre cette assertion ; mais, du moins, dans les guerres des monarchies de l'Europe entr'elles, la fiscalité de la victoire ne s'exerce guère qu'au profit des commandans en chef, tandis que dans une prétendue république, telle que nous l'avons vue en

Le gouvernement sentit la nécessité d'arrêter des désordres qui ne servaient qu'à former quelques fortunes particulières. Il mit ses soins à faire tourner au profit de l'état les ressources des pays vaincus. Cette marche, déjà adoptée par l'autorité temporaire, qui a figuré en France sous le nom de Directoire exécutif, convenait bien mieux encore au gouvernement d'un seul. Le tort de celui-ci a été de donner trop d'extension à ce droit fatal de nourrir la guerre par la guerre; droit dont l'usage ne peut être considéré comme légitime, qu'autant qu'il est réglé par une juste modération. Si l'on croit même devoir faire à son ennemi tout le mal qu'autorise la guerre; sans violer d'ailleurs les lois éternelles des nations, on nuit souvent à sa propre cause, en portant trop loin l'exercice de ce privilége de la force. Cette erreur a été celle du dernier gouvernement. Il n'a pas senti que, pour arracher quelques millions de plus à telle ou telle contrée, on y semait des germes de haine dont le développement pourrait avoir un jour de funestes

---

France, chaque commandant particulier se permettant d'agir pour son propre compte, l'oppression des peuples soumis était portée au plus haut point sans aucun avantage pour le trésor du peuple vainqueur.

effets. En apprenant aux peuples que la misère n'est pas le plus grand des maux, on leur apprend que la pauvreté est toujours riche pour se venger, et que, privée d'or et de métaux précieux, elle ne manquera jamais de fer pour frapper son oppresseur. Ces réflexions sont aujourd'hui sensibles pour toutes les nations également, puisque toutes, dans ce grand conflit, ont été tour à tour instrumens et victimes. L'objet du travail que j'entreprends étant de présenter la situation relative de la France à l'égard des principaux états de l'Europe, je dois me borner à les considérer tous dans leur existence actuelle, sans discuter la justice ou l'injustice des causes qui les ont amenés au point où ils se trouvent.

Portons nos regards autour de nous. Une première différence, une différence extrêmement remarquable se présente entre la situation de la France et celle de tous les autres états du continent. Le sort de la France est fixé : nous n'examinerons pas si la nature de cette fixation doit ou ne doit pas laisser quelques regrets à l'amour-propre national ; mais, par la seule raison que le lot de la France, bon ou mauvais, est déterminé; par la raison seule que cette fixation nous a désintéressés à l'égard de notre existence directe dans les négociations qui ont lieu, nous avons un immense avantage sur toutes les autres puissances dont la destinée n'est point réglée encore, avantage dont une politique habile saura sans doute profiter.

Le congrès assemblé à Vienne est une réunion d'un caractère tout à fait nouveau, et qui diffère essentiellement de celui des réunions diplomatiques formées, d'ordinaire, sous cette dénomination.

L'objet de tous les congrès avait été jusqu'à ce jour, ou bien de terminer la guerre en accommodant à l'amiable les différends des puissances belligérantes, ou bien d'étouffer par une salutaire conciliation une guerre prête à éclater. Aujourd'hui le but patent, le but avoué du congrès, est le partage entre les vainqueurs des dépouilles enlevées au vaincu. Cette destination est neuve et ne pouvait appartenir qu'à une époque extraordinaire.

Dans la lutte sanglante à laquelle le rétablissement de la famille des Bourbons a mis un terme, quelles étaient les parties belligérantes ? D'un côté, la France ; de l'autre, l'Europe. La paix une fois conclue entre la France et les souverains alliés, il semble qu'un calme profond, qu'un calme éternel doive succéder à la tempête : il semble que la peur d'une tempête à venir ne puisse plus exister ; que chaque souverain doive n'avoir qu'à rentrer en jouissance de ses droits et à se replacer, ainsi que la France, dans la limite des états qu'il possédait au commencement de la guerre de la révolution. Telle n'est pas, telle ne pouvait pas être l'issue du grand ébranlement qui a décomposé l'ancien système européen. Étrange effet de cette décomposition universelle ! C'est au moment où pour la seconde fois, depuis vingt-cinq ans, on a signé une pacification générale, que le besoin d'un congrès a été vivement senti, que le projet en a été arrêté, le lieu et l'époque convenus !

Aura-t-on la franchise de dire que, sous un certain côté, ce congrès rentre dans la classe de ces réunions de prévoyance, qui sont destinées à empêcher une rupture plus ou moins probable ? On ne peut se dissimuler sans doute que ce ne soit là un des sous-entendus qui ont mis toutes les opinions d'accord sur cette nécessité ; mais il n'en faut pas moins convenir que la conjoncture, même avec cet accessoire, est unique, et telle que l'histoire n'en offre aucune absolument semblable. Le monde entier était sous les armes : le monde entier ne connaissait qu'un seul ennemi ; cet ennemi n'est plus, et le monde n'a pas encore l'assurance de ce repos tant invoqué, qu'il attendait de la chute d'un seul homme, de l'affoiblissement d'une seule puissance. Cet homme avait tout envahi : cette puissance avait englobé dans son propre domaine, ou avait placé dans la dotation d'états créés par elle, des provinces arrachées à vingt souverains. Ces princes, ou détrônés ou seulement affaiblis, triomphent maintenant. Longtemps compagnons d'infortune, ils sont aujourd'hui compagnons de succès. Tous sont alliés les uns des autres : cependant c'est pour eux qu'un congrès est nécessaire ! Et telle est l'importance des questions qui vont s'y décider, que partout les ministres des affaires étrangères se sont transformés en ambassadeurs ; que les rois, les empereurs, assistent, pour ainsi dire, eux-mêmes aux discussions, et se placent à côté de leurs plénipotentiaires ! Et dans ce congrès, il est une seule puissance qui n'a pas une demande à présenter pour son propre compte, pas un intérêt direct de territoire à soutenir, qui, contente ou non de sa destinée, mais supérieure aux coups de la fortune, a du moins l'heureux privilége de pouvoir se montrer encore l'appui du faible, quand on a réussi à l'affaiblir elle-même, et de faire entendre le noble cri de la justice au milieu du cliquetis des ambitions croisées des dominateurs du jour ! Et cette puissance est celle-là même dont l'abaissement était l'objet de tous les vœux, le but de tous les efforts ! Cet abaissement a été consommé autant qu'il pouvait l'être. Gardons-nous sur ce point de nous entourer d'illusions plus dangereuses qu'utiles : ne faisons point honneur à nos adversaires d'une générosité prétendue qui n'était point, qui ne devait point être dans leur volonté. Ils ont usé des droits de leur supériorité passagère ; ils ont poussé, aussi loin que la chose a dépendu d'eux, la réduction de notre puissance territoriale ; mais cet abaissement, après tout, n'est que relatif : la France n'est abaissée que par rapport à ce qu'elle était, par rapport à ce qu'elle devrait être en raison du changement commun de proportion des autres états. Si l'acharnement de nos rivaux a resserré nos possessions jusqu'à la borne du possible, derrière cette borne, à laquelle ils ont dû s'arrêter, il existe encore, il existe, malgré eux, quoi ? l'ancienne France, la France de Louis XIV et de Louis XVI ; la France de 1792. Grâces soient rendues à celui qui décide du sort des nations. La France existe : elle existe sous un roi qui lui est cher. Sa destinée est toujours assez brillante. Sa place n'a pas cessé d'être au premier rang ; et, certaine de sa force, elle a l'espoir fondé d'unir bientôt les doux fruits de la prospérité à l'éclat de la grandeur.

La population, la fertilité, l'industrie de la France, le génie énergique et actif de ses habitans, nous autorisent à ne reconnaître aucun peuple au-dessus de nous. Il n'en est aucun qui ne soit fier de s'asseoir à nos côtés. Lorsque nous sommes si favorablement traités par la nature, ces précieux avantages n'ont-ils pas été detruits par les désastres des deux dernières années ? Sans doute elles sont profondes les plaies que nous ont faites ces deux siècles de malheurs ; mais, si notre martyre a été pénible, nos ennemis étaient-ils sur des roses ? Si notre agonie a été douloureuse, la mort pour nous a créé la vie ; et, nous pouvons le dire hardiment, la France, accablée par l'univers soulevé contre elle, est moins épuisée de sucs réparateurs, moins appauvrie de germes de fécondité, moins privée d'élémens de reproduction, que ces divers pays si souvent foulés par nos troupes, et dont les armées n'avaient jamais connu que des défaites, hors dans quelques-unes des dernières batailles.

Quatre sortes de puissances sont nécessaires pour composer le bien-être d'un état, la puissance de l'argent, la puissance du glaive, la puissance d'un bon système politique, la puissance de l'opinion. Je vais considérer la situation de la France sous ces quatre points de vue, en lui opposant celle des autres grands états sous les mêmes rapports. Ce rapprochement nous offrira sur tous les points les données les plus rassurantes.

Je comparerai d'abord notre état financier à celui de l'Angleterre, de l'Autriche, de la Prusse et de la Russie. Le simple exposé de la situation des finances des autres gouvernemens nous tranquillisera sur la situation des nôtres.

Je m'étendrai peu sur notre état militaire. Malgré d'immenses pertes, il subsiste encore dans toute sa grandeur et dans tout son éclat. L'armée française, après vingt-cinq ans de triomphes, a été accablée sans être vaincue, et si la gloire de ses longs succès pouvait être effacée, ce ne serait que par la gloire de son héroïque fermeté dans ses illustres revers.

La situation politique de la France peut, au premier coup-d'œil, paraître moins favorable; mais en examinant l'état respectif des divers gouvernemens, on aperçoit un grand nombre de combinaisons nouvelles qu'il sera possible de saisir, une foule d'intérêts qui demandent à se rattacher aux nôtres, enfin une infinité de chances heureuses dont un gouvernement sage ne manquera pas de tirer parti pour se former un bon système, et l'asseoir sur de solides bases.

L'état moral de l'Europe est un tableau intéressant et curieux que nous pouvons considérer sans crainte. Si c'est la puissance de l'opinion qui a armé le monde contre la France, aujourd'hui l'opinion a pris partout un autre cours et une autre forme. La direction nouvelle qu'elle a reçue en France et dans les pays étrangers est absolument telle que nos intérêts le demandent.

Ainsi, malgré deux ans de calamités inouies, la position relative de la France n'a rien qui doive nous décourager et nous abattre. Si la France a perdu une grande étendue de territoire, elle n'a perdu ni ses forces physiques ni ses forces morales : les unes et les autres sont, il est vrai, pour le moment éparses et désunies, mais elles subsistent et n'ont besoin que d'une main ferme qui les rassemble, que d'un génie habile qui en dirige l'emploi. Noble et glorieuse vocation pour le ministère dans une monarchie constitutionnelle!

PREMIÈRE PARTIE.

ÉTAT FINANCIER.

OBSERVATIONS GÉNÉRALES.

Si de nombreux exemples n'avaient, dès longtemps, fait connaître quelle influence exerce sur la destinée des peuples l'administration de leurs finances, les derniers vingt-cinq ans qui se sont écoulés offriraient seuls sur ce point les plus grandes et les plus terribles leçons. On ne saurait trop le redire aux souverains et aux peuples : c'est le désordre des finances qui est presque toujours l'occasion ou le prétexte des révolutions intérieures des états ; c'est ce désordre qui, en rompant tous les liens de la foi publique, amène les troubles civils, la chute des familles régnantes et tous les excès de l'anarchie.

Cette même cause, si fatale au bonheur des nations, ne l'est pas moins à la puissance des gouvernemens. Le rapport intime de l'étendue de la puissance d'un gouvernement avec l'état de ses finances est un de ces points fondamentaux sur lesquels, dans l'organisation de l'Europe moderne, il ne peut y avoir ni doute ni contestation. Pour apprécier les forces respectives des gouvernemens entr'eux, le premier objet qu'il importe de considérer est ainsi la situation de leurs finances, à laquelle se lie essentiellement celle de leurs forces. C'est là une vérité qu'il n'est plus nécessaire aujourd'hui d'établir par des raisonnemens; il ne faut, pour en avoir une confirmation nouvelle, que donner quelque attention aux faits qui sont encore sous nos yeux.

Dans les dernières guerres que nous venons de soutenir, quelle est l'arme la plus terrible qui ait été employée contre nous? Quel est l'ennemi le plus redoutable que nous ayons eu à combattre? Les finances de l'Angleterre. — Quoique le gouvernement anglais ait fourni un contingent de troupes plus fort qu'il ne l'avait fait en aucune autre circonstance, c'était comme trésorier de la coalition qu'il en était le principal personnage.

Les ressources de toute espèce avaient été, pour ainsi dire, réunies en masse; les hommes et l'argent, mis en commun. Cette agglomération des facultés de chaque puissance améliorait la position de toutes : chacune s'enrichissait des moyens subsidiaires versés par les autres dans le fonds général. La situation financière de tel ou tel état du continent était même à peu près indifférente, puisqu'il existait, grâces à l'un des alliés, une caisse inépuisable qui faisait face à toutes les dépenses. Heureusement il n'en peut pas être de même pour l'avenir : les coalitions ne sont pas éternelles; pour le moment, du moins, elles semblent toucher à leur terme; où, s'il venait à s'en former de nouvelles, ce n'est plus contre la France qu'elles pourraient être dirigées. Outre que l'Angleterre n'a plus de motifs pour exciter les autres puissances contre nous, si, par un excès d'acharnement, elle s'obstinait à nous poursuivre encore, il n'est plus à craindre que les états du continent se rassemblent à sa voix et s'exposent à de nouveaux hasards pour un intérêt qui, cette fois, leur serait tout-à-fait étranger. D'ailleurs dans les secours que le gouvernement anglais accorde à ses alliés, il ne fournit jamais que le supplément qui complète l'effort et non le fonds principal qui le constitue : il n'a, dans le dernier choc, porté plus loin ses sacrifices pécuniaires, que parce qu'il voyait devant lui d'immenses avantages. Aujourd'hui qu'il les a obtenus, il mettra plus de réserve dans ses libéralités. Les états si long-temps groupés ensemble vont s'isoler de nouveau : le lien qui les avait unis cessant d'exister, ce grand corps se dissout, et chacune de ses parties va reprendre le rang et la place que lui assignent sa population et ses finances particulières. Chaque gouvernement rentre dans sa position naturelle, et doit être jugé à part. L'état particulier de leurs finances n'ayant point encore été, en France, l'objet d'une étude sérieuse, nous croyons devoir en tracer un tableau rapide, présenter l'historique de leurs vicissitudes les plus récentes, et indiquer le point où elles étaient avant la guerre, comme celui où elles se trouvent à l'instant de la conclusion de la paix. Nous restreindrons ce travail aux quatre gouvernemens qui, par leur consistance, doivent surtout fixer nos regards, l'Angleterre, l'Autriche, la Prusse et la Russie. Peut-être l'étonnante hauteur de l'édifice financier de l'Angleterre causera-t-elle d'abord une sorte d'effroi; mais l'excès de son élévation même ne rend-il pas plus probable la chance d'un ébranlement prochain ? A Vienne, à Berlin, à Pétersbourg, nous ne trouverons, en revanche, que des motifs de confiance et de tranquillité. Nous concevrons que nos maux ne sont pas sans remède, en voyant que des États, qui, par la force de leur réunion, ont obtenu sur nous la supériorité du moment, sont presque tous, sous le rapport financier, dans une position encore plus fâcheuse que la France. En même temps que le ministère britannique nous offrira le spectacle d'une richesse qui s'accroît avec ses dépenses, nous verrons dans les autres pays le crédit périr là où il existait, les papiers d'état qui étaient au-dessus du pair tomber au tiers de leur valeur, et même au-dessous; la confiance détruite, et tous ses élémens anéantis : là où le crédit était déjà ébranlé, nous verrons s'achever sa ruine, et de véritables banqueroutes s'opérer par la réduction des billets de gouvernement, au quart ou au cinquième de leur valeur, sans que le papier réduit puisse, à beaucoup près, conserver un seul jour la valeur effective du taux de sa réduction. Ce n'est qu'aux subsides de l'Angleterre que ces puissances ont dû la possibilité de mettre en mouvement leur population entière; c'est, à vrai dire, le chancelier de l'échiquier qui a commandé en chef la croisade européenne contre le gouvernement français.

Cet ascendant d'un bon système financier sur tous les autres moyens de puissance n'est pas pour nous une expérience nouvelle. Nous n'en avons déjà fait que de trop fréquentes épreuves. Depuis que le gouvernement anglais s'est placé dans un état permanent de guerre avec la puissance française, l'issue de nos querelles n'a si souvent été en faveur de ce gouvernement que par suite de la reproduction continuelle de ses ressources, tandis que les nôtres, promptement absorbées, nous abandonnaient au milieu du combat. On a fait la remarque très-juste que dans presque toutes nos guerres le premier moment nous était favorable. Le gouvernement français, riche en moyens de tout genre au début des hostilités, donnait un grand essor aux forces nationales; mais bientôt les fonds devenaient plus rares, les pertes plus sensibles : l'impétuosité naturelle à notre nation s'éteignait à mesure que diminuaient les facultés du Gouvernement. Dans le même temps notre ennemi, moins prompt dans ses préparatifs, mais appuyé sur un crédit que rien ne pouvait ébranler, suivait une progression contraire. Sa vigueur se déployait tout entière lorsque la nôtre était déjà épuisée, et le bon état de ses finances, d'accord avec l'opiniâtreté de son caractère, finissait par faire tourner à son profit les chances qui avaient d'abord paru les plus avantageuses pour nous. Après avoir cru un instant que nous pourrions dicter la paix, nous étions réduits à l'acheter aux plus onéreuses conditions. Pendant les premières années de ce siècle, nous avons eu l'orgueil de croire que nous avions brisé la baguette magique de la finance anglaise : ce n'était que pour lui voir opérer encore de plus grands miracles.

Quoiqu'une foule de causes secondaires aient concouru à amener le miraculeux dénouement de la dernière querelle, on ne peut s'empêcher de voir partout la finance anglaise, comme le plus actif des agens qui aient jamais remué les peuples, et influé sur le sort du monde. Le gouvernement français, parvenu au plus haut degré de puissance par une suite de prodiges militaires, avait partout fait sentir, ou le poids de sa force, ou celui de son orgueil. Là où les motifs de haine n'existaient pas, il existait un sentiment d'envie aussi violent que la haine elle-même. Que fallait-il à ces peuples, à ces princes mécontens et aigris? Ils avaient du courage et du fer, l'argent seul leur manquait, l'argent existait ailleurs : un pacte s'est formé entre la haine et la richesse, et le comptoir de Plutus est devenu l'arsenal de Mars. De tous les arsenaux où l'on a forgé des armes contre nous, le plus redoutable est, sans contredit, la trésorerie de Londres. C'est de là que sortent des épées d'or, qui trouvent partout des mains empressées à les saisir. Fournir de l'aliment aux passions et des instrumens à leur fureur, donner du mouvement à l'avidité des Cours et à la haine des peuples, flatter à la fois la cupidité et la vengeance, tels sont les ressorts qui ont été si adroitement mis en jeu pour soulever les nations, les réunir entr'elles, malgré les incidens multipliés qui les séparaient, et faire concourir tous leurs efforts à les affranchir du joug de la France, pour les soumettre à celui de l'Angleterre. Tandis que les rois et les peuples de l'Allemagne et du Nord s'enorgueillissent de leur prétendue victoire, la trésorerie anglaise, qui ne voit en eux que des instrumens payés par elle, calcule le prix qu'a coûté ce difficile ouvrage : elle réclame sa part de tous les exploits des dernières campagnes, et revendique l'honneur des résultats. Ces résultats prodigieux ramènent à la conclusion nécessaire, qu'en définitive, de tous les moyens de puissance qui procurent aux gouvernemens la supériorité sur les autres États, celui dont les effets sont le plus infaillibles, est la puissance financière. Lors même que des faits particuliers donnent à cette vérité un démenti accidentel, on peut prévoir qu'à la longue, d'irrésistibles témoignages viendront de nouveau en consacrer la démonstration.

Le rôle que la France joue en Europe depuis vingt ans semblait présenter au monde la puissance militaire comme le moyen principal de souveraineté. La chose est vraie en elle-même, sans doute, et ne cessera jamais de l'être, mais il faut que cette suprématie, obtenue par les armes, s'appuie sur un système financier qui l'alimente et la conserve. Ce principe n'avait point été méconnu par le dernier gouvernement, et ce n'est pas sous ce rapport qu'on a les plus grands reproches à lui faire. On doit lui reprocher ces guerres ruineuses qui, malgré le produit des recettes étrangères, nécessitaient encore dans l'intérieur l'augmentation des impôts ; mais on ne peut nier que l'administration des finances ne fût habilement dirigée, et que, depuis 1800 jusqu'à la dernière guerre de Russie, l'ordre introduit dans cette branche de service n'y eût opéré une grande amélioration. Cette remarque est nécessaire pour répondre aux assertions de ces écrivains ennemis qui, chaque année, annonçaient que, l'année suivante, la France ne pourrait point suffire aux dépenses de l'État. Les faits avaient démenti leurs prophéties. En 1811, nos finances étaient parvenues à un point où il serait à désirer qu'elles eussent pu se maintenir. Cependant, pourquoi de cet état prospère sont-elles tombées si brusquement au point où elles se trouvent aujourd'hui; et si elles n'ont péri que sous les mêmes fléaux qui ont accablé nos forces militaires, pourquoi en attribuer le mérite au système financier du gouvernement anglais ? C'est que le système financier de l'Angleterre a été constamment une arme de sa politique, tandis que la politique française était, au contraire, un instrument de son système financier. La France a fait servir et sa puissance militaire et l'établissement du système continental à enrichir son trésor, et à puiser chez ses alliés, non moins que chez ses ennemis, des capitaux pour les employer à ses propres besoins. C'est peut-être autant par ce système d'exaction que par ses conquêtes, que le gouvernement français a semé tant de germes de mécontentement et d'animosité. Sans cesse il demandait, et ne donnait jamais. Lors même que des peuples, subordonnés à ses vues, avaient besoin de quelques fonds pour se livrer aux plus grands efforts dans l'intérêt de sa cause, il ne leur accordait ses secours que d'une main avare et qu'à titre de prêt : il leur vendait, en quelque sorte, la faculté de le servir. Quelques millions, quelques centaines de mille francs, jetés à propos, eussent pu, en beaucoup de circonstances, procurer d'immenses avantages. Une inflexible parcimonie repoussait toute demande, et voulait atteindre le but sans contribuer à fournir les moyens. Il en était tout autrement du gouvernement britannique, et cette différence dans la conduite des deux cabinets est une des causes qui ont eu l'effet le plus marqué sur l'ensemble des événemens. Autorisé à d'énormes dépenses par la rapidité de sa circulation intérieure, par les ressources d'une navigation active et par la facilité de se créer sans cesse des valeurs nouvelles, le ministère anglais offrait des fonds aux nations appauvries, présentait aux princes les sommes qui leur étaient nécessaires pour leurs armemens, les animait à la guerre au moment même où ils venaient de signer la paix, et les ramenait tour à tour au combat, jusqu'à ce qu'enfin, en les rassemblant tous sans exception, secondé par les élémens et par les fautes même de son adversaire, il est parvenu à l'abattre et à rejeter, en même temps, la France à ses anciennes limites. C'est ainsi que la finance s'était, en Angleterre, associée à la politique, et lui prêtait l'appui de toutes les richesses que lui procure le commerce des quatre parties du monde. C'est dans les archives de la trésorerie que l'on trouverait, à

Londres, les plus importans secrets du département des affaires étrangères. Plus d'une fois, les mystères de ce dernier département nous ont été révélés par la publication indiscrète des comptes de l'échiquier. Plus d'une fois, après que des puissances continentales avaient motivé leurs déclarations de guerre sur de prétendus griefs qui n'avaient que quelques mois de date, des comptes publiés par le ministère britannique, en nous faisant connaître des arrangemens antérieurs conclus par ces puissances avec l'Angleterre, venaient nous apprendre et les véritables motifs de la guerre et la date du projet qui en avait été adopté. Cette constance de la Cour de Londres dans la même marche, cette prodigieuse fécondité de son crédit, et sa persévérance à en consacrer l'emploi à sa politique extérieure, devaient la conduire, dans un temps plus ou moins rapproché, au résultat qu'elle avait en vue. Ses vœux sont remplis. Si l'on ne peut pas dire que ce soient absolument ses finances qui aient seules opéré la grande révolution qui a eu lieu, on ne peut s'empêcher de reconnaître que sans elles ce but ne serait pas atteint encore.

Comme il est un terme à tout, et même à l'étendue des prodiges que comporte un système de finance bien organisé, il est permis de douter que, dans le cas d'une conduite différente de la part de la France, le gouvernement anglais eût pu continuer encore, plusieurs années, le versement de ces énormes subsides qui mettaient à sa disposition toutes les armées du continent; mais cette question serait oiseuse aujourd'hui ; et, sans émettre de présomptions sur les dangers que les finances de l'Angleterre pouvaient avoir à courir dans une autre hypothèse, nous nous bornerons à constater leur état actuel. Jetons d'abord un coup-d'œil sur notre propre situation.

CHAPITRE PREMIER.

FINANCES DE LA FRANCE.

Notre situation a été mise au jour dans toute la plénitude de sa défaveur. Le squelette financier s'est montré à nous sans voile, et dans toute sa difformité. L'apparition du hideux fantôme a d'abord effrayé toutes les imaginations. Cependant notre vue s'y est insensiblement accoutumée, et il inspire moins d'horreur, depuis que nous l'envisageons avec des yeux moins prévenus et plus tranquilles. Une dette énorme pèse sur nous : mais quel est le pays qui, proportion gardée, n'en ait pas une plus considérable encore? A la vérité, il est permis peut-être à la nation française, plus qu'à toute autre, d'en concevoir quelques alarmes, parce que son gouvernement n'a point, jusqu'à ce jour, connu d'autre secret en une telle conjoncture, que celui d'une banqueroute plus ou moins déguisée. Il n'est aucune nation que ses facultés intérieures mettent, autant que la France, en état de balancer ses dépenses par ses recettes, et à notre honte, il n'en est aucune dont l'administration ait éprouvé des embarras plus multipliés et plus fréquens. La supériorité du talent consistait alors à dissimuler le mal pendant quelques années, à imaginer des palliatifs plus ou moins efficaces pour gagner le lendemain, et à savoir, par des calmans bien ménagés, retarder l'instant où la plaie plus envenimée et plus profonde ne pourrait plus être guérie que par une opération violente, qui aurait tué le malade s'il avait pu l'être. Telle est en général l'heureuse constitution des corps politiques, qu'ils survivent à tous les efforts que leur administration fait elle-même pour les anéantir. Tel est particuliérement pour la France l'inépuisable fonds de ses forces vitales que souvent elle a puisé un air de jeunesse et un redoublement de vigueur dans les crises même, où il semblait qu'elle eût dû périr. Ce retour périodique d'accumulation de dettes et de mesures violentes pour les diminuer, était un malheur inévitable jusqu'au moment où la royauté aurait, de concert avec la nation, établi un régime constitutionnel qui consacrât le vote de l'impôt par le peuple, la discussion publique des questions financières, et la responsabilité des ministres. Quoique les administrateurs successifs des finances de l'État ne soient pas tous sans reproche, il ne serait pas juste d'attribuer le mal entièrement aux personnes : il tenait à la nature des choses et à l'organisation existante au point, que ceux qui auraient voulu le réformer, sans que le principe du gouvernement subît une réforme semblable, devaient succomber dans une telle entreprise. Un homme, à qui on ne saurait contester de grands talens et des intentions pures, M. Necker, avait donné un bel exemple en publiant le compte de sa gestion. Il avait senti que la publicité des opérations financières du gouvernement, en associant la nation aux vues du ministère, assurait leur succès si elles étaient sages et bien combinées, comme elle devait, dans le cas contraire, en prévenir le danger, ou en amener le prompt redressement. Aucun de ses prédécesseurs n'avait songé à donner un pareil exemple; et ses successeurs ne se piquèrent pas non plus de le suivre. Le mystère est si commode pour qui craint de se compromettre! et, d'ailleurs, dans un temps où tout ce qui était relatif aux finances reposait sur un seul personnage, il fallait, pour révéler l'étendue de la tâche que l'on avait à remplir, et la mesure des succès qu'on obtenait, avoir dans ses propres forces une confiance que le mérite même n'inspire pas toujours. Aujourd'hui la position du ministère est différente. Sans doute un talent supérieur peut effectuer dans cette partie du service de grandes améliorations au profit de l'État; mais la fortune publique ne dépendra point désormais du plus ou moins de capacité d'un ministre, puisque dans le cas où l'administration se livrerait à quelques écarts, le mal ne pouvant rester long-temps secret, le monarque et le corps législatif seront nécessairement d'accord pour réprimer le désordre et en arrêter les suites.

Une circonstance toujours délicate est celle où des événemens extraordinaires occasionnent un changement dans le personnel de l'administration. C'est, sans contredit, un devoir pour l'administration nouvelle, de bien constater le point où sa responsabilité commence, puisque c'est de ce point que l'on devra mesurer sa marche; mais la justice veut qu'elle ne le place pas à un degré inférieur à la réalité, parce que ce serait à la fois élever des préventions injustes contre l'administration qui n'est plus, et se donner à elle-même le mérite non fondé d'avoir, en peu de temps, parcouru une longue carrière. L'abîme que nous avons à combler est assez grand, sans en exagérer la profondeur.

Après quelques variations sur le montant de la dette exigible, on en a déterminé le *maximum*. Ce *maximum* présumé est de . 759,000,000 fr.

L'intérêt de la dette constituée étant de 100,000,000, son capital doit s'évaluer à . 2,000,000,000

L'intérêt des cautionnemens, qui est de 8,000,000, répond à un capital de. 160,000,000

Total. 2,919,000,000

C'est sans doute un grand malheur, après les sacrifices faits dans les dernières années, qu'au moment où la paix vient enfin mettre en sûreté les générations naissantes, les propriétés continuent encore à porter les charges de la guerre; mais tout en déplorant l'énormité de la dette à laquelle nous avons à satisfaire, pourquoi craindrions-nous de reconnaître que cette calamité tient à des fautes politiques, qu'elle n'est point l'œuvre de l'administration financière, et qu'il faut, au contraire, que cette administration ait été dirigée avec beaucoup d'ordre, pour que le gouffre ne se soit pas creusé encore davantage? Cette justice rendue à l'administration qui finit sera pour celle qui commence un gage de l'approbation qui l'attend à son tour. Peut-être la sévérité, à laquelle on se livre si aisément envers les magistrats qui ont servi dans des temps difficiles, tient-elle à la disposition naturelle qui nous porte à toujours regarder l'époque présente comme la plus désastreuse qui ait jamais existé. Cette disposition est extrêmement dangereuse en tout temps. Aujourd'hui surtout elle conduirait à l'erreur. Dix fois les finances de l'État se sont trouvées dans une situation pire que celle où elles sont en ce moment.

A la mort de Louis XIV, en 1715, la dette de la France était même nominalement plus forte qu'elle n'est en 1814. La dette exigible était, comme celle d'aujourd'hui, de plus de 700 millions. C'était à près de 100 millions que montait l'intérêt de la dette fondée ; et le capital réuni de l'une et de l'autre, allait à 3,110,994,000 livres tournois. Le marc d'argent valait 33 liv. 1 s. Que l'on calcule la différence de la valeur que le marc d'argent avait alors, et de celle qu'il a maintenant, et la dette de 1715 s'augmentera encore du montant de cette différence. Un calcul non moins essentiel à faire est celui de la différence des recettes qui, en 1715, ne s'élevaient qu'à environ 155,000,000 de revenu net.

Malgré une foule de suppressions injustes, ou d'odieuses réductions, la dette était encore de deux milliards quatre cent millions, lorsque le Régent crut avoir trouvé la pierre philosophale, et se livra avec toute la France au rêve d'une richesse chimérique, que vint terminer bientôt un funeste réveil.

Cette horrible crise n'eut pas même l'avantage de libérer le gouvernement. En 1733, la dette était encore de près de deux milliards, dont l'intérêt montait à quatre-vingt-treize millions, et l'état était grevé en outre de cinq cent millions de dettes exigibles.

Il semble que rappeler ces embarras de finances, ce soit presque faire craindre des suites semblables à celles dont ils furent suivis; mais, par bonheur, le présent ne ressemble point au passé. La source de tous les maux attribués au dérangement des finances, et le principe même de ce dérangement ont toujours été dans l'inexactitude du gouvernement à remplir ses promesses. Éclairé enfin par les cruelles expériences faites à nos dépens, et par le grand exemple des heureux résultats d'une conduite contraire, il a été forcé de reconnaître que l'observation des engagemens contractés est la seule base solide de tout système de finance, et le seul moyen de salut pour l'avenir.

Il est évident que la position de la France est beaucoup moins défavorable aujourd'hui qu'elle ne l'était aux diverses époques que nous venons d'indiquer, en faisant entrer, dans le parallèle du présent avec le passé, le calcul des différences de la valeur de l'argent, et de la quotité des revenus de l'État. Cependant, au moment où nous sommes, on est autorisé à croire qu'à aucune de ces mêmes époques, le mal n'eût été sans remède, si une administration habile avait su tirer parti des ressources nationales, s'il eût existé une responsabilité ministérielle, et si un respect inviolable pour la foi publique fût devenu le principe fondamental de notre administration financière. Le succès des premières opérations de Law prouva combien il était facile de naturaliser le crédit en France ; mais, par malheur, une exagération absurde gâta un principe bon en lui-même, et la folie se hâta de détruire un ouvrage commencé par la raison. Une marche toute contraire est adoptée en ce moment; on procède lentement et avec méthode : la bonne foi agit et la prudence veille. Un gouvernement représentatif est devenu pour l'autorité royale elle-même, une garantie contre les fautes du ministère, et la royauté constitutionnelle essaie, avec la certitude du succès, *la puissance de la fidélité à ses engagemens.*

CHAPITRE II.

FINANCES DE L'ANGLETERRE.

C'EST aujourd'hui un point reconnu, que les finances d'un gouvernement ne doivent pas être regardées comme étant dans un mauvais état, par cela seul que le gouvernement a une dette considérable. Il est démontré par des faits, qui n'admettent plus de contestation, que ce n'est point la quotité de la dette qui constitue la pauvreté ou la gêne, mais la pénurie de moyens pour faire face à cette dette, ou le manque de proportion entre la dette et les revenus. C'est dans la mesure de cette proportion que se trouve celle de la puissance financière d'un état. Si l'on a porté tant de jugemens erronés sur la situation de l'Angleterre, sous le rapport de ses finances, c'est qu'on n'est point parti de ce principe pour asseoir ces jugemens. Le gouvernement anglais est chargé d'une dette qui est hors de toute comparaison avec celle des états les plus obérés, et cependant ce gouvernement n'éprouve aucun embarras dans sa marche : il multiplie, à volonté, ses efforts pécuniaires selon la multiplication des obstacles que rencontre sa politique extérieure; et il semble se jouer de tous les calculs. Quel est son talisman ? le crédit public. Sur quelle base repose ce crédit? sur la fidélité invariable du gouvernement à remplir toutes ses obligations. Quel est son secret pour pouvoir remplir des obligations toujours croissantes ? l'emploi habilement dirigé d'un bon système d'amortissement. Voilà le démon familier de la finance anglaise, voilà son talisman, sa magie et ses secrets.

Les nations du continent, en commençant une guerre, ont rarement des fonds assurés pour plusieurs campagnes. Si la guerre se prolonge, si les événemens en sont défavorables, il faut recourir à des augmentations d'impôts, ou à d'autres expédiens plus désastreux encore. La Grande-Bretagne seule a dans son crédit des ressources véritablement inépuisables, ou dont l'épuisement, s'il est possible, ne peut avoir lieu que dans un temps qu'il n'appartient pas à la prévoyance humaine de déterminer. Tout autre gouvernement voit devant lui, pour ce qui regarde sa dépense, le terme où il devra s'arrêter. Devant l'Angleterre s'étend un immense horizon, qui semble s'agrandir à mesure qu'elle avance. La voie des emprunts est une voie sans fin, où elle chemine seule d'un pas assuré et ferme.

Longam incomitata videtur
Ire viam.

Cependant le gouvernement anglais a lui-même commencé par des faux-pas : il a bronché à son entrée dans la carrière ; son talent a été de reconnaître la cause de ses chutes et d'en profiter. Les premiers essais de son système d'amortissement étaient loin de lui promettre tous les avantages qu'il a trouvés depuis dans des tentatives nouvelles, mieux calculées, et surtout soutenues avec plus de persévérance. Après avoir établi un premier fonds en 1717, on en avait, dans des circonstances pressantes, détourné une partie et quelquefois la totalité, pour l'appliquer aux besoins de l'état. C'est ce qui arriva en 1733, 34, 35, 36 et 42. Enfin le système fut presque abandonné, et pendant un assez long intervalle, on ne le regarda plus que comme une espèce de remède illusoire dont on ne pouvait attendre qu'un médiocre secours.

La véritable organisation de ce système, ou plutôt sa nouvelle création, est l'ouvrage de M. Pitt. L'effet a répondu aux espérances, et les a même surpassées. Tout annonce que le plan adopté en 1786, pour racheter 238,241,248 l. st. qui composaient la dette existante à cette époque, ne peut manquer d'avoir un plein succès, et d'atteindre ce but vers 1846 ou 1852 au plus tard, ainsi que le portait le projet du ministère.

Lorsque la prolongation de la guerre a obligé depuis le gouvernement à augmenter la dette de l'état, le fonds d'amortissement a été, d'après le principe établi en 1786, augmenté dans la même proportion. La somme nominale de la dette s'est, il est vrai, considérablement accrue, mais le rachat annuel ayant reçu le même accroissement, la situation de l'état n'a point éprouvé de détérioration effective. C'est un édifice dont, en élevant la cîme, on a eu soin d'élargir la base. J'admets, comme on le voit, toutes les assertions des hommes qui ont parlé avec le plus d'éloge de l'état prospère des finances de l'Angleterre. C'est de leurs raisonnemens mêmes que doit sortir la démonstration de l'avantage comparatif de la situation actuelle de la France.

Malgré le succès du système fondé par M. Pitt, l'énormité des dépenses de la guerre ayant, même dans les premières années, forcé le gouvernement de faire des emprunts qui, successivement, devenaient plus désavantageux; on sentit, en 1798, que la progression illimitée de la dette ne serait pas sans danger, et, pour restreindre la somme de ceux que l'on serait obligé de faire encore, comme pour garantir le paiement des intérêts, on eut recours à l'établissement d'impôts extraordinaires, sous le nom de taxes de guerre.

Ici, sur l'ancienne pyramide, s'est élevée une pyramide nouvelle. Les emprunts faits depuis 1798 sont comme une seconde dette pour laquelle il a été créé un second fonds d'amortissement. Ce fonds nouveau se trouve dans un impôt extraordinaire (taxe sur les revenus) dont le paiement devra continuer encore après la guerre, pour faire face à l'intérêt de cette seconde dette, et en éteindre le capital.

La progression de la dette générale de l'Angleterre, depuis un siècle, et le taux où elle est arrivée, non-seulement sans nuire à la prospérité de l'état, mais en devenant même un des véhicules de cette prospérité, offre le plus étonnant effet de crédit, dont les annales de la finance aient pu s'enorgueillir jusqu'à ce jour.

En 1700, on la portait à... 16,000,000 l. st.
en 1739 à........ 47,000,000
en 1775 à 130,000,000
A la fin de la guerre d'Amérique, elle était de 240,000,000

En 1799, d'après les états présentés par M. Pitt, toutes déductions faites des dettes de l'Irlande, et des extinctions opérées et à opérer dans l'année, la dette fondée, composée de la nouvelle et de l'ancienne dette, montait à 386,902,000 liv. st., dont l'intérêt était évalué à 18,571,215 ; mais dans ce total n'était point comprise la dette flottante qui s'élevait au mois de janvier de la même année 1799, à plus de 12,000,000 de liv. st.

Tandis que M. Pitt ne portait ainsi, en 1799, le total de la dette qu'à 386,902,000, M. Tierney, dans un travail qui resta sans réfutation satisfaisante, l'élevait à 426,452,269 liv. st. D'autres calculs l'ont, à la fin de 1800, fait monter à 510,000,000. Elle est maintenant comme un gouffre sans fond dont il est impossible de mesurer l'étendue. Les écrivains que l'on peut regarder comme officiels font tous leurs efforts pour affaiblir le total auquel, en ce moment, elle doit être parvenue. Ainsi M. Francis d'Ivernois, en annonçant que le gouvernement a, en 1810, emprunté 16 millions de livres sterling (inscrits au grand livre pour 19,811,107 liv. st.), assure qu'en même temps on remboursait les quatre cinquièmes de cette somme. A l'entendre, le montant des emprunts que chaque année voit naître, étant toujours, dès l'origine, réduit par un procédé semblable, l'accroissement de la dette est à considérer comme n'ayant lieu en effet que dans le rapport d'un cinquième avec sa quotité. En admettant cette assertion, sur laquelle le doute est assurément bien permis, et en nous contentant des aveux qui l'accompagnent, la dette non rachetée montait, en février 1811, à 545,662,698 liv. st. Il est évident que cette fixation est la plus faible qu'on ait cru pouvoir hasarder, surtout si on la rapproche de l'évaluation qu'avaient faite M. Pitt et M. Tierney, de la dette déjà existante en 1798.

Les faits manquent, il est vrai, pour en établir le montant exact en 1814; mais, à défaut de faits précis, on a une foule de données qui en tiennent lieu et qui conduisent à des résultats nécessairement très-voisins de la vérité. M. d'Ivernois, lui-même, fournit à cet égard de précieuses indications. En relevant le reproche, que font les financiers français au gouvernement britannique, de couvrir d'un voile épais l'immensité de sa dette, cet écrivain les accuse d'être tombés presque tous dans une erreur grave, dont il se fait une arme contre eux. L'explication qu'il donne au sujet de cette méprise offre des notions dont nous nous bornerons à tirer les conséquences. Suivant cette explication, si la dette de l'Angleterre ne figure point dans le budjet des dépenses, c'est qu'on ne porte dans le budjet des recettes aucun des revenus qui constituent le *fonds consolidé*, fonds affecté à la fois aux dépenses de la dette, de l'amortissement et de la liste civile. C'est seulement, après qu'il a été pourvu à ces charges sur le produit du fonds consolidé, que l'excédant plus ou moins fort de ce produit va figurer *dans les voies et moyens*. En 1810, il fallait 35 millions pour satisfaire à ces trois sortes de dépenses : le fonds consolidé en ayant produit 41, il y eut un surplus de 6 millions. En 1814, nous ne voyons nulle part à quelle somme se sont élevées les perceptions dont le fonds consolidé se compose ; mais d'après les comptes que le chancelier de l'Échiquier a présentés le 13 juin à la Chambre des communes, ce n'est que pour trois millions que l'on voit mentionner, dans les *voies et moyens*, l'article des impôts annuels. C'est moitié moins qu'en 1810. Or, toutes les recettes s'étant accrues depuis quatre ans, lorsqu'au lieu d'un surplus de six millions on n'en voit plus qu'un de trois sur le fonds consolidé, on est forcé d'en conclure qu'il y a eu une grande augmentation dans les dépenses auxquelles ce fonds pourvoit et dont la dette forme la partie principale. Pour suppléer les renseignemens que ne donnent point les comptes du ministère, nous pourrions faire usage de ceux que nous fournit le *Morning-Chronicle* du 9 septembre dernier, dans un état comparatif des finances en 1701 et 1814. Cet état porte l'intérêt de la dette, pour l'année financière qui a fini en juillet dernier, à 41,897,376 liv. st., ce qui fait plus d'un milliard de notre monnaie. Quoique, pour douter de l'exactitude de ce calcul, nous n'ayons aucune raison particulière, sinon qu'il s'éloigne trop de ceux de M. d'Ivernois, que nous devons regarder comme l'organe du gouvernement britannique, il peut être juste de prendre une sorte de moyen terme, et il nous semble, en conséquence, que, du taux de 545,662,698 liv. sterl., auquel M. d'Ivernois évaluait la dette en février 1811, elle a bien pu, à partir du commencement de 1811 jusqu'à la fin de 1814, monter à 750,000,000 liv. sterl., lorsque, dans ces trois dernières années, l'Angleterre a dû se prêter envers les puissances du continent à des sacrifices supérieurs à tous ceux qu'elle avait faits jusqu'à cette époque. L'esprit s'effraie à l'idée d'une somme aussi exorbitante; et, malgré la sagesse des plans d'amortissement combinés pour rembourser en cinquante ans la dette qui existait en 1799, on sent bien que l'extinction, tant de cette première dette que de celle qui s'est formée depuis, est maintenant une chimère, puisque, pour éteindre la première seulement, il faudrait supposer quarante ou cinquante années d'un repos non interrompu, et la perception constante des taxes actuelles. La supposition de cinquante ans de paix est un de ces rêves heureux auxquels on aime à se livrer, mais auxquels il est difficile de croire. Il est à prévoir que, des guerres nouvelles amenant de nouveaux emprunts, l'extinction de la première dette, que l'on promettait pour le milieu du dix-neuvième siècle, sera renvoyée au siècle suivant, et qu'ainsi l'amortissement des autres dettes accumulées depuis, doit être indéfiniment ajourné. M. Pitt lui-même n'avait laissé aucun doute à ce sujet, lorsqu'il ne craignait pas d'avouer qu'il faudrait que la nation supportât les charges existantes, toutes lourdes qu'elles étaient, pendant un période de plus de quarante ans, et qu'encore il ne fallait pas qu'une guerre nouvelle vînt déranger ce plan. Aujourd'hui on conçoit qu'il n'est plus question de songer au remboursement de la dette, et que tout le mécanisme de la finance anglaise se borne à soutenir le crédit par un amortissement régulier qui entretient l'équilibre dans la circulation, et qui établit le cours du papier d'état au taux que veut, selon les circonstances, l'intérêt du gouvernement. Pour entretenir cet équilibre et pour continuer l'opération de l'amortissement, sinon dans une proportion égale à l'augmentation de la dette, du moins dans une proportion approximative, il sera indispensable de laisser les impôts ordinaires sur le pied où ils se trouvent, et même de conserver les taxes de guerre, au moins en grande partie, long-temps encore après la paix. Déjà, dans le budget arrêté en juillet dernier, le ministère a proposé, et le parlement a voté, pour l'année courante, la continuation de 23,500,000 liv. sterl. de taxes de guerres, c'est-à-dire, de la totalité du produit que ces taxes ont donné dans l'année qui vient de finir.

C'est un phénomène tout-à-fait inouï que la hausse qu'a éprouvée depuis trente ans la somme des impôts permanens ou temporaires payés par le peuple anglais.

En 1783, le revenu n'était guère que de dix ou onze millions sterling (1); il était de seize millions en 1793.

Après avoir été, en 1800, de 26 ou 27 millions, il est arrivé depuis à 42 millions d'impôts ordinaires, non compris les taxes de guerre, lesquelles étaient déjà d'une vingtaine de millions, il y a quelques années, ce qui a donné un revenu de 62 millions st. en 1810. Il a été de 62,968,000 dans l'année qui a fini en juillet 1814, selon le compte dernièrement rendu par le chancelier de l'échiquier.

Sans doute il y a quelque chose de vrai dans les assertions des panégyristes du système de crédit, lorsqu'ils assurent qu'en Angleterre, *la facilité à supporter les impôts augmente avec les impôts mêmes*, et qu'après chaque effort la nation redevient capable d'en supporter un nouveau; mais

---

(1) Cette estimation, qui ne porte le produit des impôts qu'à onze millions de livres sterling, en 1783, est de M. Francis d'Ivernois. Il faut que ce calcul ne comprenne pas ou la totalité du revenu, ou la totalité du territoire. M. Necker, dans l'indication des impôts levés par le gouvernement anglais dans la même année, en porte le total à 487 millions de livres tournois. Les impôts produisaient alors en France 585 millions; l'Angleterre payait ainsi 160 millions de moins.

ce principe est de ceux auxquels il ne faut pas faire violence, et qui cessent d'être justes, si l'on veut en pousser l'application trop loin. En reconnaissant la réalité de tous les avantages dont s'enorgueillit l'Angleterre, il est mal aisé de concevoir un accroissement de prospérité correspondant à celui qui s'est opéré dans les impositions depuis 1783. On a beau dire que « pour sa» voir si une nation est surchargée d'impôts ou » non, ce n'est pas à la grandeur de la somme » que présente son état de recette et de dépense » qu'il faut s'arrêter, mais au rapport qui existe » entre cette somme et la richesse du peuple (1) »; ce raisonnement ne peut plus être applicable à l'Angleterre, puisqu'indépendamment de l'énormité du produit des impôts permanens et des taxes extraordinaires, il lui a toujours fallu suppléer, par des emprunts, à l'insuffisance de ses recettes. Le rapport qui devrait exister entre la recette et la dépense a entièrement cessé, et le gouvernement britannique, sorti de la sphère dans laquelle ses partisans eux-mêmes voulaient renfermer son mouvement, se trouve lancé dans le vague d'un espace sans bornes, où la fortune peut le soutenir, sans doute, mais où il peut avoir aussi à

(1) Essai sur les finances d'Angleterre, par M. Genz.

courir des dangers imprévus et impossibles à prévoir. Au reste, quel que soit le cours des événemens ultérieurs, le système qui a fait arriver l'Angleterre au point où elle se trouve n'en est pas moins un chef-d'œuvre d'habileté, et ce système, on ne peut trop le répéter, se réduit à deux points fondamentaux, la régularité du paiement des intérêts de la dette, et l'action continuelle de la caisse d'amortissement. Grâces à l'application non interrompue, du fonds créé pour ce dernier objet, à sa destination primitive, il était déjà monté, dès 1811, d'un million de livres sterling à douze millions. On a comparé la manière de procéder du gouvernement britannique à celle d'un propriétaire qui, fidèle à épargner tous les ans mille louis sur ses revenus, pour acquitter des dettes anciennes, augmenterait en même temps, chaque année, le montant général de sa dette de dix mille louis de plus. La comparaison n'a rien d'inexact; en une telle circonstance, le talent du débiteur consiste à hausser la part de revenus qu'il assigne à ses créanciers dans une proportion suffisante pour continuer à trouver chez eux les nouveaux secours dont il aura besoin. Ce talent est celui du ministère britannique : son exemple autoriserait presque à croire que la quotité de la dette d'un état est indifférente en elle-même aussi long-temps que des recettes assurées permettent d'effectuer le paiement des intérêts à jour fixe et sans suspension ni perte. La ressource des emprunts est ainsi toujours ouverte aux gouvernemens dont la bonne foi est bien établie, et la faculté d'emprunter n'a pour eux d'autres bornes que celles de la faculté de payer l'intérêt ; en sorte qu'un état pourrait aller presque jusqu'à devoir en paiemens d'intérêts la totalité du produit de ses impositions. Ce serait alors seulement que pourrait crouler son système ; mais il est presque contre toute probabilité qu'un état élève jamais sa dette à ce point. Emprunter est pour les gouvernemens un art qui a ses gradations comme tous les autres. Aujourd'hui, il est arrivé à un degré de perfection tel qu'un emprunt, outre qu'il porte avec lui le moyen de s'absorber lui-même, sert encore à libérer l'État de charges imposées par d'autres emprunts faits dans des circonstances défavorables et à de fâcheuses conditions. La dépréciation graduelle des monnaies, produite par leur plus grande abondance ou par la multiplication des signes qui les représentent, augmente d'ailleurs la facilité de hausser la somme nominale de l'impôt, tandis que la somme nominale de la dette reste toujours la même ; d'où il résulte qu'après un

4

certain laps de temps l'État ne paie en réalité qu'une portion toujours décroissante de la rente qu'il payait dans les premières années. On demandera si les emprunts sont une mine ouverte à tous les peuples, ou si l'art d'exploiter cette mine féconde est un mystère qu'il n'est donné qu'à quelques nations de découvrir. Jusqu'à présent les faits prouvent pour l'exception.

Les succès qu'a obtenus en ce genre le gouvernement britannique sont une sorte de honte pour la France. M. Necker a fait une remarque sur notre situation financière et sur celle de l'Angleterre en 1784. Par une singularité tout-à-fait extraordinaire, la somme que les deux gouvernemens payaient alors pour intérêt de leur dette était la même, et cependant quelle différence dans les résultats! Selon M. Necker, la France payait annuellement 207,000,000 de livres tournois, dont partie en intérêts perpétuels, partie en rentes viagères. Dans le même temps, les intérêts de la dette fondée de l'Angleterre étaient évalués à 8,933,414 liv. st., ce qui, en comptant la livre sterling à 23 liv. 6 s. 3 d., d'après le cours du change de cette époque, donnait aussi à peu près 207 millions, monnaie de France. Il y avait cependant une différence sensible dans la réalité des deux dettes. Sur cette somme de 207 millions, la France comptait 81,400,000 de rentes viagères, tandis qu'il n'y avait de viager en Angleterre que pour trente millions. Malgré cette différence à notre avantage, la France a été écrasée par sa dette, ou du moins la difficulté de pourvoir au paiement des intérêts a été l'occasion du bouleversement qu'elle a éprouvé, tandis que la dette de l'Angleterre a continué de s'accroître sans que le repos de l'État en ait souffert. Aujourd'hui cette dernière est presque quadruplée, et jamais le gouvernement britannique ne s'est trouvé sur la scène politique dans une position plus brillante. Peut-être, sous le rapport de son existence financière, la question n'est-elle pas absolument la même. Si nous avons payé cher notre libération, puisqu'elle ne s'est opérée que par la ruine des créanciers de l'État, le mal est consommé, il est sans remède : l'Angleterre, au contraire, n'a point manqué à ses engagemens ; mais, en remplissant les anciens, elle en a contracté de si étendus pour l'avenir ; elle a imposé à la génération présente, et léguera aux générations futures, un si épouvantable fardeau, que, comme l'avoir soutenu jusqu'à ce jour est un prodige véritable, il faudra une suite de prodiges pareils pour le supporter au milieu de toutes les secousses que le temps peut amener encore.

C'est un rapprochement curieux aujourd'hui que celui de l'état de nos finances et de celles de l'Angleterre en 1784, avec celui où elles se trouvent dans les deux pays en 1814.

De peur de donner dans l'exagération, je n'admettrai point, par rapport à la dette du gouvernement anglais, l'évaluation du *Morning-Chronicle*, qui en porte l'intérêt à 41,897,376 l. st. pour l'année courante. D'un autre côté, on ne peut pas non plus réduire cet intérêt aux bases établies par M. d'Ivernois pour 1811. Il faut se placer entre les deux extrêmes. Si, d'après M. Pitt, l'intérêt payé en 1786 pour 386,902,000 l. st. était de 18,571,215 ; comme la dette est infailliblement aujourd'hui de 7 à 800 millions, à supposer qu'elle ne soit pas plus forte encore, on peut, sans crainte, adopter une somme d'au moins 32 ou 33 millions pour montant de l'intérêt actuel.

Intérêt de la dette de la France et de celle de l'Angleterre.

1784.
- France, selon M. Necker. 207,000,000 l. tourn.
- Angleterre, selon le même, 8,933,414 l. st. ou à raison de 23 liv. 6 s. 3 d. pour la l. st. . . . . 207,000,000 *id.*

$$1814.\begin{cases}\text{France...}\ 100,000,000,\\ \text{Plus intérêts des caution-}\\ \text{nemens.}\ \ 8,000,000.\ \ \ 108,000,000\ \text{fr.}\\ \text{Angleterre, 32,000,000 l.}\\ \text{st., et à raison de 24 fr.}\\ \text{pour la l. st.} \ldots \ldots \ 768,000,000\ \text{fr.}\end{cases}$$

Revenus de la France et de l'Angleterre.

$$1784.\begin{cases}\text{France, selon M. Necker.}\ \ \ 585,000,000\ \text{l. tourn.}\\ \text{Angleterre, selon le même.}\ \ \ 487,000,000\ idem.\end{cases}$$

Sommes votées par le corps législatif de France et par le parlement d'Angleterre.

$$1814.\begin{cases}\text{France.} \ldots \ldots \ldots \ 827,415,000\ \text{fr.}\\ \text{Angleterre, y compris}\\ \text{l'Irlande, 75,624,572 l.}\\ \text{st., ou} \ldots \ldots \ldots \ 1,814,989,728\ \text{fr.}\end{cases}$$

Capital de la dette.

$$1814.\begin{cases}\text{France, y compris le ca-}\\ \text{pital des cautionnemens}\\ \text{et les 759 millions de}\\ \text{dette flottante.} \ldots \ldots \ 2,919,000,000\ \text{fr.}\\ \text{Angleterre, non com-}\\ \text{pris la dette flottante,}\\ \text{750,000,000 de l. sterl.,}\\ \text{ou} \ldots \ldots \ldots \ldots \ 18,000,000,000\ \text{fr.}\end{cases}$$

Assurément c'est réduire le capital de la dette d'Angleterre au terme le plus bas qu'il soit possible d'admettre, et il est à observer que nous n'y avons point compris, comme nous l'avons fait à l'égard de la France, le montant de sa dette flottante, qui ne nous est pas bien connu en ce moment; mais si l'on peut en juger par analogie, comme en 1810 il était, selon M. d'Ivernois lui-même, de 48,442,635 l. st., il est difficile qu'il ne se trouve pas plus fort ou au moins égal après une crise comme celle d'où nous sortons. Cette dette flottante, à laquelle on fait à peine attention en Angleterre, dépasse de beaucoup celle qui en France semble une si effroyable calamité.

Les sommes votées en Angleterre, comme en France, pour 1814, seront nécessairement réduites pour les années qui vont suivre; mais il est fort douteux que le gouvernement anglais puisse, de long-temps, supprimer les taxes de guerre dans leur totalité. On ne peut, en conséquence, évaluer encore la masse d'impôts qui continuera à être perçue par ce gouvernement : en France, au contraire, nous savons déjà que les dépenses de 1815 ne monteront qu'à 547 millions, et que l'imposition sera réduite à 618,000,000 fr.; en sorte que, dans quelques années, la dette flottante étant couverte, la somme dont le gouvernement aura besoin ne s'élevera pas à 600 millions.

Tandis que nous nous réjouissons de l'infériorité comparative de tous les calculs relatifs aux finances françaises, les partisans du système de crédit illimité de l'Angleterre regardent l'énormité des impôts qu'elle paie, et l'extrême cherté de tous les objets qui s'y consomment, ainsi que celle du travail même, comme la démonstration incontestable d'une supériorité proportionnelle de richesses. Certes, la richesse existe, mais non dans la proportion de l'accroissement nominal des valeurs. Lorsque le revenu s'est élevé de 11 millions à 63 dans l'intervalle de 1784 à 1814, est-il croyable que la richesse réelle soit sextuplée comme les impôts? Quand même cet accroissement de richesses aurait une sorte de réalité pour l'intérieur, il y a déplacement de position à l'égard des nations étrangères. La hausse du prix du travail devient défavorable dans les concurrences manufacturières au dehors. Les nations, chez lesquelles le travail est moins cher, non contentes de fabriquer elles-mêmes les produits industriels que leur fournissait l'Angleterre, lui en disputeront peut-être bientôt la vente dans les divers marchés de l'Europe. Déjà c'est un fait constaté que nos filatures livrent le coton filé à plus bas prix que les filatures anglaises. Ce fait est de la plus haute importance, car c'est un des points sur lesquels les avocats de l'Angleterre insistent le plus. M. d'Ivernois a prétendu prouver que les ouvriers anglais, quoique leur salaire soit triple de celui des nôtres, donnent encore leurs marchandises à meilleur compte; il assure que, toutes choses égales, un atelier britannique confectionne trois fois autant d'ouvrage qu'un atelier français. Selon lui, tandis que nous sommes lentement parvenus à nous approprier les mécaniques dont on se servait en Angleterre, il y a dix ans, il en a été inventé d'autres plus expéditives encore, que nous serons dix ans à imiter. Ces assertions étaient déjà fort suspectes au moment où elles ont été publiées. Les notions, acquises depuis la paix, par la comparaison du prix des cotons filés dans nos ateliers de Rouen, avec ceux qui sont filés en Angleterre, en ont démontré l'inexactitude. Au reste, il ne s'agit pas ici de contester la prospérité de la nation anglaise, ni l'utilité de son système de crédit. Les observations que l'on pourrait présenter sur ces deux faits n'en détruiraient pas l'existence ; mais leur existence actuelle n'interdit pas toute incertitude sur l'avenir.

D'abord cette prospérité de l'Angleterre est-elle appuyée sur des bases vraiment durables ? N'est-elle pas, en grande partie, le résultat de l'accaparement momentané du commerce du monde ? La cessation de ce monopole universel n'y portera-t-elle pas atteinte ? C'est là un de ces doutes effrayans que les nations étrangères et cette puissance même doivent également craindre d'éclaircir. On a peur d'y trouver pour résultat probable la chance d'une nouvelle rupture, le jour où le partage du commerce entre les divers peuples paraîtrait affaiblir la supériorité du gouvernement britannique, en ne lui laissant qu'une part plus ou moins forte dans des bénéfices dont il avait considéré long-temps la totalité comme sa propriété exclusive.

Quant à l'utilité de son système de crédit, et aux immenses avantages qu'il en a retirés jusqu'à ce jour, le principe n'en serait-il pas le même que celui de cette prospérité inouie dont la durée peut, en ce moment, être assez problématique ? La facilité d'élever la dette nationale tenait à la reproduction perpétuelle des ressources sans bornes que trouvait la nation anglaise dans les profits d'un trafic sans concurrence avec les quatre parties du monde; mais au moment où ces profits se distribueront entre les nations commerçantes, le produit en étant nécessairement plus ou moins diminué, le peuple anglais pourra-t-il continuer le paiement des énormes impositions dont il est chargé, et dont le maintien est cependant indispensable pour la garantie de sa dette ? Enfin l'édifice financier, si fermement établi en apparence, pourra-t-il se soutenir à la hauteur où il est parvenu ? La question ici ne roule pas sur l'utilité du système de crédit, mais sur le degré d'étendue donné à son application. L'usage en a été précieux, les effets, admirables. Tout consiste à savoir si l'usage n'a pas été poussé jusqu'à l'abus, si les effets n'ont pas dépassé la borne que la sagesse aurait dû leur prescrire : le temps prononcera.

Puisqu'il est impossible de ne pas reconnaître combien le système de crédit fondé par l'Angleterre a été favorable à sa prospérité et à sa puissance, n'est-il pas de l'intérêt des autres nations de profiter de son exemple en évitant les fautes qu'elle a pu faire, et en s'abstenant surtout de courir, comme elle, les risques d'une alarmante exagération ? Le crédit n'est point un don particulier fait par la nature à tel ou tel climat, à tel ou tel gouvernement : il appartient à celui qui sait le faire naître et l'entretenir ; il appartient à la France à aussi juste titre qu'à l'Angleterre. Peut-être serait-il vrai de dire qu'une fois implanté sur le sol français, il y jetterait des racines plus profondes. Le sable mouvant de la richesse mercantile de la Grande-Bretagne ne lui offre pas un fonds aussi solide que le serait celui de la richesse territoriale de la France. Il est fort à présumer que l'arbre croîtrait encore pour nous quand le vieux chêne qui ombrage l'Angleterre aurait déjà commencé à la couvrir de ses débris.

Dans le tableau que j'ai tracé de la situation des finances de la Grande-Bretagne, je n'ai point rembruni les couleurs; j'ai exposé des faits, et je n'ai même présenté que des faits avoués par les ministres ou par leurs défenseurs; j'ai pris leurs propres aveux pour base de mes raisonnemens. Cependant, je le demande, quel est l'homme ami de son pays qui ne tremblerait pas s'il voyait nos finances dans l'état où sont celles du gouvernement anglais?

En dernière analyse, quelle est, sous le rapport du crédit public et de la richesse nationale, la position respective des deux pays? J'admets en faveur de l'Angleterre tous les avantages que lui accordent sur nous ses partisans les plus déclarés; mais en admettant cette supériorité d'avantages pour le passé et pour le présent, on peut la rejeter pour l'avenir, parce qu'il est au pouvoir de la France d'entrer en partage avec elle, et que dans ce partage tout sera gain pour nous, tout sera perte pour le gouvernement anglais. Notre position en un sens est même beaucoup plus favorable. L'Angleterre parcourt d'un pas ferme le champ immense du crédit ; elle est déjà au bout de la carrière lorsque nous y avons à peine hasardé un premier pas. L'ordre naturel des choses humaines est que notre marche se croise maintenant avec la sienne, et qu'elle redescende tandis que nous avancerons. Il n'y a point de fixité pour la prospérité d'un état. Le jour où il a cessé d'acquérir, il doit perdre ; il doit perdre surtout lorsque ses acquisitions ont tenu à des circonstances étrangères et variables. La puissance britannique est élevée bien haut, mais le trône sur lequel sa grandeur repose est formé de matériaux divers, dont plusieurs, en se détachant tour à tour, doivent sinon amener brusquement sa chute, du moins ébranler ses fondemens. Cependant je n'imiterai point ces prophètes de bonne foi, sans doute, mais très-imprudens, qui ont si souvent menacé l'Angleterre d'une banqueroute prochaine, banqueroute qui semble maintenant peu probable, puisque la dernière lutte n'a pu l'opérer ; mais sans nier que l'énormité même des impôts payés par le peuple anglais n'atteste une augmentation certaine de richesse, on peut douter que la richesse réelle se soit élevée dans une proportion suffisante avec les valeurs symboliques qui sont en circulation : on peut douter que l'élévation des valeurs nominales à un point qui est hors de toute comparaison avec ce qui existe ailleurs, puisse être sans inconvénient dans les rapports avec le commerce étranger : on doit, à ce qu'il semble, se réjouir que la France n'ait point une dette dont le capital s'élève au moins à 18 milliards (1) ; qu'elle n'ait point à payer 800 millions de francs, chaque année, pour l'intérêt de sa dette ; qu'elle n'ait point, comme les douze millions de population anglaise, à supporter 1800 millions d'impôts annuels ; enfin que le prix des objets de consommation, et celui du travail de l'homme, ne soient point triplés, quadruplés, et même quintuplés de-

(1) M. le prince de Talleyrand, dans un discours du 8 septembre dernier, en présentant le budjet à la Chambre des pairs, pose en fait que l'Angleterre a, depuis dix ans, emprunté, chaque année, plus de 25 millions de liv. sterl. Quelle que soit l'activité de l'amortissement, on concevra sans peine que la dette, qui était déjà de plus de 500 millions de livres sterling dès 1800, doit être aujourd'hui, après les emprunts des dix dernières années, portée bien au-delà de 750,000,000 ; taux auquel, pour éviter toute ombre d'exagération, je restreins son évaluation en 1814.

puis trente ans. En applaudissant au miracle qui a fait triompher l'Angleterre de l'épreuve de la guerre, il peut être sage aujourd'hui de suspendre tout jugement sur la manière dont elle soutiendra l'épreuve de la paix. Quelquefois la violence de la tourmente ne fait que rendre la navigation heureuse, en donnant au vaisseau un mouvement plus rapide. Le calme des mers, l'absence des vents sont souvent un plus grand mal que la tempête.

CHAPITRE III.

FINANCES DE L'AUTRICHE.

Le système financier de l'Autriche était absolument inconnu en France, lorsqu'en 1788, le comte de Mirabeau en donna une esquisse dans son ouvrage sur la monarchie prussienne, ouvrage très-prôné d'abord et oublié ensuite, qui, à côté de morceaux solides et de détails intéressans, présente une foule d'inutilités et de hors-d'œuvres. Comme le comte de Mirabeau n'avait pas été en position d'étudier l'administration autrichienne de près, il ne put donner sur ce pays que les notions répandues dans les écrits de Büsching et de Schloezer. D'après les vérifications que le temps a amenées, il paraît que les notions fournies par Büsching n'étaient pas très-loin de la vérité.

Selon cet écrivain les revenus de l'Autriche montaient, en 1770, à 90,408,075 fl. (237,773,234 fr.).

A cet état il restait à ajouter le revenu des possessions acquises postérieurement à 1770, la Pologne autrichienne, la Bukowine et l'Innviertel. Cette addition, estimée à 14 ou 15 millions de florins environ, aurait donné 105 millions de florins.

Dans le total de 90,408,075 florins établi par Büsching, les Pays-Bas autrichiens entraient pour. . . . . 3,184,134 fl. ⎫
Et la Lombardie   ⎬ 6,093,305 fl.
pour. . . . . 2,909,171 fl. ⎭

En 1807, époque où ces deux pays avaient cessé de faire partie de la monarchie autrichienne, mais où les impôts avaient reçu des augmentations récentes, des tables statistiques publiées en Allemagne portaient le revenu à 110,000,000 de florins. Cette évaluation était assez exacte en la rapportant aux années 1806 et 1807.

Des renseignemens, sur l'exactitude desquels on peut compter, nous ont fait connaître qu'en 1808 la recette présumée était de 117,600,031 florins, à laquelle devaient se joindre plusieurs fonds accessoires qui portaient le total à 128,981,514 florins.

Tandis que les recettes de 1808, malgré toute l'extension que l'on cherchait à leur donner, ne s'élevaient qu'à 128,981,514 fl., les besoins du service public exigeaient une somme beaucoup plus considérable.

L'état militaire réclamait.... 105,561,000 fl.
Il fallait, pour les dépenses indépendantes de l'entretien de l'armée................ 56,000,000
Pour le paiement des intérêts de la dette fondée......... 27,769,000

Total........ 189,330,000

Cette disproportion entre la recette et la dépense n'était pas nouvelle.

Le produit des impôts ordinaires de la monarchie, après les pertes de territoire qu'elle avait faites, étant réduit, en 1808, à 92,361,814 fl., on avait, depuis plusieurs années, eu recours à des expédiens onéreux, ajouté des supplémens aux impôts anciens et crée de nouvelles taxes. Ces additions ou créations avaient toujours été annoncées comme temporaires et transitoires : les unes étaient établies pour un an, d'autres pour trois, d'autres pour cinq ; mais les circonstances qui les avaient fait naître ne changeant pas, il fallait bien les maintenir.

Nous devons prévenir ici une observation que l'on ne manquera pas de faire. On s'étonnera qu'une population comme celle de l'Autriche ne donnât en revenu ordinaire pour l'année 1808 que la somme, ci-dessus énoncée, de 92,361,814. Il est une différence essentielle qu'il faut saisir entre les formes administratives de la France et celles de la plupart des États d'Allemagne, notamment de l'Autriche et de la Prusse. En France tous les deniers de l'État entrent au trésor public, et en sortent ensuite pour aller pourvoir à ses divers besoins. En Autriche comme en Prusse et dans les autres gouvernemens d'Allemagne, une partie des dépenses de l'intérieur se fait sur les lieux mêmes par les caisses provinciales, et ces caisses ne rendent à l'État que leur résidu, déduction faite des paiemens dont elles sont spécialement grevées. Il n'est pas possible de déterminer la quotité précise des sommes dont le prélèvement se fait ainsi sur les caisses pre-

5

mières, mais on peut l'évaluer approximativement à près de la moitié de celle qui arrive au trésor de l'État. On doit remarquer aussi que, par les sommes indiquées comme formant le revenu public, il faut entendre le produit net, en laissant en dehors tous frais de perception.

On a vu plus haut que les impôts ordinaires et extraordinaires ne devaient produire que 128,981,514 fl. En admettant que la totalité de cette somme rentrât, comme les besoins de 1808 demandaient 189,330,000 fl., il y avait pour cette année un déficit de 60,348,486 fl. Le déficit de l'année 1807 avait été de 34,309,585 fl.

Les supplémens ajoutés aux impositions anciennes et les créations de taxes nouvelles ne suffisant pas aux dépenses, on ne pouvait combler le déficit de chaque année que par l'augmentation de la dette et par de nouvelles émissions de billets de banque. Effrayé lui-même de cette augmentation de la masse du papier et de sa détérioration progressive, le gouvernement créa en 1806 un impôt spécial, payable en numéraire, pour former un fonds d'amortissement destiné à opérer la diminution des billets de banque par un rachat avantageux. Cette intention même ne fut point remplie. Les fonds perçus pour cet usage en 1806, 1807, 1808 et

1809 furent appliqués aux besoins courans et servirent à couvrir, en partie, l'insuffisance des recettes ordinaires. La masse des billets et la dette fondée continuèrent également de s'accroître. Ces deux objets sont dignes d'une attention particulière.

BANQUE DE VIENNE.

La création des billets de banque remonte au règne de Marie-Thérèse. Cette mesure fut la suite des embarras occasionnés par la guerre soutenue contre la Prusse. La première émission date du 15 juin 1762. Elle ne fut que de 12 millions de florins. Ainsi les plus grands fleuves n'ont qu'un filet d'eau à leur source.

En 1771, la presque totalité de ces billets était rentrée dans les caisses de l'État. On retira ce qui en restait, et on ne les remplaça que par une pareille somme de 12 millions.

Joseph II la porta à 20 millions en 1785. Cette augmentation, si restreinte d'ailleurs, n'était alors commandée par aucune raison de nécessité. On n'eut point d'autre objet en vue que l'avantage du public qui recherchait cette monnaie avec empressement.

C'est en 1788 que commence à devenir sensible le dérangement des finances de la monarchie autrichienne. Les guerres continuelles, que cette puissance a eues à soutenir depuis, l'ont amenée au point critique où elle se trouve malgré l'espèce de banqueroute qu'elle a déjà été obligée de faire.

Dès 1794, on ajouta aux impôts ordinaires un supplément sous le nom de taxe de guerre (*Kriegs-Steuer.*)

En 1795, on commença la fabrication de la monnaie de cuivre.

Cependant le gouvernement augmentait sans cesse la masse des billets de banque en circulation, en même temps qu'il épuisait le fonds en espèces destiné à l'échange des billets. Lorsqu'en 1797 on craignit une invasion ennemie, les particuliers se portèrent en foule aux bureaux d'échange pour réaliser les billets qu'ils avaient entre les mains. Les fonds ne suffisant pas pour satisfaire à cet échange, le gouvernement fut obligé de prendre une mesure qui ébranla le crédit du papier, ce fut de réduire à 25 florins en espèces ce que pourrait recevoir chaque famille.

En 1800, la perte du papier devenant plus sensible, l'argent disparaissait davantage. Il fallut remédier à cette disparition. La coupure des billets de banque, dont les plus petits étaient de 5 fl., se trouva trop forte pour l'usage populaire.

On fit des émissions de billets de deux et d'un florin.

L'augmentation de la masse du papier monnaie donna lieu à une exportation graduelle de numéraire que le commerce ne put compenser dans la même proportion. C'étaient surtout les achats d'articles nécessaires pour l'armée qui nécessitaient cette sortie. D'après un relevé, qui ne peut être que fort au-dessous de la réalité, l'exportation des monnaies d'or et d'argent, depuis 1803 jusqu'à 1807, avait été,

Monnaie d'or..... 17,326,807 fl. } 39,525,766 fl. ou 103,947,504 fr.
Monnaie d'argent.... 22,107,459 fl.

D'après cette exportation successive de numéraire, il est incontestable que l'Autriche est un des états européens les plus appauvris d'espèces. L'extrême confiance dans le gouvernement, ayant d'ailleurs porté les habitans à convertir beaucoup de valeurs réelles en papier, a contribué aussi à cet appauvrissement général.

Il serait malaisé de suivre la progression toujours croissante de la masse des billets de banque. La somme en circulation montait à près de 400,000,000 en 1805.

Elle était, en 1807, de plus de 500 millions.

En 1808, la somme fabriquée s'élevait à 706,654,143 florins, dont 500 millions, à peu près, étaient dans les mains des particuliers, et le reste dans les caisses du gouvernement pour les préparatifs de la campagne de 1809. Les revers de cette campagne, la perte d'une grande partie du matériel de l'armée qu'on avait rétabli à grands frais, l'occupation pendant six mois d'une vaste étendue de territoire, y compris la capitale, les contributions de guerre payées pendant cette occupation, celles qui furent payées ensuite pour prix de la paix et de l'évacuation du pays, la diminution de revenu qui résulta de la cession d'une population considérable, ne permettent pas de douter que la masse des billets de banque en circulation ne fût, en 1810, montée à un milliard de florins.

MONNAIE DE CUIVRE.

La fabrication de la monnaie de cuivre s'était aussi augmentée, mais dans une proportion naturellement bien inférieure. En 1807, il en existait en circulation pour 80,000,000 de florins. Le quintal de cuivre revenait au gouvernement à 220 florins en papier de banque, et coûtait 36 florins pour être préparé en médailles prêtes à être frappées, ce qui faisait ensemble 256 florins. Livré en cet état à l'hôtel des monnaies, le quintal de cuivre monnayé produisait les bénéfices suivans :

Il donnait, frappé en pièces de 30 kr. 1,600 fl.
frappé en pièces de 15 kr. 1,066
et en pièces de 3 kr. . . . 320

On voit que cette monnaie, dont la valeur intrinsèque est si loin de sa valeur nominale, doit être regardée comme un véritable papier monnaie ; qu'elle doit perdre plus ou moins contre les monnaies d'un bon titre, et qu'elle a sa hausse et sa baisse comme les billets de banque. Pendant plusieurs années consécutives, le gouvernement a fait un gain annuel de 8,000,000 de florins sur cette fabrication.

DETTE FONDÉE.

L'Autriche a, comme l'Angleterre, sa dette ancienne et sa dette nouvelle. La dette ancienne est ce qui reste de celle contractée pendant la guerre de sept ans. La plus grande partie en avait cependant été éteinte par l'administration économique et sage de Marie-Thérèse. Il paraît qu'à l'issue de cette guerre, la dette montait à 367 millions de florins, et que les remboursemens faits jusqu'en 1785 avaient libéré l'État de 251 millions ; mais, d'un autre côté, les préparatifs de guerre faits en 1778 et en 1783 ayant occasionné des dépenses extraordinaires non couvertes par les impôts, les calculs qui ont porté la dette à 200 millions de florins en 1788 n'ont rien que de plausible et de raisonnable.

C'est de 1788, et surtout de 1791, que date la dette nouvelle. Presque toujours en guerre depuis vingt-cinq ans, le gouvernement autrichien a été obligé d'ouvrir sans cesse des emprunts tant dans l'intérieur qu'à l'étranger. D'abord les sujets y entrèrent de bonne grâce; mais ensuite le zèle se rallentit, et, dès 1794, il fallut avoir recours à un emprunt de guerre forcé (*gezwungener kriegs darlehn.*) On a continué depuis à suivre les mêmes erremens.

En 1807, le montant de la dette en obligations hypothéquées était de 643,000,500 florins en espèces, ce qui équivaut à 1,692,405,000 francs. Le paiement des intérêts exigeait 27,769,000 fl. Depuis que la gêne du gouvernement s'était accrue, on ne payait plus qu'en papier les intérêts dus à des prêteurs autrichiens: on finit par traiter de même les prêteurs étrangers. Il est à croire que cette conduite à l'égard des étrangers aura rendu les emprunts au dehors très-difficiles, et aura, par cela même, fermé du moins cette voie à l'augmentation de la dette.

Il existe des papiers d'état sous une foule de dénominations différentes, obligations de la banque de Vienne, obligations de la chambre des finances, obligations de la chambre de Hongrie, obligations de la loterie, obligations de la caisse des dettes d'état étrangères, obligations des emprunts faits en Allemagne, à Florence, à Gênes, en Suisse et en Hollande.

CAISSES DES ÉTATS DES PROVINCES.

Indépendamment de la dette générale composée des diverses sortes d'obligations dont nous venons de parler, il existe en Autriche des dettes provinciales qui sont plus ou moins fortes, dans chaque arrondissement, selon les événemens plus ou moins fâcheux dont chaque pays a eu plus particulièrement à souffrir.

Le fonds originaire de ces dettes provinciales est une portion des dettes de l'État dont le paiement a été, à diverses époques, mis par les souverains à la charge des états de telle ou telle province pour être acquitté sur le produit de la contribution foncière. Les guerres qui ont eu lieu ensuite, et surtout les dernières, ayant obligé les États à des avances envers le gouvernement, ou à des emprunts pour leur propre compte, la masse des dettes provinciales s'est insensiblement augmentée, et forme, sous un nom différent, une seconde part de la dette publique. En effet, comme les états provinciaux sont chargés de la perception de la contribution foncière, et qu'ils commencent par prendre sur la somme perçue ce que réclame annuellement la dette particulière de chaque province, en sorte qu'il ne parvient aux caisses du gouvernement que l'excédant de cet impôt dont la dette locale n'exige point la retenue, les ressources du trésor se trouvent singulièrement restreintes, et c'est encore là une des causes qui font que le total des impôts de l'Autriche nous paraît si faible en comparaison de celui des impôts de la France, relativement à la population des deux pays.

Nous n'avons aucune base pour évaluer le montant des dettes provinciales. Les provinces qui ont été occupées par des troupes étrangères en 1805 et en 1809, doivent être naturellement plus obérées que les autres ; mais en général, il est visible que le crédit du gouvernement s'affaiblit de tous les moyens que chaque province se réserve, et applique à sa libération particulière.

L'examen de la question des dettes provinciales en Autriche comme en Prusse, nous a donné l'occasion de reconnaître l'étrange inégalité qui règne dans la répartition des charges entre les diverses classes de sujets : en Autriche surtout, les terres nobles et ecclésiastiques laissent tomber presque tout le fardeau sur les biens des propriétaires qui n'appartiennent à aucune de ces deux classes. Les terres seigneuriales ne sont pas absolument libres de toutes charges, mais leurs charges ne vont pas à moitié de celles que supportent les terres non nobles ou *rusticales*. En outre, pour ce qui concerne ces dernières, les déclarations relatives à la valeur du fonds ont été contrôlées par des experts, tandis que les déclarations des possesseurs nobles et ecclésiastiques étaient reçues *sub fide nobili et sacerdotali*. Beaucoup d'autres accessoires pèsent encore sur la propriété rusticale, tels que les transports militaires, les relais, les logemens de troupes dont les propriétaires de terres seigneuriales sont exempts. Comme le malheur de l'époque actuelle à rendu les inégalités plus choquantes, il est à espérer qu'il en résultera un bien pour les classes inférieures, et que les gouvernemens, justes par nécessité, finiront par obliger toutes les propriétés sans distinction à concourir dans une proportion égale, aux besoins de l'état.

Tout ce que nous venons d'exposer indique la situation où l'Autriche se trouvait à peu près à l'époque de la guerre de 1809. On a vu que dès-lors la masse des billets de banque en circulation était de près d'un milliard de florins. Déjà depuis plusieurs années, on cherchait les moyens de diminuer cette énorme masse de papier-monnaie. Un grand nombre de projets étaient soumis tour à tour aux ministres, et à plusieurs princes de la famille impériale. Il y a une remarque honorable à faire pour les sentimens de ces princes, c'est qu'ils s'opposaient à l'adoption de tous les projets qui tendaient à libérer le gouvernement par la réduction de la valeur nominale des billets, et par leur remboursement sur un pied inférieur à leur taux originel. Cependant le ministère ne put se dispenser d'en venir à ces désastreuses mesures qui répugnaient si fort à l'humanité des archiducs et de l'Empereur. Dans l'intervalle de la guerre de 1809 à celle de 1813, les biens ecclésiastiques furent appelés à concourir au rétablissement du crédit, et on eut recours à une opération pareille à celle qui eut lieu en France lorsque *l'assignat*, entièrement décrédité, fut remplacé par un papier nouveau sous le nom de *mandat*, dont le discrédit ne fut pas moins rapide. Par une première ordonnance impériale, qui réduisit à un florin le billet de 5 florins, il fut statué qu'il ne subsisterait que 250,000,000 de florins en billets de banque ; bientôt après on prétendit que, vu la disette de numéraire, cette somme ne suffisait pas, à beaucoup près, aux besoins de la circulation, et elle fut portée à 500 millions. Dans les derniers mois de 1812, lorsque les désastres de la campagne de Russie présageaient à l'Autriche qu'elle allait reprendre un grand rôle dans la politique de l'Europe, pour remettre son armée sur un pied plus imposant, il fut créé sous le nom de billets d'anticipation, un papier nouveau dont la première émission fut de 45,000,000 de florins. Nous ignorons ce qui existe en ce moment, tant en billets de banque qu'en billets d'anticipation, mais les efforts que la guerre de 1813 a exigés ont certainement nécessité des émissions nouvelles. Après la réduction ruineuse qui a eu lieu une première fois, il semble qu'on s'achemine itérativement vers le précipice d'où l'on venait de sortir.

Quoiqu'il soit vrai que l'Autriche, par suite du caractère confiant du peuple dans le gouvernement, ait vu sa richesse en numéraire remplacée dans ses mains, par un papier sans valeur, et qu'ainsi cette monarchie soit, comme je l'ai dit plus haut, l'un des pays les plus appauvris d'espèces, il est essentiel de remarquer, d'une autre part, que, depuis que la confiance s'est évanouie, un calcul fort raisonnable porte tous les habitans à se former un petit fonds en valeur métallique, fonds qui se trouve entièrement perdu pour la circulation. Lorsqu'un papier-monnaie baisse chaque jour, et surtout lorsque l'on a déjà fait l'expérience d'un discrédit presque total, ce papier peut bien avoir cours encore pour les besoins usuels; mais il ne s'arrête et ne s'accumule dans aucune main. On ne le reçoit qu'avec l'intention de s'en défaire, et cet empressement même est une cause de plus qui accélère sa détérioration. Au moment où le gouvernement autrichien a entrepris la réduction des billets de banque, et a porté cette réduction jusqu'aux quatre cinquièmes de la valeur nominale, il est malheureux qu'il n'ait pas eu le courage de compléter la mesure, de transformer, par exemple, le dernier cinquième en dette constituée, et de supprimer absolument tout papier-monnaie. On parut craindre alors qu'il n'existât plus dans le pays assez d'espèces pour la circulation indispensable, et ce fut, en laissant subsister pour 250 millions de florins en billets que le gouvernement resserra lui-même plus étroitement dans les coffres particuliers, l'argent qui s'y trouvait déjà. Au moyen d'une suppression générale du papier-monnaie, l'argent serait sorti des caisses où il se cache, et la circulation se serait insensiblement rétablie.

Le parti qui fut adopté devait avoir et eut un effet contraire. Il fallut que le gouvernement augmentât la somme des billets qu'il avait d'abord conservée, et cette nouvelle mesure, en justifiant la prudente réserve des habitans, fut un obstacle absolu au rétablissement de la circulation des espèces. Peut-être cette conduite du ministère autrichien n'est-elle pas une faute produite par l'imprévoyance, mais une faute volontaire appropriée à l'époque où elle fut commise. En supprimant tout-à-fait le papier-monnaie, il y aurait eu nécessairement dans les premières années peu d'activité dans la circulation des valeurs métalliques, et il eût été impossible au gouvernement de faire les grands efforts que pouvaient exiger les circonstances. Par le maintien de l'existence d'une certaine quantité de billets de banque, il se ménageait au contraire des ressources toutes prêtes, et la facilité de se procurer en vingt-quatre heures, par de nouvelles émissions de papier, des secours qu'une marche grave et mesurée n'aurait pu de long-temps lui fournir. Si c'est un grand malheur pour les gouvernemens d'être obligés de sacrifier à l'intérêt politique du moment l'intérêt de la justice et celui du bonheur des peuples, ils se consolent de cette nécessité fâcheuse, quand la politique ne les a pas trompés. Sous ce point de vue, l'Autriche n'a pas à se plaindre; mais c'est maintenant qu'elle va sentir ce que lui ont coûté les avantages qu'elle a obtenus. Il n'est aucun pays dont la situation financière soit aussi déplorable. Ce même papier, réduit déjà de quatre cinquièmes, il y a trois ans, perd aujourd'hui sous sa nouvelle forme trois cinquièmes pour cent. Ainsi un billet de cent florins, après avoir été réduit légalement à vingt, n'en représente plus que huit. L'avenir seul apprendra si la perte ne peut pas devenir plus grande encore.

En admettant qu'il n'y ait en circulation que la quantité de billets de banque connue par des publications officielles; si l'on y ajoute la dette telle qu'elle existait en 1808, et dont le capital montait dès-lors à 1,692,405,000 fr.; si l'on y joint la dette flottante, dont le montant est ignoré; si l'on fait entrer en compte les sommes dues par les caisses provinciales, et dont le paiement se fait sur le produit de la contribution foncière, on trouvera un total que l'on craint de désigner, de peur d'encourir le reproche d'exagération, mais dont il n'est pas possible de placer le *minimum* au-dessous de quatre milliards de notre monnaie. Que l'on rapproche d'une part le revenu de la France et celui de l'Autriche, et de l'autre, la dette des deux pays, et l'on aura une juste idée de leur situation respective.

CHAPITRE IV.

FINANCES DE LA PRUSSE.

Les premières notions qui aient été répandues en France sur les finances de la Prusse, sont aussi celles que le comte de Mirabeau a données dans son ouvrage sur *la Monarchie prussienne.* Ces notions ne pouvaient qu'être très-incomplètes, à cause de l'attention particulière qu'a toujours mise la Cour de Berlin à envelopper d'une sorte de mystère tout ce qui est relatif aux revenus publics. L'obscurité qui règne sur cette partie a tenu d'abord à la variété des élémens dont l'administration s'est formée. Ensuite le secret est devenu un principe d'état. L'organisation des départemens administratifs est réglée de manière qu'aucun d'eux ne puisse connaître que les rouages dont il doit diriger le mouvement. Les ministères étant distribués par province, et le contrôle général, seul point de centralisation où eût pu aboutir l'ensemble du système financier, se divisant lui-même en sections dont chacune ne s'occupe que de tel ou tel arrondissement, il n'y a que le souverain et un ou deux ministres privilégiés qui soient dans la confidence de la situation précise de toutes les branches de revenu. Cette affectation de mystère se conserve encore comme une tradition précieuse, et il a fallu des circonstances extraordinaires pour lever ce voile, d'ailleurs assez inutile, qui ne couvrait guère que des détails indifférens.

Frédéric-Guillaume, père du grand Frédéric, avec des revenus très-bornés (à peu près 40,000,000 de francs), avait laissé, en 1740, à son successeur des caisses remplies et une armée de soixante mille hommes de bonnes troupes. Tout fructifie dans des mains habiles. En 1786, Frédéric II léguait à son neveu une population et des revenus doublés, un trésor considérable et une armée de plus de deux cent mille hommes. Sous Frédéric-Guillaume, le trésor fut dissipé, la gloire militaire pâlit, mais la population s'accrut encore par le démembrement définitif de la Pologne. Frédéric-Guillaume III, monté sur le trône en 1797, au milieu des convulsions dont l'Europe était agitée, s'est occupé à réparer, par une sage économie, les désordres du dernier règne. Ce prince, en rendant ses peuples heureux, bien digne d'être heureux lui-même, a été, en effet, un modèle de bonheur jusqu'en 1806, comme un modèle achevé de malheur depuis cette époque jusqu'en 1814. Huit années de souffrances ont dû singulièrement appauvrir une population dont la richesse était le fruit du travail, de la patience et du temps.

Selon Mirabeau, les revenus directs et indirects de Frédéric II ne montaient qu'à seize ou dix-sept millions de thalers, à peu près 64 millions de livres. Dans cette somme n'était point compris le produit des domaines ni celui des mines, dont l'addition aurait porté à 22 millions de thalers le revenu total. Ce calcul paraît avoir été assez juste à l'époque pour laquelle il a été fait. Frédéric II réglait lui-même sa dépense sur le pied de 16 millions, réservant les sommes fournies par quelques autres branches de produit, pour des destinations particulières, qui toutes avaient, d'ailleurs, un but d'utilité, telles que les colonisations, les bâtimens et autres objets dignes d'un grand souverain. Les 64 millions de livres tournois se distribuaient de la manière suivante :

État militaire.	52 millions.
Dépense de la cour et de l'intérieur.	4
Somme versée chaque année au trésor de réserve.	8
Total.	64 millions.

Cette marche a été suivie par Frédéric II depuis 1763 jusqu'à sa mort. En 1784, on estimait qu'il y avait dans son trésor à peu près 160,000,000 de francs. Comme on trouva, en outre, une vingtaine de millions de francs dans le cabinet de ce prince, le trésor pouvait être de près de 200 millions en 1786 (1).

On s'étonnera que les rois de Prusse puissent entretenir leurs armées et faire marcher l'administration avec un revenu qui semble si faible comparativement aux dépenses de l'État. On doit faire ici la remarque que nous avons déjà faite à l'occasion des finances de l'Autriche : c'est qu'il existe des branches de revenu en nature dont les valeurs, n'entrant pas dans les caisses publiques, ne figurent pas dans les états financiers ; c'est que, de plus, un grand nombre de dépenses, auxquelles il est pourvu ailleurs par le trésor de l'État, sont acquittées par des recettes locales qui n'en pèsent pas moins sur les habitans. On doit, en outre, mettre en compte les logemens des gens de guerre, les corvées, dîmes, droits seigneuriaux, et les dépenses municipales. On peut établir que le peuple paie en réalité et sous diverses formes

---

(1) Mirabeau le porte à 300,000,000, ce qui est évidemment exagéré.

presque le double de ce qui est évalué comme formant le revenu du gouvernement.

L'estimation que l'on faisait du revenu sous Frédéric II était évidemment au-dessous des rentrées effectives. Immédiatement après sa mort, en 1787, il était au moins de 27 millions de thalers, ce qui donne cent millions de notre monnaie. L'armée alors en absorbait les quatre cinquièmes, et le reste ne suffisant pas pour les dépenses intérieures, le trésor, ce fruit des épargnes d'une sage prévoyance, regardé comme le seul moyen de salut dans le cas d'une guerre soudaine, le trésor fut entamé par un prince prodigue, qui bientôt dissipa en même temps les richesses et la gloire de son prédécesseur.

Les acquisitions territoriales provenant du dernier partage de la Pologne, et l'augmentation de quelques produits dans le reste du royaume, avaient porté, avant la guerre de 1806, les revenus de la Prusse à près de 36 ou 37 millions de thalers, environ 140 millions de francs.

Calculer les pertes de cette monarchie depuis 1806 serait une chose impossible. Une guerre violente, les destructions matérielles, les contributions de guerre, la présence ou le passage de troupes de toutes les nations, la privation de moyens reproductifs par la cessation du commerce, tous les fléaux enfin qui peuvent consommer la ruine d'un pays, se sont réunis pour accabler cette malheureuse nation. Les provinces détachées de la Prusse en 1807, et qui lui sont maintenant rendues, ont eu à supporter des charges presqu'égales; en sorte que l'on peut considérer la totalité de la monarchie comme réduite au même degré d'épuisement.

L'organisation particulière de l'administration prussienne, avantageuse dans d'autres temps, n'a servi, dans une époque funeste, qu'à favoriser l'augmentation de ses charges en lui donnant les moyens d'y satisfaire. Des institutions formées pour le bien-être des peuples ont tourné à leur détriment; de manière que maintenant ce n'est pas le gouvernement seul qui se trouve obéré; chaque province est, en outre, chargée d'une énorme dette qui ne regarde qu'elle.

Les principaux établissemens de finances en Prusse étaient,

A Berlin, la Banque royale et la Société du commerce maritime, établissemens qui avaient des comptoirs sur différens points du royaume;

Dans les provinces, les caisses des états provinciaux; institutions fondées dans l'intérêt de la noblesse.

Il est nécessaire de donner une idée succincte de ces divers établissemens.

BANQUE.

La banque a été fondée, en 1765, par Frédéric II, qui la garantit et lui donna 8 millions de thalers (31 millions de francs à peu près), pour servir de base à ses opérations. La caisse de la banque fait le commerce des lettres de change, achète et vend l'argent et l'or, et prête des fonds sur nantissement. Les 8 millions de thalers avancés à la banque par Frédéric ont été remboursés à son successeur Frédéric-Guillaume II; en sorte que, depuis, elle n'a opéré que sur les fonds acquis par elle. En 1806, peu avant l'occupation des provinces prussiennes, la situation de la banque était,

Actif . . 39,964,909 th. (environ 150 millions de francs.)

Passif . 30,029,820

Excéd. 9,935,089

Les caisses de la banque, à l'époque de l'approche des armées françaises, furent transportées à Kœnigsberg. Une partie des fonds fut prêtée alors à la Russie pour les préparatifs de la courte campagne que suivit bientôt la paix de Tilsit.

SOCIÉTÉ DU COMMERCE MARITIME.

Cet établissement est encore une création de Frédéric II. Le premier partage de la Pologne en fut l'occasion. On voit par là jusqu'à quel point ce prince était attentif à tout ce qui touchait les intérêts de son peuple. Avant 1772, le commerce du sel marin était libre avec la Pologne, et il se faisait surtout par les ports de Kœnigsberg et de Memel. Frédéric sentit que, la possession des salines de Wiliska étant tombée entre les mains de l'Autriche, il était à craindre que cette puissance ne tirât parti de leur exploitation pour alimenter les provinces polonaises rapprochées de la Prusse, au détriment du commerce prussien, qui avait eu le monopole de ce trafic jusqu'à cette époque. Il jugea que le commerce du sel devait être conduit avec un soin particulier, et il forma une société à laquelle il en donna le privilége exclusif. Le premier fonds fut de 1,200 mille thalers divisés en 2,400 actions, et le roi en prit deux mille pour son compte. La société fit des arrangemens avec la direction des salines de Wiliska, et partagea avec l'Autriche le bénéfice de la vente de ses sels.

Elle étendit ensuite ses spéculations à d'autres objets, entr'autres à un commerce de diamans avec la couronne de Portugal, et finit par être tout-à-fait en concurrence avec la banque royale. En dernier lieu, elle a été une caisse d'opérations pour les papiers d'état et pour l'extinction de la dette.

Nous avons vu qu'à la mort de Frédéric II, non-seulement il n'existait point de dette en Prusse, mais qu'il y avait au contraire une avance de 200 millions de francs dans le trésor. Les choses avaient changé sous le règne de Frédéric Guillaume II. Malgré la sage administration du roi régnant, la dette formée sous le règne de son père était encore, en 1804, de 36,624,419 thalers (137,707,815 fr.) Le gouvernement remboursa 24,780,863 thalers; mais sur cette somme 12,936,665 thalers furent fournis par la société maritime, envers laquelle il en était débiteur. Le total de la dette se trouvait ainsi réduit, en 1805, à 24,780,220 thalers; somme qui, d'après le plan d'amortissement adopté et dont l'exécution était confiée à la société maritime, devait être éteinte au 1er janvier 1828.

Depuis le dernier démembrement de la Pologne, une forte somme de capitaux de la Société maritime avait été versée dans les provinces acquises par la Prusse, et y avait été employée en améliorations très-importantes pour ces contrées. Lors de la conquête de ce territoire, ces créances ont été séquestrées comme propriété ennemie, puis cédées au roi de Saxe en sa qualité de duc de Varsovie, par un arrangement qui le constituait débiteur envers la France d'une partie de leur valeur. Cette saisie et cette rétrocession des créances prussiennes avait été une très-grande calamité pour la Prusse. Les intérêts particuliers se trouvant dans cette affaire croisés et confondus avec les intérêts d'état, le coup porté aux caisses royales tombait en grande partie sur les propriétés particulières.

La Banque et la Société maritime sont, comme on le voit, les deux instrumens dont se sert le gouvernement prussien pour ses opérations de finances : ils sont réunis maintenant sous la direction d'un seul chef. Les fonds que ces établissemens avaient en 1806 ont singulièrement été réduits pour ce qui concerne la Banque, par le prêt fait à la Russie en 1807, et à l'égard de la Société maritime, par le séquestre de ses créances dans le duché de Varsovie. D'après l'impossibilité où ont été ces deux caisses pendant plusieurs années, de rembourser leurs obligations et même d'en payer les intérêts, ces obligations qui, autrefois étaient au-dessus du pair, tombèrent à 50 pour 100, et même au-dessous. Dans le court intervalle qui a eu lieu entre la paix de Tilsit et la guerre de Russie, le gouvernement prussien, en demandant de grands sacrifices à toutes les classes de la nation, et en exécutant avec vigueur des mesures qu'ont d'abord repoussées les murmures de la noblesse, est parvenu à jeter les bases de sa restauration financière. Les obligations de la Banque, et celles de la Société maritime, ont été converties en assignations royales, portant intérêt, et admissibles en paiement de la portion des domaines désignée pour être vendue.

Un autre papier se trouvait aussi en circulation à l'époque de la guerre de 1805, sous le nom de Billets du trésor. C'était un véritable papier-monnaie, d'une coupure modique, appropriée aux usages de la consommation courante. La première émission n'avait été que de quelques millions de thalers ; elle avait été ensuite portée à 12 millions ou davantage. Ces divers effets publics ayant tous une même garantie, leur destinée était pareille : la baisse et la hausse qu'ils ont successivement éprouvées étaient pour tous dans une proportion à peu près égale.

CAISSES DES ÉTATS DES PROVINCES.

Il est indispensable d'entrer ici dans quelques détails sur l'objet et la destination de ces caisses provinciales, parce que le crédit des États des provinces, employé d'abord comme un moyen de salut, a peut-être été une cause de l'aggravation de leurs maux.

Il existe dans une partie des provinces prussiennes, notamment dans les Marches, les Prusses, la Silésie et la Poméranie, une association entre les propriétaires de terres nobles, qui a pour but de conserver dans les familles de cette classe, la propriété de leurs terres, en leur procurant au besoin des fonds à un taux raisonnable. Les prêteurs trouvent des gages sûrs dans la solidarité des membres de l'association, et chaque créance a en outre une hypothèque spéciale. C'est à la suite de la guerre de 7 ans, lorsque les propriétaires éprouvaient de grands embarras pour se libérer des dettes contractées pendant la guerre, ou pour remettre leurs terres en valeur, que les caisses des États commencèrent à venir à leur secours. La fondation de ces caisses date du seizième siècle. Lorsque les princes demandaient des secours pécuniaires aux provinces, les États étaient dans l'usage d'y pourvoir par des emprunts qu'ils couvraient ensuite à l'aide de la perception des impôts, qui était entre leurs mains. Sur les impôts perçus il y avait des excédans, ou bien il se faisait des économies. Les fonds qui provinrent de ces économies et de ces excédans servirent de base aux opérations relatives à la création des obligations connues sous le nom de *pfandbriefe*, ou lettres foncières. Les intérêts des lettres foncières sont de 4 pour 100. Un propriétaire de terres nobles faisant partie de l'association peut emprunter sur ses terres jusqu'à la concurrence de la moitié de leur produit net. Il doit verser régulièrement à la caisse des États l'intérêt des sommes empruntées, et, s'il n'est pas exact à faire ce paiement, les États mettent en séquestre les biens qui servent d'hypothèque à l'emprunt. La création de ce système de lettres foncières date, en Silésie, de 1770; dans le Brandebourg, de 1777; en Poméranie, de 1781; dans la Prusse orientale, de 1787; et dans la Prusse occidentale, de 1797.

Ces émissions de *pfandbriefe* montent à des sommes considérables dans la Silésie seule. La première mise en circulation était de 10 millions de thalers, et elle fut portée ensuite à 25 millions, près de 100,000,000 de francs. Cette création d'un papier, le plus sûr et le mieux garanti qui ait jamais existé, avait été d'une grande utilité aux propriétaires, et en même temps une richesse véritable pour l'État, en augmentant d'une forte somme les valeurs circulantes. Cette ressource a été encore très-précieuse dans les premiers momens de l'occupation de la Prusse par les armées françaises : mais c'est là que l'emploi forcément prolongé d'un remède d'abord salutaire, a fini par devenir peut-être aussi funeste que le mal même.

Le droit de la guerre a, de tout temps, autorisé des armées victorieuses à vivre aux dépens du pays qu'elles occupent, et à retirer de la conquête le plus d'avantages qu'il leur est possible. Sans doute il est des bornes où une juste modération doit s'arrêter, et peut-être est-on fondé à reprocher au dernier chef du gouvernement français de les avoir franchies. Nous n'avons point à prononcer ici sur la question de droit ni sur les limites dans lesquelles il doit se restreindre. Admettons que l'usage de ce droit ait été porté au-delà de toutes mesures ; que pouvait faire un pays occupé par des armées triomphantes ? Se soumettre et satisfaire aux demandes qui lui étaient adressées par le vainqueur. Le vainqueur a demandé en même temps des contributions en argent et des livraisons de divers objets en nature.

Pour répondre à la demande de contributions en argent, d'abord on soumet les habitans à des taxes : on exige d'eux des sommes considérables. Ils en paient une partie, mais ils ne peuvent faire face à la totalité ; et comment leur arracher leur dernier écu dans un moment où chacun a beaucoup de peine à pourvoir à ses embarras domestiques ? Quel parti prendre ? Il n'y en a pas d'autre pour l'autorité locale que de faire des emprunts, sauf à les rembourser ultérieurement par une répartition équitable entre tous les habitans.

A l'égard des livraisons en nature, on peut, à la rigueur, faire fournir par le pays ce qui est demandé ; mais il arrivera que tel ou tel propriétaire sera ruiné sans que tel autre souffre la moindre charge, ou du moins il est impossible que le fardeau ne soit pas très-inégal. Le seul moyen, qui semble être dans la justice comme dans l'intérêt de tous, est de satisfaire aux réquisitions de l'ennemi par la voie de marchés dont le prix sera, plus tard, supporté dans une juste proportion par tous les contribuables. Comment trouver des fonds pour les marchés conclus ou à conclure ? Emprunter encore.

Le mode d'emprunt le plus facile et le plus prompt, est d'augmenter la masse des *pfandbriefe*. Si l'occupation du territoire prussien par des troupes étrangères ne se fût pas autant prolongée, la marche suivie par les États des provinces, aurait eu un salutaire effet en préservant les propriétés particulières d'une ruine qui semblait inévitable; mais le malheur des temps ayant voulu que la guerre durât, puis ensuite que l'état de guerre subsistât encore même après la paix, la sagesse fut trompée, et le système auquel on s'était livré pour adoucir les maux du moment ne servit qu'à préparer de plus grands embarras pour l'avenir. La force n'eût pu étendre son bras destructeur que sur les valeurs qui existaient alors. L'abus du crédit dévora les années suivantes.

Les États des provinces, au lieu de faire expédier d'abord des *pfandbriefe*, opération qui demande des formalités assez longues, ont trouvé plus commode de délivrer des obligations portant promesse de transmutation en papiers de cette nature; mais la transmutation ne s'est point faite, et ces obligations ont perdu jusqu'à 60 pour 100 et plus. Aujourd'hui même elles ne sont pas remontées dans la même proportion que *les pfandbriefe* délivrés antérieurement, et que les autres papiers d'état. Il ne nous est pas possible de savoir à quelle somme s'élèvent les obligations de cette espèce, mises en circulation par les États des provinces, mais cette somme doit être extraordinairement considérable. On voit ainsi, que, par suite d'arrangemens très-bons en eux-mêmes, il s'est formé en Prusse des dettes provinciales, indépendantes de la dette publique, de manière que la guerre a pesé d'un double poids sur la population de cette monarchie.

La Banque royale, la Société du commerce maritime, et le système des lettres foncières étaient les trois grands pivots du crédit du gouvernement. Ces pivots ont été ébranlés jusque dans leur base. Il n'y a qu'une grande habileté et beaucoup de prudence qui puissent les raffermir.

D'après ce que nous avons dit, la dette arriérée de l'État était encore, en 1805, de près de 100 millions de francs.

Nous supposons que les fonds appartenans à la Banque, et qui ont été prêtés à la Russie, ont été rendus ou le seront plus tard, mais les capitaux de cette Banque, ainsi que ceux de la Société maritime, qui ont été enfouis dans les terres polonaises, sont à peu près perdus; ou même en admettant qu'il se fasse, à cet égard, des arrangemens avantageux, leur recouvrement ne serait possible que dans des temps très-éloignés. Cette perte n'est pas moindre que de 27 ou 28 millions de thalers, 100,000,000 de francs.

Les obligations de la Banque et celles de la Société maritime ont été transformées, soit en assignations territoriales, soit en assignations spéciales sur le produit de divers monopoles. Vouloir déterminer la masse existante de ces papiers, ou même en donner une estimation approximative, serait une prétention insensée, puisqu'il est tout naturel qu'un gouvernement qui mettait tant de soin à cacher des détails d'administration même peu importans, fasse tous ses efforts pour couvrir du voile le plus épais l'énormité du fardeau dont il est surchargé.

Pour s'en former une idée, il suffit de se rappeler quel a été le sort de la Prusse depuis huit ans. En 1807 et 1808, son territoire a été couvert de nos immenses armées. En 1809, 1810 et 1811, ses recettes étaient employées encore à acquitter envers la France les restes de la contribution de guerre. Déjà, dans cette dernière année, le sol prussien était de nouveau traversé par un grand nombre de troupes françaises auxquelles on faisait, sous espoir de remboursement, de fortes livraisons de toute nature. En 1812 la Prusse prenait part à la guerre de Russie et continuoit à supporter le poids des passages militaires. En 1813, elle s'est armée tout entière contre nous, et il lui a fallu créer ce qui n'existait plus chez elle. C'était avec une population de cinq millions d'habitans que l'on faisait d'aussi incroyables efforts. Dans cet espace de huit ans de malheurs, le gouvernement, malgré les subsides anglais qu'il a pu recevoir dans les derniers temps, a eu nécessairement, chaque année, un arriéré qui doit être au moins de 10 ou 12 millions de thalers, à peu près 40 millions de francs. Peut-on imaginer aussi que la dette des états des provinces qui ont des lettres foncières en circulation, comme les Marches, les Prusses, la Silésie et la Poméranie, soit moindre en bloc de 50 ou 60 millions de thalers, 200 millions de francs? L'autre moitié des états prussiens qui n'appartenait plus à cette monarchie et qui lui est rendue maintenant, ne lui reportera-t-elle pas aussi un contingent de dettes formées pendant sa séparation? En réduisant ces dettes diverses au taux le plus bas, on trouverait au moins,

Arriéré de la dette.	100,000,000 fr.
Dette du gouvernement, formée depuis huit ans, en y joignant celle des pays détachés de la monarchie prussienne, et qui de nouveau se réunissent à elle, au moins...	600,000,000
Dette des états des provinces.	200,000,000
Pertes des créances prussiennes en Pologne, et autres pertes de la Banque et de la Société maritime.	100,000,000
Fournitures faites aux armées françaises, non remboursées.	100,000,000
Total.	1,100,000,000

Voilà un arriéré de plus d'un milliard pour un gouvernement qui n'a pas 150 millions de revenu, dont le sol a été ravagé, les villes épuisées, et l'industrie détruite. Ce tableau est affreux. Le mal semble incurable; heureusement il ne l'est pas.

La guerre de sept ans n'avait pas fait peut-être à la Prusse des blessures moins profondes. Elle avait coûté au roi 114 millions de thalers, 428 millions de francs, et cependant alors Frédéric s'aidait de tous les moyens des pays ennemis qu'il occupait, surtout de ceux de la Saxe où il leva de fortes contributions. La Prusse depuis huit ans n'a eu aucune ressource de cette espèce. Elle a eu au contraire à payer d'énormes contributions au lieu d'en recevoir. On peut juger par là s'il y a de l'exagération dans mes calculs. Dans la guerre de sept ans, la nécessité porta Frédéric II à recourir à l'une des opérations de finance les plus ruineuses, à l'altération des monnaies, opération qui fut tout entière au détriment de ses peuples, puisqu'à la paix, les caisses ne reçurent cette monnaie altérée que pour sa valeur intrinsèque. Malgré l'excès de misère où se trouvaient réduits les états prussiens en 1763, c'est à la suite de ces calamités que la Prusse prit une existence nouvelle, que l'agriculture et l'industrie également encouragées parvinrent à leur plus haut point de prospérité. Cette monarchie peut aujourd'hui encore avoir les mêmes espérances. Indépendamment de l'inappréciable avantage d'une administration fidèle à ses engagemens, elle possède de grands moyens pour réparer ses pertes, pour rembourser graduellement les dettes de l'Etat ou du moins pour en alléger le poids. Les domaines royaux, dont la partie située hors du territoire resté prussien, avait été distribuée en dotations par le chef du gouvernement français, ou entrait dans ce qu'on nomme en France le domaine extraordinaire, ces domaines sont en Prusse un riche fonds qui, jusqu'à ce jour, avait été beaucoup moins productif qu'il n'aurait dû l'être. Le bénéfice en passait presque tout entier à des familles qui les avaient en fermage héréditaire. La vente d'une partie de ces biens, outre qu'elle procurera des rentrées considérables qui aideront à diminuer la masse des assignations territoriales, tournera doublement au profit du trésor en augmentant le nombre des propriétaires de fonds et celui des terres imposables. Le besoin des temps, en forçant le souverain à négliger toutes considérations particulières, lui a permis d'ailleurs de rompre l'inégalité qui régnait dans la répartition de l'impôt, d'atteindre les terres ou autres valeurs privilégiées, et d'introduire un ordre de choses conforme à l'intérêt général de la nation. L'état de la Prusse, tout déplorable qu'il peut être, n'est point sans remède. Il n'y a point de miracle au-dessus des forces d'une administration sage et ferme. Déjà on voit les heureux symptômes d'une amélioration rapide, et quelques années de ménagement auront bientôt rendu au corps de l'État une partie de son ancienne vigueur. Les billets du trésor qui étaient tombés à 30 pour cent sont aujourd'hui à 80. Le cours des assignations territoriales est à peu près le même que celui des cinq pour cent consolidés en France. Cette hausse, qui sans contredit tient en grande partie aux résultats que la guerre a eus pour la Prusse, est due plus particulièrement encore à l'opinion établie de la loyauté du gouvernement. C'est un miracle de plus du talisman de la bonne foi. Si, après tant de secousses et de pertes, le système financier de la Prusse peut se rétablir, si tout sujet prussien a cette utile confiance, comment la France pourrait-elle désespérer d'elle-même ?

CHAPITRE V.

FINANCES DE LA RUSSIE.

Tout ce qu'on a de renseignemens sur les finances de la Russie se borne à des indications générales qui ne peuvent conduire qu'à des résultats fort incertains. Peut-être le gouvernement russe n'est-il pas lui-même parvenu, jusqu'à présent, à former un tableau très-exact de l'étendue des contributions levées en son nom, et de la valeur réelle de leur produit. C'est surtout dans cet immense empire, composé de tant de nations différentes, qu'il existe à l'égard de l'établissement, du mode de perception et de l'emploi des impôts, d'innombrables variétés, et elles sont telles que la formation d'un état qui les comprendrait toutes serait un travail, sinon impossible, du moins d'une difficulté extraordinaire. Un premier ouvrage à faire serait d'évaluer en argent les objets livrés en nature. On sait qu'une partie des redevances payées par les sujets, consiste en denrées et en fournitures de différentes espèces. Ces redevances n'étant point les mêmes dans les divers arrondissemens, on ne pourrait, dans l'estimation qu'on voudrait en faire, arriver qu'à de très-vagues approximations.

D'après les obstacles que rencontre une étude approfondie des finances de l'empire russe, on est réduit à se contenter des notions fournies par les hommes que l'on juge avoir été le plus à portée d'en recueillir qui aient quelque certitude.

Suivant un écrivain distingué, qui a résidé à Pétersbourg, et qui a parlé de l'état des recettes sous Catherine II, le revenu montait en 1789 à 200,000,000 de francs. 180 millions étaient absorbés par les besoins du service : le surplus était appliqué au paiement des dettes occasionnées par les guerres précédentes. L'excédant des recettes, dans les années ou il en existait un, étant ainsi employé constamment à couvrir l'arriéré, il n'a pas été au pouvoir du gouvernement russe de se former de trésor, en sorte que, pour commencer une guerre, il lui faut ou le secours des emprunts ou celui des subsides étrangers, et souvent le secours de ces deux expédiens à la fois.

L'augmentation des impôts semble avoir, depuis quelques années, porté plus haut les ressources de l'État ; mais comme l'empire russe se trouve aussi travaillé de la maladie du papier-monnaie, il est mal aisé d'établir dans quelle proportion la recette qui s'effectue en papier, se trouve avec celle qui se faisait autrefois en valeur métallique.

Des calculs publiés en Allemagne dans l'année 1807, portaient alors les revenus de la Russie à 120 millions de florins d'Autriche, à peu près 300 millions de fr. Nous les voyons élevés à 450 millions de francs dans d'autres estimations plus récentes. En admettant que cette dernière évaluation soit juste, il reste toujours à déterminer quelle valeur a dans l'intérieur de la Russie, le rouble en papier, comparé avec le rouble en espèces. D'un autre côté, si la perte du papier est sur les lieux mêmes de 75 pour 100, lorsqu'on veut le réaliser en espèces, la perte n'est pas la même, lorsque le papier s'emploie en marchandises et surtout en objets de consommation provenans du pays. Il est à supposer que le gouvernement pourvoit sans peine par ses propres fonds à ses dépenses ordinaires; mais l'embarras commence lorsqu'il est, comme dans plusieurs des dernières campagnes, obligé de faire au dehors de grandes dépenses qui doivent être soldées en espèces d'or ou d'argent. Ce n'est que dans la dernière campagne contre la France, que la guerre a, pour la Russie, alimenté la guerre. Jusque-là le gouvernement russe avait eu à faire des efforts prodigieux qui ont dû porter sa dette aussi loin qu'il aura pu étendre son crédit.

Dès 1807, la gêne était telle que dans le moment où l'armée russe était occupée à se réorganiser à la suite de la bataille d'Eylau, il fallut pour compléter cette réorganisation, que le roi de Prusse, resserré dans le dernier district de ses

États, mît à la disposition de l'empereur Alexandre les fonds de la Banque royale qui avaient été emportés de Berlin au moment de l'invasion des troupes françaises. La Russie, depuis cette époque, n'a point été en position d'améliorer l'état de ses finances : son association au système continental avait diminué le produit de ses douanes et celui de plusieurs autres branches de revenu, tandis que l'augmentation de son état militaire exigeait une pareille augmentation de dépenses. La ruine de Moscou et la dévastation des pays parcourus par nos armées ont dû opérer une grande réduction dans les recettes. Pour subvenir aux immenses armemens de la dernière année, les moyens auxquels il a fallu recourir sont, comme nous l'avons dit plus haut, les subsides étrangers, et de nouvelles émissions de papier-monnaie. Un mystère profond enveloppe naturellement tout ce qui tient à la quotité des ressources obtenues par ces deux moyens.

A côté des effets désavantageux qui résultent pour la Russie de l'abondance de son papier-monnaie, et de la dépréciation qui est la suite de cette abondance, ce gouvernement a deux ressources capitales qui augmentent pour lui la masse des espèces en circulation, ou remplacent du moins celles que la guerre ou d'autres circonstances font écouler au dehors. L'exploitation des mines d'or et d'argent fait entrer à la monnaie environ deux millions de roubles par année. D'une autre part, la balance des importations et des exportations, donne un bénéfice que Storch porte à 3,000,000 de roubles, et qui, s'il ne monte pas toujours à cette somme, n'en est jamais très-éloigné. C'est ainsi un total de 4 à 5 millions de roubles ajouté tous les ans à la circulation existante. Les lois nouvelles qui défendent l'introduction de beaucoup d'objets que l'on payait jadis au commerce étranger, ne pourront encore qu'accroître la masse des espèces. Lorsque, malgré des supplémens si précieux, le papier-monnaie est tombé dans un si grand discrédit, on doit juger à quel point il faut que se soit élevée la somme des émissions successives qui ont eu lieu. Avant 1787, il n'y avait eu que pour 50 millions de roubles de billets de banque. Ce papier était alors au pair : on doubla l'émission dans cette même année. Depuis cette époque, la trace des autres émissions est à peu près perdue. C'est un chaos dont les falsifications faites ou au dehors ou dans le pays même, épaississent encore l'obscurité.

Les données que nous avons pu obtenir sur les finances du gouvernement russe ne sont, comme on le voit, que bien incomplètes; mais pour juger sa position comparativement à la nôtre, il suffit de remarquer qu'en France les effets publics ne perdent aujourd'hui même que 25 pour 100, tandis qu'ils perdent 75 pour 100 en Russie.

RÉSUMÉ.

Quoiqu'il soit impossible de constater avec une précision rigoureuse le montant de la dette de chacune des principales puissances de l'Europe et même de celle de l'Angleterre, malgré l'espèce de publicité donnée à la plus grande partie des opérations de son gouvernement, les aperçus généraux, mais évidens et incontestables, que nous venons de présenter n'en établissent pas moins la démonstration d'une différence extrême, toute à notre avantage, entre la position de la France et celle de ces divers états.

Le capital de la dette constituée et exigible de la France, répond à peu près au produit de quatre années de son revenu.

En ne portant qu'à 18 milliards le capital de la dette de l'Angleterre, douze années du produit de ses impôts tant ordinaires qu'extraordinaires, maintenus pendant la paix sur le même pied que pendant la guerre, suffiraient à peine pour l'acquitter.

En Autriche il ne faudrait pas moins de douze à quinze ans, et en Prusse, pas moins de sept à huit ans du total des recettes pour libérer le gouvernement.

On ne peut, à l'égard de la Russie, hasarder d'évaluation semblable; mais par l'énormité seule de la perte de son papier-monnaie, il est prouvé que sa dette est dans une grande disproportion avec ses ressources.

Si l'on considère la question sous le point de vue du crédit, il résulte des détails dans lesquels nous sommes entrés ;

Que, pour ce qui regarde l'Angleterre, le crédit y a déjà opéré tous les miracles qu'il est possible d'en attendre; que, comme il ne peut plus s'augmenter, il court risque de déchoir; que nécessairement il doit être fatigué, usé même par l'excès de ses efforts; qu'ayant montré par les plus étonnans effets toute la vigueur de la maturité, il doit maintenant pencher vers la vieillesse et marcher plus ou moins rapidement vers sa décadence;

Qu'en Autriche, vu l'immense quantité de billets qui, après avoir été détruite en partie, se retrouve encore dans la circulation, il est inévitable de passer une seconde fois à travers les secousses d'une banqueroute plus ou moins violente si l'on veut fonder un système nouveau; que cette fondation d'un nouveau système serait une entreprise très-difficile puisque, la foi publique étant la première base du crédit, ce serait mal préluder à son rétablissement que de violer itérativement les engagemens antérieurs; que, d'un autre côté, si l'on veut respecter ces engagemens, il faudrait une longue suite d'années pour faire remonter au pair des billets qui, après une réduction légale des quatre cinquièmes, perdent trois cinquièmes pour cent; et encore, dans l'hypothèse de l'adoption de ce dernier parti, faudrait-il supposer qu'aucune guerre ne viendrait détruire l'ouvrage d'une méthodique et lente économie;

Que la difficulté est la même en Russie, où la perte du papier-monnaie est de 75 pour cent;

Qu'en Prusse, plus d'habileté dans les opérations financières, une précieuse exactitude à remplir les engagemens qu'on a pris, et le souvenir de l'existence récente d'un crédit qui semble n'être qu'interrompu, promettent un retour plus prochain à un meilleur ordre de choses;

mais que, pour y parvenir, ce royaume, ouvert de toutes parts, et dont les ressources sont le fruit d'un travail soutenu et d'une laborieuse industrie, a un besoin absolu du maintien de la paix pendant un assez grand laps de temps, ce qu'aucune puissance humaine ne saurait garantir;

Enfin, par rapport à la France, que, si le crédit est, pour ainsi dire, à y créer encore, le principe en est découvert, et aura désormais son application; que ce grand principe, celui de la fidélité à remplir les engagemens contractés, étant sous la sauve-garde d'un gouvernement représentatif, on ne peut plus craindre qu'il soit mis en oubli; que, quelques années suffisant pour éteindre la dette exigible, on pourra ensuite, par la création d'un fonds d'amortissement, opérer sur la dette constituée, une réduction insensible qu'il dépendra du gouvernement d'étendre ou de restreindre selon son intérêt; que même, si des guerres nouvelles doivent encore agiter le monde, la France est en état, autant que toute autre puissance, de faire face au danger; et que ce danger, quelque grand qu'il puisse être pour ses finances, le serait plus encore pour celles de tous les autres gouvernemens. Il faut seulement mettre dans une classe à part l'Angleterre, que les prodiges du passé peuvent porter à en espérer de nouveaux, sans que toutefois cette espérance soit infaillible. Sa position particulière est un problème qu'il n'appartient qu'au temps de résoudre.

DEUXIÈME PARTIE.

ÉTAT MILITAIRE.

~~~~~~~~~~~~~~~~~~~~~~~~~~~~

ÉTAT MILITAIRE DE LA FRANCE

ET DES

PRINCIPALES PUISSANCES DE L'EUROPE.

Dans l'ordre actuel du monde, et surtout dans la position particulière de la France, l'état militaire embrasse deux grands intérêts dont il doit être le gardien, l'indépendance continentale et l'indépendance maritime. S'il faut que nos forces de terre soient capables de nous garantir contre l'attaque des grandes puissances du continent, l'immense étendue de notre littoral, la possession de colonies éloignées et notre commerce exigent des forces maritimes qui leur assurent une égale protection. Ces deux points de vue ne nous offrent pas les mêmes motifs de satisfaction et de confiance. Nous pouvons comparer sans crainte nos forces de terre à celles des gouvernemens les plus redoutables. Sur mer, la France n'a qu'un rival; mais ce rival est depuis long-temps accoutumé à une sorte de domination qu'a fortifiée notre faiblesse. Nous avons payé chèrement nos fautes. C'est à l'avenir à tirer parti des leçons du passé.

PREMIÈRE SECTION.

FORCES DE TERRE.

Les armées des diverses puissances se distinguaient autrefois entr'elles par des différences essentielles dans leur organisation particulière et dans le système de tactique qui réglait leurs mouvemens. C'était sur ces deux points importans que se fixait particulièrement l'attention lorsqu'il s'agissait de porter un jugement sur chacune de ces armées. Un hommage universel accorda une préférence marquée à l'organisation et à la tactique prussienne, ouvrage d'un grand maître dont les faits avaient justifié les principes. Presque tous les gouvernemens les prirent pour modèle. Depuis cette époque, on a, dans tous les pays, tenté des innovations plus ou moins heureuses : on a emprunté à ses voisins les idées que l'on a reconnues utiles, et peut-être, sur quelques parties de l'art militaire, a-t-on porté trop loin ce goût de perfectionnement et d'amélioration. Quoi qu'il en soit, il en est résulté que toutes les armées européennes ont à peu près aujourd'hui un même système, ou, du moins, que leurs systèmes particuliers n'offrent entre eux que de légères dissemblances. Ce n'est plus ainsi, dans ces différences de tactique et d'organisation, qu'il faut chercher les causes de supériorité ou d'infériorité de telle armée par rapport à telle autre.

Les points qu'il importe plus spécialement de considérer dans l'état militaire d'une nation, sont :

1°. La force numérique de l'armée;
2°. Sa force morale;
3°. Son matériel.

C'est sous ces trois points de vue que nous allons examiner l'état actuel de l'armée française et des armées des autres grandes puissances.

1°. *Force numérique.* On connaît aujourd'hui, du moins d'une manière approximative, ce que chaque puissance peut, dans les temps ordinaires, présenter de forces sous les armes ; mais nous avons éprouvé qu'il est des circonstances où toutes les proportions naturelles sont rompues; tous les calculs, en défaut ; et toutes les objections d'impossibilité, détruites par les faits. Telle a été, dans les deux dernières campagnes, l'exagération des armemens de presque toutes les puissances; mais si la Prusse, réduite à cinq millions d'habitans, a mis plus de cent cinquante mille hommes en campagne; si l'Autriche et la Russie ont fait marcher chacune plus de trois cent mille hommes hors de leurs frontières, c'était la vigueur de la fièvre et l'énergie du désespoir. Ce n'étaient plus des troupes, c'étaient des nations armées. Comme la cause d'une si forte irritation n'est pas de nature à exister deux fois, un si prodigieux effort ne peut pas non plus se renouveler.

Je ne ferai pas ici le rapprochement de ces états militaires officiels que les gouvernemens publient eux-mêmes, ou de ces états particuliers qu'on se procure par des voies clandestines. Les uns sont toujours fautifs : les autres le sont aussi quelquefois. D'ailleurs les plus exacts ne font qu'indiquer les cadres des corps, ce qui n'offre qu'une donnée vague, puisque, dans les dernières guerres, nous avons vu plusieurs fois varier le nombre d'hommes déterminé pour les remplir. Il suffit de dire qu'aujourd'hui la Russie est, à la rigueur, la seule puissance qui soit capable de mettre en mouvement une masse plus considérable de combattans que ne peut le faire la France; mais que, pour y parvenir, il faudrait que, sûre du monde entier comme dans la dernière guerre, tranquille à la fois du côté de l'Autriche, de la Turquie et de la Perse, elle pût appeler contre nous ses derniers bataillons des extrémités de son immense empire. A l'égard des autres puissances, la France peut sans peine tenir sur pied des armées aussi fortes que chacune d'elles.

L'état de paix de notre armée est de 220 mille hommes environ, toute arme comprise : mais on sait que, par suite du retour des garnisons des diverses places cédées, et de la rentrée des prisonniers de guerre, il y a trois ou quatre cent mille hommes qui se sont retirés déjà dans leurs foyers. Ces hommes ne pourraient-ils pas, au besoin, reparaître sous le drapeau? Les cadres existent : des milliers d'officiers, dans la vigueur de l'âge, mais vieux d'expérience, seraient empressés, au premier appel, de ressaisir l'arme des combats ; et, si la voix du roi se faisait entendre, nous reverrions bientôt une de ces belles armées que l'Europe admirait avec effroi avant la campagne de Russie. Ces soldats, jeunes encore, qui ont débuté par tout ce que la guerre a de plus pénible, fortifiés par un salutaire intervalle de repos, désormais dirigés dans un esprit de conservation, ne tarderaient pas à reprendre cette supériorité que nous avons eue, vingt ans, sur les troupes du monde entier. Loin de nous l'idée d'une guerre prochaine; mais, si telle était notre destinée, osons l'envisager sans frémir.

Indépendamment du nombre d'hommes dont se compose une armée, sa force comparative doit s'évaluer encore d'après une autre base. L'étendue plus ou moins grande de frontières qu'un gouvernement est obligé de défendre, est comme une autre sorte d'échelle qui peut servir à déterminer cette force et à en établir la mesure. En supposant deux puissances qui disposent chacune de 300,000 hommes, quoiqu'il y ait égalité nominale, il peut y avoir entr'elles une grande différence de moyens mobiles, selon que l'un ou l'autre des deux états a un plus long développement de terrain à mettre en sûreté. Dans cette manière d'envisager la question, on sait que la France est un des états que la disposition de son territoire a le plus favorisé. Les Pyrénées, les Alpes, la Méditerranée et l'Océan forment en grande partie autour d'elle une barrière toujours difficile à franchir, et une ligne de places fortifiées par le génie des plus grands maîtres couvre la portion de terrain dont la nature avait négligé la défense. Le complément de notre système défensif se trouvait dans la neutralité helvétique. Cette neutralité, si précieuse pour la France, n'est point restée intacte dans la crise d'où nous sortons. Nous n'examinerons point si une partie de la Suisse a ou n'a pas provoqué la violation de son territoire : l'exemple est dangereux. C'est à nous de tâcher d'en rendre le retour impossible; mais quand même la France devrait regarder encore toute la frontière qui borne la Suisse comme pouvant, en temps de guerre, demander son attention, elle n'en serait pas moins celui de tous les états de l'Europe (l'Angleterre et l'Espagne exceptées) qui offre le moins de points vulnérables ou accessibles aux incursions de l'ennemi. La réalité de la force de l'armée française reçoit de cet état de choses un accroissement qui équivaut, de fait, à une augmentation de quotité.

Il n'est plus, d'ailleurs, dans l'ordre des probabilités que la France ait, de long-temps, à combattre un grand nombre d'ennemis à la fois. L'Europe ne peut plus avoir un seul et même intérêt contre nous, tandis qu'au contraire l'intérêt de beaucoup d'États se lie au nôtre de la manière la plus intime. Ainsi plus de guerre de l'Europe contre la France; plus de guerre pour la France sans alliés. Il est évident que, si la France se trouvait maintenant engagée, malgré elle, dans les contestations de quelques autres puissances, elle verrait unies sous ses bannières les troupes d'un certain nombre de princes voisins qui, rassurés par sa modération, ne peuvent plus avoir rien à craindre que de ses ennemis. De cette capitale, de ce même château d'où partait la foudre qui les frappait tour à tour, ils n'attendent plus que protection et bienveillance, et leurs vœux, qui ont si long-temps appelé la vengeance sur notre tête, n'imploreraient plus le ciel que pour notre triomphe.

Cette possibilité de guerre, que je n'admets pas au moins dans un temps prochain, mais dont je fais la supposition pour raisonner même dans les chances les plus fâcheuses, cette possibilité ne se conçoit qu'en nous considérant comme auxiliaires et non comme partie principale. Forts contre chaque état séparément, quelle inquiétude pouvons-nous avoir, si nous ne paraissons dans la querelle que pour mettre un poids décisif dans l'un des bassins de la balance?

2°. *Force morale.* La force morale d'une armée se compose surtout de la confiance des chefs dans leurs subordonnés, et de celle des subordonnés dans leurs chefs.

Confiance des chefs dans leurs subordonnés.

La guerre qui vient de finir, en obligeant tous les peuples à combattre pour leur propre existence, a rendu les armées presque généralement nationales, et a développé en elles un sentiment de patriotisme qui leur avait été inconnu jusqu'à ce jour. Pour exalter ce sentiment nouveau, partout on a donné de l'encouragement, même au simple soldat : partout on a fait briller à ses yeux ou des récompenses honorifiques, ou l'attrait d'un avancement qui, autrefois, lui était interdit. La France avait donné l'exemple au reste de l'Europe. Ces avantages que les gouvernemens étrangers n'ont accordés à leurs troupes que d'une manière particlle, et avec de grandes restrictions, sont offerts dans leur plénitude à tout guerrier français. La charte constitutionnelle, qui en consacre la perpétuité, maintient, dans les armées, le ressort le plus puissant et le plus actif en ne leur montrant dans leurs chefs que des hommes sortis du milieu de leurs rangs, et qui après avoir fait, dans les grades inférieurs, un glorieux apprentissage de la guerre, n'ont obtenu les grades supérieurs que comme un prix accordé à la vaillance et au talent.

S'il existe une carrière, où une noble ambition soit non-seulement permise aux individus, mais même utile à l'État, c'est la carrière des armes : c'est en portant ses regards sur le bâton de maréchal, que tel guerrier qui languirait encore inconnu, si une loi fatale lui eût interdit l'espérance, a senti naître en lui-même une nouvelle ame, et se former une confiance audacieuse qui l'a conduit, de miracle en miracle, au faîte des honneurs militaires :

Rose et Fabert ont ainsi commencé.

Quelle armée, quelle famille de chefs et de soldats que celle où les uns et les autres sont dirigés par le même mobile; où les chefs voient sous leurs ordres des milliers d'hommes presque rivaux de leur gloire; où les soldats, en admirant leurs chefs, brûlent du noble désir de les égaler, et peut-être de les surpasser un jour! Le droit commun à tous de parvenir aux grades les plus élevés, le spectacle fréquent d'avancemens rapides, auxquels tous peuvent également prétendre, ont eu pour résultat nécessaire la composition d'un corps d'officiers tel, qu'il n'y a aucune armée étrangère qui ne doive envier cet avantage à l'armée française. Si nous avons, sur ce point, une incontestable supériorité, je n'entends point en faire un mérite particulier au caractère de la nation, je n'en fais mention ici que comme d'un effet naturel produit par le système adopté à l'égard de l'avancement. Nous avons vu dans Paris ce que les armées étrangères renfermaient de meilleurs et de plus beaux régimens ; mais en même temps nous avons remarqué la barrière qui sépare l'officier et le soldat, nous avons vu deux espèces d'hommes qui n'avaient d'autres rapports entr'elles que ceux d'une autorité arbitraire et d'une servile obéissance.

L'armée russe, on ne peut le dissimuler, est peut-être la plus pauvre de toutes, non pas en bons officiers supérieurs ou en chefs de corps, mais en bons officiers subalternes, comme capitaines, lieutenans et sous-lieutenans. Cette disette tient à l'état arriéré de la civilisation en Russie, peut-être aussi au peu de considération dont y jouissent les grades inférieurs, et au peu d'avantages qui y sont attachés, l'officier qui sert dans ces grades n'ayant point l'espoir de parvenir, sans une faveur particulière de la cour, même au grade de colonel. On sent bien qu'il y a ici une exception à faire en faveur de la garde impériale, corps privilégié, et qui a une existence à part.

L'Autriche peut, avec raison, s'enorgueillir d'un beau corps d'officiers, dans l'arme de la cavalerie, mais ses officiers d'infanterie ne méritent pas la même considération. Ce n'est guère que dans la cavalerie que la jeune noblesse, qui appartient à des familles riches et distinguées, demande du service, et c'est de là qu'elle prend son essor pour arriver aux commandemens supérieurs dans les diverses armes. Les places d'officiers d'infanterie, ainsi dédaignées, sont la ressource de pauvres gentilhommes qui servent pour vivre, et comme un avancement même assez tardif dans des grades peu élevés borne tous leurs désirs, que de plus on n'attache point à cette partie de l'état militaire la faveur d'opinion qui l'ennoblit ailleurs, cette fraction du corps des officiers manque d'un principe qui entretienne son énergie, et le porte à des actes éclatans de vaillance et de dévouement.

La position de l'armée prussienne est, à cet égard, bien différente. En Prusse, la prééminence de l'état militaire, établie d'abord par la volonté royale, est devenue un sentiment inné pour la population entière. La considération n'y est point, comme dans beaucoup d'autres pays, restreinte aux grades élevés. Elle est commune à tout ce qui porte l'uniforme : elle s'étend même au bas-officier, et du bas-officier jusqu'au soldat. Le sous-lieutenant, l'enseigne, disputent le rang aux seigneurs titrés employés dans les fonctions publiques, et l'on connaît plus d'un exemple de discussions de ce genre dans lesquelles Frédéric II s'est plu à leur donner gain de cause. Ce n'est point, au reste, du règne de ce prince que date la distinction dont jouit en Prusse l'état militaire : elle avait, peut-être, été portée plus loin encore sous le règne de son père Frédéric-Guillaume ; mais c'est dans les guerres de 1742 et de 1756 que l'armée en a légitimé la possession. Depuis cette époque, un juste orgueil était permis à l'officier prussien. Cet orgueil s'est égaré un moment, et a reçu un effroyable échec dans son premier effort contre la France; mais on ne peut disconvenir qu'à l'époque même où lui fut porté ce coup fatal, le corps d'officiers de l'armée prussienne ne fût composé ou de vieux militaires pleins d'expérience, ou d'une jeunesse instruite, bouillante et intrépide. L'affront qu'ils subirent, en 1806, a été depuis noblement effacé, et, aujourd'hui encore, c'est parmi les troupes prussiennes que nous aimons à reconnaître les officiers les plus intelligens, les plus exercés et les plus habiles.

Depuis assez long-temps les troupes anglaises avaient presque cessé de figurer parmi les armées européennes. Ce n'est qu'à de longs intervalles que cette puissance, essentiellement maritime, cherche à prendre une consistance militaire sur le continent, et la politique lui a souvent reproché de payer trop cher des succès peu durables, qui la détournent de sa véritable destination. Dans de telles circonstances, c'est presque toujours le génie d'un chef qui fait prendre momentanément cette direction à l'esprit national; et ce chef, que le gouvernement britannique est obligé d'investir d'une grande puissance, se trouve être un véritable proconsul qui règle lui-même les promotions. L'état militaire est généralement trop peu considéré en Angleterre; la vente des commissions d'officiers y fait nécessairement entrer un trop grand nombre d'individus sans talens comme sans expérience, pour qu'il soit possible, au meilleur général, d'en tirer parti à l'ouverture de la campagne. Son premier soin doit être donc de se former lui-même les officiers qui lui manquent. C'est ce que fit Marlborough lorsqu'il prit le commandement en 1702. Son coup d'œil pénétrant alla démêler le mérite dans les rangs inférieurs, et, sans s'assujettir à aucune règle, il plaça chacun au poste qu'il le crut capable de remplir. Après ce période de gloire, l'armée anglaise était retombée dans une obscure inaction, lorsqu'en 1745 elle parut avec éclat à Fontenoy, sous les ordres du duc de Cumberland, pour aller, en 1757, se deshonorer par l'étrange capitulation de Closterseven. Dans des temps plus rapprochés, la guerre d'Amérique ne lui a donné de célébrité que par les capitulations du général Burgoyne et de lord Cornwallis. Les premières expéditions contre la France, depuis la guerre de la révolution, sont loin aussi d'avoir été heureuses, là où des intelligences, préparées de longue main, ne leur assuraient pas une réussite facile. C'est encore par une capitulation que se termina, en 1799, le débarquement tenté en Hollande. La fortune militaire de l'Angleterre a pris en Espagne un cours plus favorable; et là, aidée des secours de deux nations, capables des plus grands efforts, disposant de moyens infiniment supérieurs aux nôtres, elle a conduit, avec méthode et persévérance, une lutte dans laquelle l'avantage a fini par lui rester après un long balancement de succès et de revers. La France a fait une moisson trop abondante de lauriers pour en disputer quelques branches aux peuples qui se sont montrés dignes de les cueillir. Nous ne refuserons point aux troupes anglaises la justice qu'elles méritent; la guerre elle-même a formé leurs officiers et leurs soldats. Les uns et les autres ont mieux combattu dans les dernières campagnes que dans les premières; mais, quel qu'ait été le dénouement de la querelle, la gloire des troupes françaises est restée intacte, et, jusque dans le dernier choc, qui a presque ensanglanté la paix, malgré la prodigieuse différence des forces respectives, les Anglais eux-mêmes n'ont pas osé se proclamer vainqueurs.

Sans contester aux troupes des différentes puissances les qualités particulières qu'elles peuvent avoir, la France a sujet d'être fière de celles que le monde entier reconnaît dans les siennes. L'égalité de droits, accordée à tous les individus qui en font partie, l'accès à tous les grades, à tous les honneurs, sont un puissant aiguillon qui donne à leur activité naturelle un développement inconnu aux autres nations. Les commandans trouvent un point d'appui assuré dans l'excellente composition du corps des officiers, et ceux-ci dans le bon esprit des soldats. Le soldat français n'a pas besoin d'apologie. Intrépidité, résignation, enthousiasme, patience et dévouement, il déploie tour à tour ce qu'exige le climat, le terrain, la circonstance. Tout ce qu'il y a de sentimens sublimes se trouve dans le dernier rang comme au premier. Ce n'est qu'en France que chaque bataillon est une pépinière de héros; que le simple soldat, comme son colonel, prétend à l'honneur, et aspire à la gloire. Consultez leurs généraux; consultez même les généraux ennemis, tous répondront qu'il n'y a rien de plus beau que d'être digne de les combattre, si ce n'est d'être digne de les commander.

Confiance des subordonnés dans leurs chefs.

Où cette confiance existerait-elle si elle n'existait pas dans les armées françaises? Cependant, nous ne devons pas hésiter à le dire, des circonstances particulières ont paru y porter une légère atteinte, en la faisant reposer tout entière sur une seule tête, et en attachant trop exclusivement tous les regards sur le chef suprême de l'armée, au préjudice des autres capitaines qui partageaient ses travaux. C'est là encore un des inconvéniens d'une monarchie devenue militaire, et dans laquelle le premier personnage de l'État se réserve à lui seul le commandement. Cette question peut mériter un sérieux examen.

On se rappelle que dans l'Assemblée constituante, des publicistes distingués exprimèrent fortement l'opinion que le souverain ne devait point se mettre à la tête des armées, lorsque le théâtre de la guerre serait porté hors de nos frontières. Ce vœu avait alors pour objet l'intérêt de la liberté publique : il se fondait sur la crainte qu'un prince, accoutumé dans les camps à une obéissance passive, et fort de l'amour de ses soldats, sociétaires de sa gloire, ne se jouât ensuite des droits de la nation et des principes conservateurs de son indépendance. Outre la justesse de cette prévoyante inquiétude, un tel ordre de choses entraîne encore d'autres dangers pour la sûreté des peuples.

Le prince qui commande lui-même ses armées oublie qu'il est souverain, pour se souvenir seulement qu'il est général. Si l'ivresse de la victoire ne le conduit pas toujours à sa propre perte, elle ne manque jamais de faire le malheur de la nation qu'il gouverne. Le souverain, au contraire, qui a vaincu par ses généraux, tout en applaudissant à leurs exploits, calcule les pertes que la patrie a faites, et songe au sang qui a coulé. Il se hâte de profiter de ses succès, non pour courir à des succès nouveaux, mais pour parvenir promptement à la conclusion d'une paix honorable et solide.

Quand l'Europe sortait à peine des siècles barbares, où le droit n'était reconnu que lorsqu'il se présentait sous la protection de la force, les rois, dont l'existence ou les possessions étaient souvent mises en péril par les attaques de voisins audacieux, durent presque toujours s'armer eux-mêmes pour leur puissance ou leur trône en danger. A mesure que la civilisation a fait des progrès, l'issue des guerres a été moins décisive : la nation, contre laquelle se déclarait le sort, pouvait calculer d'avance l'étendue probable des sacrifices, au prix desquels il lui faudrait acheter la paix. La réputation de grand capitaine n'était plus celle dont un souverain crut devoir être jaloux, et on avait senti qu'il y avait pour les rois une gloire plus vraie et plus pure. Louis XIV et Louis XV se sont montrés encore à leurs armées; mais ce n'était point pour attirer à eux seuls la direction suprême des opérations militaires : c'était pour ajouter, par leur présence momentanée, à l'enthousiasme des troupes. Ils n'allaient point éclipser la gloire de leurs généraux. La couronne royale ne faisait qu'emprunter une feuille de laurier à la couronne de Turenne et à celle du maréchal de Saxe.

Tel avait été en France le cours de l'opinion, et, comme c'était le progrès des lumières qui lui avait imprimé ce mouvement, il est vraisemblable que la même manière de penser eût prévalu long-temps, si la révolution française ne fût venue ébranler le monde, abattre plusieurs trônes, saper les fondemens de tous, et appeler les rois à leur propre défense. Après qu'un seul homme se fut, en France, saisi de l'autorité, les mêmes idées se seraient rétablies, si le nouveau chef du gouvernement français eût déposé le glaive auquel il devait son élévation, et s'il n'eût pas, en se montrant sans cesse au premier rang de ses armées, fait une sorte d'appel ironique aux souverains, qui, occupés des devoirs paternels du trône, ne mettaient pas, comme lui, leur bonheur dans les exercices des camps, et leur plaisir dans les batailles. Cependant, à la fin, lassés de tant de provocations, bravés jusque dans leurs capitales, ils ont dû aussi descendre dans l'arène. L'injurieux défi a été accepté, et son résultat a été la ruine de l'agresseur (1). Oui, si sa ruine peut être attribuée à des causes humaines, la principale de ces causes est la présence des monarques ennemis à la tête de leurs armées. Sans cette réunion personnelle du roi de Prusse et des deux empereurs, jamais le bon accord n'eût pu se maintenir entre leurs généraux; jamais la même

---

(1) *Æstuat infelix angusto in limite mundi :*
. . . .
Exitus ergo quid est? o gloria! vincitur idem
Nempè, et in exilium præceps fugit. . . .
JUVÉNAL, *Sat. X.*

tendance, dans la politique de leurs cabinets. Cette circonstance particulière a donné à la dernière coalition un caractère d'indissolubilité qui n'appartient qu'à elle, et qui en a seul assuré le succès. Charles XII et Frédéric II ont marqué, l'un, le commencement, l'autre, le milieu du siècle dernier, par ce spectacle brillant de rois soldats, qui jouent dans une bataille le sort de leur monarchie et celui de leur famille. Si l'issue a été différente, la faute était la même, et combien de fois aussi la fortune de la Prusse, attachée à la vie du monarque, n'a-t-elle pas été exposée et compromise? L'intérêt de l'État défend à des rois de France ces aventureuses témérités. Un roi de France est l'âme de ses armées, mais il en doit laisser la conduite à ses lieutenans: il doit laisser à ceux-ci, avec des dangers interdits à une tête royale, l'honneur des succès et la confiance des troupes qui en est le prix.

Lorsque le chef d'un État guide lui-même ses armées, tout disparaît devant lui, toutes les gloires se fondent dans la sienne, et les rayons partis de mille points divers viennent former l'auréole brillante dont il est environné. En vain, par une sorte de reconnaissance forcée, paraît-il vouloir quelquefois renvoyer une partie de cet éclat vers sa source; le public n'aime pas à multiplier les idoles : il n'en veut qu'une à la fois, et met tout le reste à ses pieds. Nous avons sur ce point les leçons d'une expérience récente. Si de temps en temps quelqu'étonnant fait d'armes venait arracher l'admiration pour les compagnons du nouvel Alexandre, c'était honorer assez Parménion que de le placer en première ligne au-dessous de celui qui ne pouvait plus avoir d'égal, et encore se hâtait-on d'ajouter :

Proximus huic, longo sed proximus intervallo.

Qu'arrive-t-il en une semblable circonstance ? C'est que l'opinion rassemble en un seul personnage toutes les destinées de l'État, et ne voit, après lui, aucun bras assez fort pour soutenir le poids dont il était chargé. Ce système, utile à la gloire passagère d'un seul, est fatal à l'intérêt de tous. Il ne convient point à l'intérêt commun que le salut public dépende d'un seul homme. Autrement la patrie est sans cesse sur le bord du précipice. Cependant, malgré la disposition populaire à ne répéter qu'un seul nom, à ne voir dans tous les événemens heureux que le génie du chef qui commandait, des caractères énergiques se sont noblement fait connaître ; des talens supérieurs ont emporté l'estime générale. L'Europe, plus juste pour nous, que nous ne le sommes nous-mêmes, compte et nomme dans la seule armée française plus d'habiles généraux que dans les armées réunies de toutes les autres puissances. Par une inconcevable bizarrerie, avec une incroyable susceptibilité en fait de considération nationale, nous sommes disposés sans cesse à déprécier ce qu'il y a de plus distingué parmi nous, et on dirait que nous nous plaisons à nous venger de la supériorité de quelques-uns de nos compatriotes, en grossissant, à dessein, le mérite étranger. Ce n'est pas de cette sorte qu'elles agissent ces mêmes nations, pour lesquelles nous montrons un jugement si complaisant et si facile. Il n'en est aucune qui ne cherche à se créer son grand homme, et qui ne mette son orgueil à l'offrir au respect des autres peuples. La justice seule eût pu les porter à récompenser magnifiquement d'éclatans services; mais la politique vient imprimer son cachet sur l'exagération de la récompense. Je suis bien éloigné assurément de vouloir porter atteinte à la gloire d'aucun des généraux que nous avons eus à combattre; mais pourquoi nous envelopper d'illusions et ne pas parler d'après les faits ?

Un homme a fixé plus particulièrement les regards du monde : il a soutenu pendant plusieurs années un rôle brillant, qui a fini par le triomphe de la cause qu'il défendait; mais ce même homme, au noble caractère duquel j'aime d'ailleurs à rendre justice, dans quelle circonstance était-il placé? Quels ont été ses points d'appui, ses auxiliaires? Quels moyens, quelles ressources ont été à sa disposition? Quels moyens? Les plus puissans qui soient dans la nature, tous les genres de fanatisme, tous les genres de passions, et de passions exaltées au plus haut point où elles puissent aller chez les peuples méridionaux, l'amour de la patrie et de la religion, la haine du joug étranger et la soif de la vengeance. Sans vouloir établir de parallèle entre le héros de l'Angleterre, et ceux dont la France s'honore, qui oserait dire que tel ou tel de nos capitaines; que celui, par exemple, qui, avec des forces bien inférieures, lui a si long-temps disputé le terrain, n'eut pas, dans une pareille position, obtenu les mêmes avantages? Qui oserait, sans craindre d'être injuste, ne pas placer sur la même ligne ces autres chefs non moins fameux, que tant d'actions d'éclat ont si justement illustrés? Et ce doyen de nos guerriers, qui, à une époque de revers, reconquit la victoire à Zurich, et sauva la France d'une invasion imminente! Et celui qui, dans la campagne du deuil, après avoir conquis un nouveau titre sur les bords de la Moskwa, conserva, malgré tous les assauts des élémens déchaînés, ce courage d'esprit invincible qui sut dompter à la fois les ennemis, la fortune et la nature? Et celui qui, triomphant de la rage du fanatique insensé et de la vaillance des braves, constamment vainqueur dans une longue suite de combats, mérita le surnom d'*Heureux*, jusqu'au jour où la paix lui enleva ses conquêtes? Et cet autre qui, après avoir été long-temps condamné à un odieux repos, rendu enfin aux dangers et au bonheur de défendre la patrie, tirant une noble vengeance de l'injustice dont il avait été l'objet, a su joindre à la célébrité militaire l'honneur d'un dévouement d'autant plus généreux qu'il aurait pu s'en dispenser sans ingratitude et sans crime? Qui oserait, en parcourant leur vie entière, et même cette dernière époque où ils ne voyaient plus que la patrie sans songer à leur propre gloire; qui oserait leur assigner un rang qui ne fût pas au moins égal à tout ce que les pays étrangers peuvent présenter aujourd'hui de plus distingué et de plus illustre? Combien dans le premier rang de nos armées, et sous des titres inférieurs, n'est-il pas encore d'autres guerriers, qui, placés dans la situation où sont nos ennemis depuis deux ans, n'eussent marqué chaque journée par des prodiges de succès, comme ils les ont marquées par des prodiges de résistance ? Les alliés ne se sont pas toujours refusés aux faveurs de la fortune, puisqu'enfin Paris leur a ouvert ses portes; mais quels sont ceux de leurs chefs qui osent s'en attribuer l'honneur ? Hors le mérite d'avoir su, à propos, dans le moment décisif, marcher rapidement vers cette capitale, quelle est la grande journée dans laquelle l'avantage qu'ils ont pu obtenir, n'ait pas été dû à la puissance du nombre, et dont le succès doive être regardé comme l'effet nécessaire de la sagesse de leurs plans, de la profondeur de leurs combinaisons ? Dix fois, ils en ont eux-mêmes fait l'aveu ; dix fois, malgré l'immense supériorité de leurs forces, ils ont été sur le point de reculer devant ce noyau de braves, qui, chaque jour triomphant et affaibli, reparaissait sans cesse sur des points nouveaux, et ne pouvait plus que vaincre sans pouvoir assurer de résultat à ses victoires ? Si une nation habile, déguisant un sentiment d'envie peu honorable sous les dehors d'un enthousiasme factice, a pris soin, pour déplacer l'admiration des peuples, d'encenser des héros imaginaires, et de les accabler d'hommages politiques dont ils ont été étonnés eux-mêmes, le monde est-il dupe de cet artifice ? L'opinion des hommes sensés, la véritable opinion se laisse-t-elle prendre à l'illusion de ces scènes populaires, aux prestiges de cette adroite fantasmagorie (1)? Quelques rapprochemens un peu soutenus de plusieurs de nos capitaines avec ces grands hommes de création britannique, auraient bientôt réduit les prétendus géans à leur véritable mesure. Je m'interdirai ici des comparaisons personnelles, et je le fais par ce sentiment d'égards dont les Français se sont plus, dans tous les temps, à donner l'exemple, quoique les étrangers ne se piquent guère de la même conduite envers nous. Ce que je viens de dire suffit pour l'objet qui m'occupe ; il est impossible de ne pas reconnaître qu'il n'y a point d'armée qui ait, plus que la nôtre, de justes motifs de mettre la plus grande confiance dans l'habileté de ses chefs.

3°. *Le matériel.* Le plus hardi des calculs aurait de la peine à embrasser ce que, dans les deux dernières années, nous avons perdu en matériel de toute espèce ; mais malgré l'immensité de nos pertes, le tiers qui nous est resté dans les places dont nous avons fait la cession, la portion qui nous est revenue avec les armées d'Espagne et d'Italie, ce que notre armée principale en conservait en-

---

(1) Il faut convenir que coiffer du bonnet de docteur le cosaque Platow, est une de ces bouffonneries sérieuses dont l'Angleterre a seule le secret.

core, forment ensemble un total assez considérable. Depuis vingt ans, nous avons détruit, presque chaque année, une bonne partie du matériel des armées ennemies, et ce matériel était renouvelé pour la campagne suivante. Ce n'était jamais le matériel qui manquait à leurs nouvelles levées. Dépouillés de tout, ils conservaient un dernier recours contre les arrêts du sort : *spoliatis arma supersunt*. C'est nous aujourd'hui qui sommes à leur place, c'est nous qui avons cédé des royaumes, des centaines de forteresses, d'incalculables trésors de bouches à feu et d'approvisionnemens de tout genre. Hé bien, aujourd'hui encore *arma supersunt*. Si nous n'avons pas sous notre main, à l'instant même, un attirail de guerre entièrement complet et tout ce que la mise en campagne d'une armée exige d'ustensiles et d'équipages, l'habileté des chefs de cette arme ne perdra pas de temps pour y suppléer, pour rétablir ce qui est en souffrance, pour achever ce qui est imparfait, et remplacer ce qui n'existe plus. Ce n'est donc point là encore un point de vue sous lequel la situation de la France soit décourageante et puisse donner de justes causes d'inquiétude.

De tout ce que nous avons exposé sur la force numérique de l'armée, sur sa force morale et sur le matériel, on peut conclure que, s'il apparaissait tout à coup un être raisonnable, venu d'une autre sphère, également étranger à toutes les nations de notre globe, à qui il fût donné de les juger toutes d'un coup d'œil, et qu'on lui demandât dans les rangs de quelle armée il voudrait prendre place, soit pour commander, soit pour obéir, il répondrait : *Dans les rangs de l'armée française.*

DEUXIÈME SECTION.

FORCES DE MER.

Ce n'est pas assez de pouvoir se reposer dans une sécurité honorable sur l'appui d'une belle et brave armée contre l'agression des puissances continentales, il est une autre force qui n'a pas moins d'influence sur les destinées des nations. Il est particulièrement un autre ennemi qu'il faut repousser avec d'autres armes. Nous venons d'en faire encore une mémorable épreuve. Le combat dont nous sortons a été, pour ainsi dire, un combat entre la terre et la mer, et c'est la terre qui a succombé. Les deux rois de la mer et de la terre s'étaient armés de tout ce que pouvait leur fournir l'élément dont chacun d'eux avait la suprématie. Chacun est resté long-temps maître dans son domaine; mais l'un d'eux, ne craignant rien pour lui-même, a pu diriger ses attaques au dehors de son empire, et, par son talent à diviser les parties dont se composait l'empire rival, il est parvenu à lui donner la loi. Cette loi, que la France ne subit pas seule, mais dont toutes les nations du continent supportent également la tyrannie, un seul moyen existe pour nous en affranchir, une bonne marine.

Nous ne présenterons pas ici l'inutile énumération des bâtimens de guerre dont se compose la marine des diverses puissances. Les états publiés en ce genre avec ou sans l'aveu des gouvernemens sont naturellement plus ou moins inexacts. D'ailleurs ce ne sont point en général les vaisseaux qui manquent, ce sont de bons marins pour les monter. Ce n'est que sur le nombre des bâtimens dont les équipages sont complets que l'on peut juger les forces navales d'une puissance et non sur le nombre des bâtimens dégarnis qui sont entassés dans ses ports. On sait trop bien que la supériorité actuelle se trouve sous ce double rapport entre les mains d'un seul gouvernement. Comme cette supériorité constitue toute la grandeur de la nation qui la possède et semble même indispensable à son existence, cette nation n'a qu'une seule pensée, qu'un seul but, c'est d'empêcher tout autre peuple de se créer les mêmes avantages. Un seul ennemi peut lui causer de justes alarmes, la marine française. Il n'est point de repos, point de relâche pour elle que la marine française ne soit anéantie. C'est à la destruction de la marine française que tendent tous ses efforts; c'est contre notre marine que sont dirigés tous les mouvemens de sa politique. C'est contre notre marine que depuis vingt ans elle a combattu et conduit au combat toutes les puissances du continent; c'est l'accroissement de notre marine qu'elle redoutait dans notre agrandissement territorial; enfin, en rétrécissant, autant qu'il a dépendu d'elle, le cercle de nos frontières, c'est surtout notre marine qu'elle a voulu resserrer dans d'étroites limites. Les divers gouvernemens de la France n'ont eux-mêmes que trop bien secondé ces desseins. Des pertes de détail n'ont cessé de détruire sans cesse nos moyens à mesure qu'ils semblaient se réparer, et l'imprudence de deux grandes batailles n'a servi qu'à faire éclater sans fruit la vaillance française, tandis que, de l'autre côté, des flottes mieux exercées et plus d'expérience chez les chefs, affermissaient par notre ruine cet empire des mers que nous avions vainement voulu disputer.

Quelles espérances aujourd'hui nous est-il permis de conserver encore? Nos espérances, sans doute, doivent être discrètes et mesurées, mais gardons-nous d'un découragement fatal, qui, en traçant trop près de nous la borne de ce qui est probable, nous empêcherait de nous élever à ce qui est possible. C'est avec le territoire qui nous est conservé que la France, formidable sur terre, a obtenu quelque temps, et souvent partagé la domination de l'Océan. Les élémens de notre force maritime ne sont pas détruits. Le développement en était arrêté ; la paix va lui rendre son cours. Tandis qu'une navigation active formera des matelots, une administration sage, sans hasarder un essor inopportun, préparera en silence les ressources de sa puissance navale, non pour en faire une arme d'agression, mais pour l'employer au maintien de ses droits et à celui de la liberté maritime. Il faut pour cet important ouvrage, de la patience et de la circonspection. Nous ne pouvons nous dissimuler que notre ennemi veille. Ce qu'il a mis tant d'obstination à détruire, il fera tout, sans doute, pour l'empêcher de renaître ; mais sa volonté aussi doit connaître des bornes. S'il est parvenu à son tour au faîte de la puissance, qu'il tremble, c'est le moment où la décadence se prépare. Fixer le char de la fortune est au-dessus des forces humaines, et les États, comme les individus, doivent craindre des revers, quand leur bonheur ne peut plus s'augmenter. Par la même raison, dans une position toute contraire, le mal étant à son comble, le temps ne peut plus que l'adoucir. De grands débris nous restent, il faut les rassembler. Aidons le temps et rappelons la fortune : la France ne veut pas la guerre ; elle doit craindre surtout la guerre maritime ; mais comme l'idée d'une paix perpétuelle est une chimère, cette guerre que l'on doit éviter, il faut être capable de la soutenir quand la nécessité l'exigera. La gloire du pavillon français a été si long-temps éclipsée : son indépendance a souffert de si violentes atteintes. Tant de braves nous crient du milieu des gouffres de Trafalgar :

Exoriare aliquis nostris ex ossibus ultor!

Ce cri doit retentir sans cesse dans le cœur des marins français. La nature, comme la fortune, a ses caprices et ses momens de faveur. Si dans nos guerres continentales elle nous a offert un si grand nombre de guerriers qui ont marché noblement sur les pas des Condé et des Turenne, elle doit pareillement donner de dignes successeurs aux Duquesne et aux Tourville. Malheureusement dans les guerres maritimes, l'habileté seule des chefs ne suffit pas. Il faut que le simple matelot, comme l'amiral, ait reçu les leçons de l'expérience. Le génie naturel peut même suppléer l'expérience dans celui qui commande : rien ne la supplée dans les hommes qui doivent obéir. Il faut donc avoir le courage de nous résigner : il faut consentir à ne marcher qu'avec le temps, mais nous tenir prêts à profiter des secours imprévus réservés à la sagesse qui observe son cours, et à la prudence qui sait en attendre les effets.

Tandis qu'à l'égard de nos forces de mer, nous sommes réduits à saisir avidement dans l'avenir quelques rayons d'un espoir incertain, tout autorise, par rapport à nos forces de terre, la plus entière confiance et le plus légitime orgueil. La France ne peut ainsi, sur cette partie de son état militaire, que s'applaudir de sa situation, et elle n'est que juste en regardant son armée comme la première de l'Europe, si on la compare séparément à celles de chacune des autres puissances.

TROISIÈME PARTIE.

ÉTAT POLITIQUE.

INTRODUCTION.

Au moment où je m'occupe à rechercher quel est l'état dans lequel la France se trouve à l'égard des diverses puissances, la question semble prête à se développer d'elle-même et à se résoudre, du moins en partie, par la direction que vont prendre les délibérations du congrès. Déjà, depuis plusieurs mois, les gazettes de tous les pays, et particulièrement les gazettes allemandes, s'amusent à décomposer et à recomposer le système général de l'Europe, grossissant ou diminuant, selon leur caprice, le lot qu'il leur plaît d'assigner à chaque souverain. Je n'irai point, à leur exemple, former aussi un plan à ma manière, révéler aux princes le secret de leurs intérêts et même celui de leurs intentions, donner des leçons à leurs plénipotentiaires, et faire prononcer par le congrès les oracles de ma volonté. Je ne me mêlerai point de deviner ce qu'on a déjà fait ni ce qu'on fera, et je me garderai bien de vouloir percer le mystere des cabinets. Les matériaux dont je ferai usage appartiennent à tout homme qui pense. Quoique je doive faire mention d'objets qui sont maintenant ou qui ont été en discussion à Vienne, je n'aurai point la ridicule prétention de présenter mes idées comme les meilleures à suivre, puisqu'il peut y avoir des raisons inconnues qui doivent porter à des déterminations contraires. Je ne considérerai les questions auxquelles je me permettrai de m'arrêter, que sous leur point de vue le plus général, tel qu'il existe pour le public, sans hasarder aucune présomption sur des faits particuliers couverts encore d'un voile plus ou moins épais. Sans doute, dans les conférences de Paris et de Londres, dans les diverses communications qui ont précédé la réunion du congrès, dans l'espace de temps qui s'est déjà écoulé depuis sa réunion, il y aura eu entre les cours intéressées un échange actif de demandes réciproques, d'insinuations partielles, de projets et de contre-projets; il aura été pris des engagemens positifs ou conditionnels

par telle ou telle cour avec telle ou telle autre ;
enfin, un délai de sept à huit mois a dû être
rempli par une foule d'explications qui auront
dégrossi la matière et ébauché le grand œuvre de
la reconstruction du monde. Une question, que
j'entamerai comme intacte et neuve, aura peut-
être été déjà résolue dans un sens tout opposé à
celui sous lequel je l'envisagerai. Son examen
n'en sera pas pour cela moins utile au but que je
me propose. Quelle que soit la justesse ou l'inexactitude des suppositions particulières que je
puis admettre, l'ensemble de mes considérations
sur notre situation politique aura toujours le
même fonds de vérité. Je puis me tromper sur
ce qui a été décidé ou sur ce qui se décide en ce
moment : à cet égard, je m'abstiendrai, autant
qu'il sera possible, de conjectures déplacées ;
mais, quant à la question de ce qu'il est au pouvoir de la France de faire, soit maintenant, soit
plus tard ; quant à la nature du rôle qu'elle est
appelée à jouer encore, malgré les atteintes récemment portées à sa puissance, je ne suis point
exposé à la même erreur, puisque cette connaissance ne dépend point des discussions du moment,
mais résulte de faits notoires et publics. Le simple
exposé de ces faits suffit pour remplir l'objet que
j'ai principalement en vue, pour démontrer que

notre situation dans l'ordre politique, malgré la réduction de notre territoire, n'en est pas moins réellement avantageuse; et que, si la France n'a plus cette force qui lui assurait la domination du continent, elle a encore une force suffisante pour y conserver, au lieu de la prépotence qui commande dans son seul intérêt, cette influence modérée dont l'effet est plus sûr parce qu'il est plus juste, et qu'il agit dans l'intérêt réciproque des parties. J'irai plus loin. Quand même cette influence serait très-faible dans les discussions actuelles; quand même les États, qui ont eu pour eux le hasard du dernier choc, affecteraient de vouloir écarter notre participation, et de nous donner, dans la décision des affaires majeures qui sont en litige, l'ostensible humiliation d'une injurieuse nullité, l'affront pourrait être sensible pour un État qui serait condamné à une éternité d'impuissance; mais ce ne serait, à notre égard, que l'abus d'un moment d'avantage dont on se hâterait de profiter, parce qu'on le jugerait précaire et fugitif. On conçoit aussi que les États de second ordre, qui ont à faire déterminer le *quantum* de leur existence, se groupent autour des souverains qui, par leur grande mise de fonds dans l'entreprise, se regardent comme maîtres d'en distribuer les bénéfices. On peut ainsi pardonner à des princes, qui ne peuvent manquer d'avoir bientôt besoin de nous, le tort de leur oubli actuel à l'égard de la France, et leurs adorations exclusives pour les divinités du jour. Ils seront trop heureux de pouvoir revenir de notre côté plus tôt qu'ils ne le croient peut-être ; et la France, toujours généreuse, parce qu'elle est grande par elle-même, ne leur refusera jamais la protection que lui prescrira sa politique et la justice qui en est aujourd'hui la base. Je vais, comme on le voit, au-devant des plus fâcheuses suppositions. Dans le cas même où, par un accord peu probable, mais possible, les grands États qui recueillent l'héritage de l'Empire français se feraient un plaisir de trancher, sans notre concours, les difficultés du partage, l'issue de leur accommodement ne peut jamais être telle qu'il ne reste entre les co-partageans quelque germe d'humeur, de jalousie et d'irritation. Les mécontens, quels qu'ils soient, tourneront leurs regards vers la France qu'on avait négligée ; comme aussi les États de second ordre, après la fixation plus ou moins heureuse de leur sort, sentiront le besoin de son appui, ou pour conserver ce qu'ils auront obtenu, ou pour obtenir, par elle, dans des temps ultérieurs, ce qu'ils avaient vainement attendu des autres puissances.

Ce serait un tort que de mettre trop d'importance, au plus ou moins d'activité du concours accordé aujourd'hui aux négociateurs français. L'apparence même d'une inaction forcée ne serait point un malheur, et quoique le destin des nations puisse parfois dépendre d'un moment, il est dans l'ensemble des choses un ordre général qui se rétablit de lui-même, lorsqu'après une grande crise, le monde long-temps agité reprend un cours régulier et naturel. Si dans les arrangemens que pourraient faire entr'elles les grandes puissances, elles ne poussent pas trop loin leur agrandissement respectif, la place de la France est dès long-temps marquée, et elle n'a pas à s'en plaindre. Si, au contraire, ces cabinets qui prétendent n'avoir armé l'Europe que pour la plus juste des causes, oublient eux-mêmes cette justice qu'ils ont tant invoquée; si, après avoir épuisé toutes les expressions d'un juste ressentiment contre les usurpations du gouvernement français, ils deviennent usurpateurs à leur tour, il n'y aura eu pour les nations, et même pour la plupart des États, que déplacement et non destruction de la tyrannie : ce sera (après l'Angleterre) la Russie ou l'Autriche, qui auront pris la place de la France, et le continent destiné au joug, n'aura fait que changer de maître. Que devient alors la France ?

Le recours des États maltraités ou qui craindront de l'être. Dès ce moment, elle se trouve en mesure de se former un système fédératif qui, en la fortifiant elle-même, lui donnera les moyens de neutraliser l'excès de force des puissances rivales, et peut-être de les ramener un jour à de plus justes proportions.

Les hypothèses défavorables que je viens de présenter, n'ont pour but que de faire sentir combien la France peut être tranquille sur la marche de ce congrès qui fixe en ce moment tous les regards; mais je suis loin de croire qu'elles se réalisent.

Je m'abstiendrai de remonter ici à des époques éloignées, et de me livrer à des réflexions oiseuses sur des événemens antérieurs qui n'influeront en aucune manière sur ceux que nous pouvons nous attendre à voir éclore. Je prends les choses au point où elles sont.

Si, en 1811, la Prusse n'avait plus qu'une ombre d'existence; si l'Autriche, toujours grande par sa population, était par la déconsidération attachée à une longue suite de revers, tombée à un rang secondaire; si la Russie avait, depuis dix ans, subi toutes les humiliations de la guerre et de la paix, la scène a étrangement changé au mois d'avril 1814. Au milieu de l'ivresse d'un succès qui a été douteux jusqu'au dernier jour, l'Angleterre a joui avec orgueil de la puissance de son or, et a obtenu le prix de son infatigable persévérance. Le colosse de la puissance française est tombé : le colosse n'est plus, mais la puissance réelle lui survit; la France, la véritable France, est impérissable puisqu'elle a pu se relever du sein des immenses débris dont elle était entourée.

Le sort de la France est seul réglé jusqu'à ce jour : on l'a réglé sans elle; la force en armes a usé de ses droits, la force désarmée a dû se soumettre : mais la famille de nos rois est remontée sur le trône; le gouvernement ne marchera plus par saccades et par bonds : notre existence ne sera plus livrée aux caprices de la fortune ; le bonheur du peuple, sa grandeur, sa gloire ne seront plus, chaque jour, mis au hasard d'un coup de dés : il y a pour nous un avenir.

Cependant le reste de l'Europe est dans un état vague et indécis. Les grandes masses de l'édifice politique subsistent ; mais toutes les autres parties ont été déplacées, entremêlées, bouleversées, et ne présentent qu'un spectacle de ruines. Cet effroyable chaos, cette confusion d'élémens qui se heurtent les uns les autres, appellent une législation suprême qui les classe, les sépare ou les réunisse ; qui enfin mette d'accord le fait et le droit, soit en changeant, soit en conservant l'état présent des choses d'une manière générale ou partielle, et en faisant, à ce qui a été et à ce qui est, succéder ce qui doit être. Les intérêts débattus aux congrès de Munster et d'Osnabrück étaient loin d'être aussi graves dans leur objet, aussi compliqués dans leur forme que ceux qu'il s'agit maintenant d'éclaircir et de concilier. Ce sont des princes alliés qui ont à s'expliquer ensemble, et jamais il n'y eut de plus importans objets de contestation entre des ennemis. Il y a entr'eux vingt problèmes à résoudre, vingt textes contentieux à débrouiller, dont chacun eût pu être un sujet de guerre si le monde entier n'avait pas besoin de repos. Des trônes renversés, d'autres élevés sur leurs ruines et abattus à leur tour, des enchevêtremens de territoire nouvellement réformés ou introduits, des droits créés par la force, reconnus par des traités et détruits par une force contraire, le juste et l'injuste, le présent et le passé, croisés et confondus, voilà les matériaux sur lesquels la négociation doit opérer, et c'est de là qu'elle doit faire sortir un ordre de choses ferme et permanent, qui s'accorde avec les vues contradictoires des diverses puissances.

Lorsque la France, ramenée par des malheurs

militaires à son ancienne limite, et par le caractère de son souverain à une salutaire modération, voit mettre en une sorte de loterie de nombreuses provinces dont l'acquisition avait été le fruit des plus glorieuses campagnes, il est difficile qu'elle ne soit point admise à concourir aux nouvelles démarcations qui vont changer la géographie politique de l'Europe. Les droits qui dérivent pour elle d'une possession récente, ceux qui tiennent à sa dignité comme état du premier ordre, et la confiance que doit inspirer la sagesse du souverain qui la gouverne, ne permettent pas de croire que son intervention puisse ne pas avoir une part marquée à cette distribution de territoires disponibles, et à la délimitation des diverses puissances entr'elles. L'objet de cette intervention doit être de restreindre le danger des mutations qui s'opèrent, et de les coordonner dans un sens conforme à son système fondamental qui aujourd'hui, comme avant 1789, ne peut être que celui d'un juste équilibre entre les grandes puissances.

Si la fortune des empires est sujette à d'innombrables variations, si leur politique même est quelquefois forcée de paraître fléchir sous la fatalité des circonstances, le système d'un État tel que la France ne change point avec la fortune.

Les principes de sa politique, quand ils ne peuvent être complètement immuables dans le détail de leur application, ne subissent du moins que les modifications temporaires qu'il est impossible d'éviter, et, dans les concessions auxquelles on se soumet, une prévoyance éclairée tâche de se ménager encore un retour plus ou moins prochain vers le point dont on a été contraint de se désister. Tandis que les États du second ordre se jettent à droite ou à gauche, selon qu'une force accidentelle les entraîne de l'un ou de l'autre côté; que livrés à des calculs du moment, ils voient d'avance l'instant où des calculs contraires seront leur ressource et leur salut; le cabinet d'une puissance du premier rang, quelle que soit sa position à l'égard des autres parties belligérantes, doit conserver les mêmes vues, marcher dans la même direction, et, en se résignant à des sacrifices indispensables, faire sortir de ces sacrifices mêmes des combinaisons en rapport avec les principes invariables de sa politique. Cette fixité, cette invariabilité de principes doit se soutenir surtout dans toute sa vigueur, lorsqu'après une lutte opiniâtre, qui a épuisé toutes les parties, il s'agit de négociations qui décident du sort d'un grand nombre de peuples, et renouvellent, pour ainsi dire, la face du monde.

Le plus ou moins d'énergie que la France peut mettre dans sa tendance vers son but marqué et immuable, se mesure naturellement d'après les circonstances. Le point de départ est essentiel à déterminer : il ne faut se placer ni trop haut ni trop bas, mais à une distance égale de l'orgueil, qui ne songe qu'à sa grandeur passée, et de la faiblesse qui, se laissant abattre par les malheurs présens, n'ose pas vouloir ce qu'elle a droit de prétendre. Le jour où les armées françaises voyaient Moscou embrasé par un patriotisme sauvage, qu'on ne peut admirer qu'en frémissant; le jour, où les Russes contemplaient avec étonnement la magnificence de Paris, confiant et tranquille, présentent en un double sens pour les deux nations, le plus étonnant contraste de grandeur et d'abaissement. Ce n'est dans aucune de ces deux journées qu'il faut considérer la France pour juger le rang qui lui appartient dans la famille des États du continent. Si le développement de nos moyens avait été porté à un degré d'exagération où il ne pouvait se soutenir, leur épuisement peut aussi être regardé comme un accident temporaire que reparera bientôt l'abondance de vie interne qui anime ce grand corps. Sa puissance réelle, cette puissance fondée sur la nature morale et physique des choses, est indestructible.

Le principe de la politique de la France a été long-temps, aurait dû toujours être un principe de conservation. Les vues actuelles de son cabinet ne peuvent ainsi avoir rien de mystérieux dans leur ensemble. C'est un champ ouvert aux méditations du public. On peut dire que notre politique, revenue à sa direction première, est essentiellement européenne : elle est d'accord avec celle de toutes les puissances, hors seulement les deux ou trois États aujourd'hui prédominans, qui peuvent avoir des intérêts séparés de ceux de la presque universalité des peuples. Le but que s'est long-temps proposé, et que doit aujourd'hui surtout se proposer la France, est, si l'on veut le réduire à des termes simples et catégoriques, la répression de l'excès de prépondérance des principales puissances de l'Europe, dans la proportion prescrite à l'égard de chacune de ces puissances, par l'intérêt plus ou moins marqué de l'équilibre général. Depuis vingt ans on se plaint que cet équilibre a été rompu par la France. Il serait superflu de rechercher si ce ne sont pas quelquefois des attaques imprudentes qui ont poussé la nation française à se jeter hors de son ancien cercle, où il lui aurait mieux convenu de se maintenir ; mais au reste quelle qu'ait été la cause du déplacement qui s'était opéré dans tous les rapports précédens, il a cessé en ce qui nous concerne ; nous sommes retombés au point où nous étions. Les États que notre chute semble élever si haut, consentiront-ils à se contenter, comme nous, de la place qu'ils avaient auparavant, de cette place à laquelle ils avaient presque perdu l'espoir de remonter jamais ? ou bien leurs intentions auraient-elles changé avec les événemens ? leur modération n'aurait-elle été que de l'impuissance ? C'est ce que nous allons examiner, en considérant sous ses divers points de vue la situation respective de la France et des autres nations de l'Europe. Nous nous arrêterons particulièrement à ce qui regarde les grands États dont l'accord peut aujourd'hui fonder la paix la plus solide et la plus durable dont le monde ait jamais joui, si, au lieu d'abuser de leur bonheur du moment, ils sont capables d'entendre encore la voix de l'équité et celle de leur véritable intérêt, que les souverains ne peuvent jamais impunément séparer de la justice.

CHAPITRE PREMIER.

ANGLETERRE.

On n'a jamais songé sans doute à comparer ensemble les Anglais et les Athéniens; mais, s'il est une nation qui ait profité du conseil donné par l'oracle de Delphes au peuple d'Athènes, c'est la nation anglaise. Il semble que ce fut à cette nation que s'adressait l'oracle, lorsqu'il répondait qu'il n'y avait de sûreté contre l'invasion de Xerxès que dans des murailles de bois. Le mur de bois a été élevé par l'Angleterre autour d'elle-même. Il est presque infranchissable. Les flottes britanniques, bien autrement formidables que les flottes athéniennes, ne sont plus seulement un rempart qui mette à l'abri des menaces étrangères ; c'est un instrument rapide d'attaque comme de défense, qui va, au loin, porter la guerre et prévenir l'agression. Tranquille au milieu de ses fortifications flottantes, l'Angleterre y aiguise, comme dans un arsenal inaccessible, les armes avec lesquelles le monde entier doit combattre pour sa cause. Lorsqu'elle aperçoit sur l'horizon un point noir précurseur de l'orage, armée d'un conducteur électrique dont l'effet est toujours sûr, elle fait, pour ainsi dire, rebrousser chemin à la tempête et marque la contrée où elle veut en faire tomber les éclats : dix fois elle a ainsi déplacé les chances de la guerre et disposé sur des terres lointaines le théâtre où vingt nations se sont épuisées pour ses intérêts contre l'ennemi qu'elle pouvait craindre. Cet ennemi, ce seul ennemi que l'Angleterre poursuit avec tant d'opiniâtreté, c'est la France. Jamais haine d'une nation pour une autre n'a été si solennellement prononcée que celle du gouvernement et du peuple anglais pour la nation française. Les voûtes de Westminster ont tant de fois retenti du terrible *delenda est Carthago;* la politique du gouvernement est si constamment dirigée vers ce but exclusif, qu'il faudrait être, en France, étranger à toute idée d'indépendance nationale, pour ne pas sentir que notre anéantissement, comme puissance maritime, peut seul mettre un terme à cette implacable animosité. On a si souvent répété la comparaison banale de Rome et de Carthage, qu'il est presque ridicule de la reproduire encore. Carthage, pour l'Angleterre, c'était notre marine. Hé bien, l'Angleterre doit être contente : Annibal n'est plus à ses portes, et Carthage ne sera, de long-temps, à redouter pour elle.

On a successivement reproché à diverses nations d'avoir aspiré à la monarchie universelle. C'est à l'Espagne et à l'Autriche que ce reproche fut d'abord adressé; mais l'éclat de la première moitié du règne de Louis XIV ayant excité partout à la fois et l'admiration et l'envie, la librairie hollandaise mit au jour une foule d'écrits qui présentaient ce projet comme un système fixe et fondamental de la France. Ce soupçon, qu'assurément depuis un siècle nous étions loin de mériter, avait dû renaître depuis quinze années, et l'Europe, cette fois, bien convaincue du projet, commençait même à croire à son accomplissement. Aujourd'hui, la plupart des nations continentales, effrayées de l'ascendant de la puissance russe, sont tentées de voir la monarchie universelle à Pétersbourg. Tandis que les nations du continent, soulevées tour à tour les unes contre les autres par une influence étrangère, poursuivent et se disputent sur les terres européennes une prétendue suprématie dont les suites seraient plus préjudiciables qu'utiles à la nation qui l'obtiendrait, le gouvernement anglais, par une marche constante et progressive, est parvenu, en effet, à se saisir du sceptre du monde, de ce globe d'or qui n'est, pour la dignité impériale, qu'un frivole ornement, mais qui, dans les mains de l'Angleterre, est un attribut expressif, un véritable emblème de la réalité, puisque seule elle entoure notre globe des liens de sa puissance; et que, maîtresse d'innombrables possessions dans les quatre parties du monde, sa navigation étend autour d'elles comme un filet immense qui les tient toutes captives, dépendantes et dociles esclaves de sa volonté. C'est surtout à l'égard de l'Angleterre qu'éclate dans toute sa force (1) le vieil axiome, que l'État qui est maître de la mer est maître de la terre. Cet axiome, né à Athènes, vrai tour à tour pour la Grèce, pour Carthage et pour Rome, l'est aujourd'hui à l'égard du gouvernement anglais. Une seule nation combattait encore pour conserver un reste de liberté sur les mers, et l'incendie de Washington a puni l'audace

(1) Ce n'était pas sans raison que Lemierre nommait l'un de ses vers, le vers du siècle :

Le trident de Neptune est le sceptre du monde.

S'il y avait de la bonhommie dans l'amour-propre du poëte, il y avait de la vérité dans l'idée dont il s'applaudissait d'avoir si bien saisi l'expression.

de sa résistance. C'est à la lueur des flammes de leur capitale, que les plénipotentiaires américains sont appelés à signer la paix que l'Angleterre négocie avec eux! C'est à la lueur de cet incendie que l'Angleterre fait lire aux rois, en caractères de feu, la menace du sort qui attend toute puissance assez hardie pour prétendre à quelque liberté sur les mers, à quelqu'indépendance pour son commerce. Ne doit-on pas frémir à l'idée que si, au lieu d'envoyer à Paris un ennemi plus humain, la fortune y eût envoyé le général anglais qui a brûlé Wasingthon, la capitale de la France, le temple des arts, le sanctuaire de la civilisation du monde, Paris serait peut-être aujourd'hui en cendres? Certes, les guerres faites par la France depuis vingt-cinq ans ont eu un caractère destructif sur lequel nous ne pouvons que gémir, mais nous n'avions pas atteint les bornes de ce système de rigueur. Il était réservé à l'Angleterre de nous surpasser. Le bombardement de Copenhague, l'enlèvement de la flotte danoise sans déclaration de guerre préalable, et tant d'autres expéditions contraires aux droits des peuples, ont assez appris à l'Europe ce qu'on doit attendre d'elle. Cependant tout plie sous sa loi; chaque gouvernement est forcé de lui donner un gage qui réponde de sa soumission. Déjà si cruellement maltraité en 1801 et 1807, il a fallu encore que le Danemarck achetât la paix par la cession de l'île d'Héligoland qui, en fournissant à la marine britannique un poste de refuge et de sûreté, devient pour elle, dans la mer du Nord, une citadelle d'où elle dominera les bouches de l'Elbe et des autres rivières voisines, et tiendra sous sa dépendance exclusive tout le commerce de ces parages. Les gazettes nous ont annoncé que les Anglais ont pareillement pris possession de l'île de Bornholm et de la forteresse de Christiansoë. Si la Russie souffre cet établissement de l'Angleterre au sein de la mer Baltique, c'en est fait dans cette mer, comme dans toutes les autres, du reste de liberté qu'elle conservait encore; et Pétersbourg, qu'une escadre anglaise a déjà fait trembler en 1801, doit, aussi-bien que Copenhague et Stockholm, redouter le sort de Washington. Ainsi, par un fatal aveuglement que l'Angleterre a eu soin d'entretenir, la chimère de la monarchie universelle s'est réalisée à Londres, tandis que tous les peuples soulevés en combattaient l'ombre sur le continent. La puissance anglaise n'a plus de rivale, et maintenant la paix n'a point d'autre objet pour elle que de consolider l'influence qu'elle a acquise par la guerre. De ce moment commence un autre genre de guerre entre les cours de France et de Londres, guerre de cabinet, où la force dominante du moment a sans doute de grands avantages, mais où se trouvent aussi diverses sortes d'auxiliaires dont la nation qui a succombé peut tirer parti. Cependant, toutes les pensées de l'Angleterre ne doivent pas se borner à la France, ni celles de la France à l'Angleterre. Plusieurs autres grands États appellent leur commune surveillance, et, lorsqu'il ne s'agit plus d'intérêts directs entre Londres et Paris, les deux gouvernemens peuvent se surprendre dans de mêmes vues et dans une même volonté. Nos causes de querelle sont si multipliées que c'est une circonstance heureuse que celle qui amène pour les deux cabinets des incidens sur lesquels ils n'ont point à se heurter, et où même ils peuvent présenter au monde le spectacle nouveau de leur bonne harmonie. Avant de nous occuper des diverses questions qui sont pour nous autant de sujets de conflit avec l'Angleterre, il sera doux de porter notre attention sur celles où nous avons le rare plaisir de nous trouver d'accord.

Points de concordance entre la politique de la France et celle de l'Angleterre.

Quoique la France soit, de tous les États du

continent, celui dont l'agrandissement est le plus redouté par la cour de Londres, il ne peut pas non plus entrer dans les vues de cette cour de voir d'autres puissances dépasser certaines bornes et s'élever à un point qui puisse les rendre moins accessibles et moins traitables. Sans doute aucun gouvernement ne peut, autant que nous, lui faire craindre une rivalité dangereuse ; mais rassurée aujourd'hui contre ce retour de rivalité de la part de la France, nécessairement ajourné à une époque incertaine ; confiante dans ses précautions pour le prévenir, elle doit mettre une grande importance à limiter l'excès d'accroissement de la Russie, de l'Autriche, et même de la Prusse, ou, du moins, à apporter à cet accroissement des modifications conformes à ses intérêts. La prépotence démesurée d'un État, quel qu'il soit, blesse et doit blesser tous les autres. Du moment que la France est redescendue à un rang qui ne donne plus d'ombrage, c'est contre la puissance continentale qui approche le plus du degré de hauteur, d'où nous sommes tombés, que doit se tourner la jalousie des autres nations, et surtout de l'Angleterre. Malgré les démonstrations d'une parfaite intelligence entre Londres et Pétersbourg, l'Angleterre sera la première à se réjouir de la rentrée des troupes des grandes puissances dans les limites respectives de leurs États. C'est sur cet article de limites que s'élève une question d'un haut intérêt, à l'égard de laquelle l'Angleterre et la France ne peuvent manquer de s'entendre. Cette question est celle de la fixation des frontières de la Russie. Je m'en occuperai plus en détail lorsque je traiterai ce qui concerne spécialement cette dernière puissance. Il suffit ici de dire que, sur ce point capital, la France, l'Angleterre et l'Autriche, ont toutes trois un intérêt commun. Cet intérêt est bien le même aussi pour la Prusse; mais il y a lieu de supposer que, par suite de l'intimité des liaisons personnelles de Frédéric-Guillaume et de l'empereur Alexandre, le gouvernement prussien a les mains liées, et que, malgré le désir que doit avoir ce gouvernement de voir mettre des bornes à la trop grande extension de la Russie, il ne pourra ni en émettre le vœu ni concourir à le réaliser.

D'après le même principe, il doit également entrer dans les vues de l'Angleterre d'empêcher que l'Autriche ne porte trop loin ses acquisitions en Italie, et de faire décider, de préférence, en faveur des États secondaires, les contestations existantes sur des pays dont le sort n'est pas encore déterminé.

La même circonstance se reproduit à l'égard de la Prusse. Si la cour de Berlin voulait porter ses vues ambitieuses sur les villes anséatiques, et donner à son littoral la continuité qui lui manque, il peut convenir à la France de seconder la résistance probable qu'opposerait l'Angleterre à cette prétention, à moins toutefois que l'Angleterre, en contrariant les vues de la Prusse, n'en manifestât de semblables pour son propre compte.

Je ne fais mention que des points principaux sur lesquels la France et l'Angleterre sont forcément d'accord ; mais on conçoit sans peine qu'il en est encore bien d'autres où nous devons nécessairement nous rencontrer d'après le principe qui nous porte également à favoriser les États inférieurs plutôt que les grandes puissances.

Malheureusement, lorsqu'il s'agit pour nous de mettre en pratique la même méthode contre le gouvernement anglais, nous trouvons peu de secours dans les autres cabinets, et nous sommes presque réduits à nous-mêmes. A la vérité, les grands objets en litige sont déjà résolus, et tous défavorablement pour la France ; mais enfin il existe plus ou moins de moyens d'adoucir le malaise de notre situation, et nous ne sommes pas en position d'en négliger aucun.

Ici commence le chapitre trop nombreux de nos points de dissidence avec l'Angleterre.

Tout le mal que l'ennemi le plus acharné peut faire à son plus mortel ennemi, l'Angleterre l'a fait à la France. Tout le ressentiment qu'un ennemi opprimé peut nourrir contre son oppresseur, la France le nourrit contre l'Angleterre. Tel est l'ordre des choses humaines, et il serait peu raisonnable de vouloir qu'une nation, qui a fait des pertes aussi sensibles, les oubliât en un jour. Les conditions de la paix qui nous a été imposée sont surtout de nature à laisser de longues impressions. L'Angleterre, qui les a dictées, jouit avec délices de notre douleur. Elle serait charmée, peut-être, que son explosion fût assez forte pour nous porter à d'imprudens éclats, et cette idée a pu être un de ses calculs.

L'un des objets les plus constans de cette puissance a toujours été de nous susciter des guerres continentales pour nous distraire des soins et des efforts que notre marine réclame. Il est notoire que, depuis plusieurs siècles, la limite du Rhin est une acquisition que la France n'a cessé d'avoir en vue. Nous repousser de nouveau loin de cette limite, dont nous avons été vingt ans en possession, est un acte d'une politique insidieuse qui nous provoque à des démarches indiscrètes dans le dessein d'en profiter. Trompons son attente par une noble résignation et une héroïque patience. Le piége est visible ; gardons-nous d'y tomber. Le moindre faux pas aurait ses périls. N'est-il pas évident qu'à la première prétention que nous pourrions former sur le plus petit village de la Belgique, les bâtimens anglais sont prêts à nous en punir en faisant main-basse sur notre commerce et sur les expéditions destinées à le faire renaître ?

Nous triompherons de l'Europe en triomphant de nous-mêmes. Nous verrons d'un œil tranquille les troupes anglaises parader sur nos frontières, et exhaler leur vanité martiale en brillantes évolutions. L'intérêt, le véritable intérêt de la France nous ordonne le calme et l'immobilité.

Il a été un temps où l'on établissait presque comme un axiome, que l'Angleterre ne voulait point détruire la France, mais qu'elle cherchait seulement à éviter d'être détruite. Cette assertion a pu être vraie dans d'autres époques. Elle ne l'est plus aujourd'hui. Si la politique de cette puissance n'était antérieurement que défensive, la maladie du bonheur l'a singulièrement dénaturée, puisqu'elle applique maintenant toute l'étendue de ses moyens, non à prévenir sa ruine qu'elle ne redoute plus, mais à consommer la nôtre et à la rendre irréparable. Cette manière d'être de l'Angleterre à l'égard de la France n'est point une conjecture ou une présomption. C'est un fait malheureusement trop certain ; mais, pour le moment, il n'y a qu'un seul parti qui nous convienne : souffrir et attendre.

Parmi les alliés même de l'Angleterre, il en est plusieurs sur l'existence desquels elle exerce une influence immédiate dont le dénouement a besoin d'être déterminé, c'est le Portugal, la Hollande et la Sicile. Tout porte à croire que le gouvernement anglais évitera d'admettre, sans nécessité, des intermédiaires dans les arrangemens qu'il pourra lui convenir de faire avec ces divers États ; mais si le but du congrès est de faire consacrer par une reconnaissance générale de toutes les nations les grands résultats de la crise actuelle, les arrangemens de la cour de Londres avec ces puissances, devront faire partie des objets mis en discussion, et les grands États, ou intéressés, ou médiateurs, ou témoins, auront toujours plus ou moins de part à leur règlement définitif. La marche de la France est toute tracée ; elle n'a pas en ce moment deux chemins à suivre. Lorsqu'elle a besoin de justice pour elle-même, pourrait-elle ne pas l'invoquer en faveur des autres ? Après avoir, en ce qui la regarde directement, subi l'effet de la haine de l'Angleterre, elle tâchera d'adoucir, pour les alliés de cette puissance, le poids de son exigeante amitié.

A l'égard du Portugal, il n'est pas question de savoir si l'alliance anglaise n'a pas été en effet un fléau pour ce pays, si elle ne pèse pas sur lui plus comme joug que comme bouclier : le fait de l'occupation actuelle répond à tout, et il me reste, en faisant rentrer ce royaume sous les lois de son légitime souverain, qu'à lui procurer le plus d'indépendance qu'il sera possible, et à restreindre les avantages que l'Angleterre voudrait se réserver comme dédommagement de ses avares secours. Il est encore une autre considération qui doit nous porter à faire de vives instances pour la prompte évacuation du Portugal. Ce n'est pas seulement à l'indépendance de ce royaume que la présence des troupes anglaises porte atteinte. Il est évident que l'effet est le même pour la cour de Madrid. Aussi long-temps que cette évacuation n'aura pas lieu, le gouvernement britannique exercera la domination matérielle la plus illimitée sur la péninsule.

Quant à la Hollande, la protection anglaise n'est pas moins dangereuse pour elle. A une époque où les souverains alliés étaient disposés encore à traiter avec le gouvernement qui, depuis, a été renversé en France, les plénipotentiaires britanniques annonçaient que leur cour *rendrait à pleines mains*, et à la France et à la Hollande redevenue indépendante. On a vu comment on a rendu à la France; mais comme la Hollande, aussitôt qu'elle a été affranchie par les événemens militaires, s'est empressée d'unir ses forces à celles des alliés, il semble qu'il ne peut y avoir lieu à aucune difficulté pour ce qui la regarde; que celles de ses possessions, qui ont été occupées par l'Angleterre, ne manqueront pas de lui être restituées sans le moindre retard; et que si le gouvernement anglais prétendait retenir quelqu'une de ses colonies, ce serait punir une nation longtemps opprimée de cette oppression même, et lui faire un crime de ses malheurs.

On ne sait trop sous quel point de vue il faut envisager l'affectation étrange que met la Cour de Londres à rassembler tant de troupes anglaises et hanovriennes dans la Belgique. Contre qui sont dirigés ces rassemblemens? Est-ce menace ou inquiétude? Quel qu'en soit le motif, l'effet d'une telle réunion de troupes est toujours d'établir l'autorité anglaise dans des pays destinés à faire partie de la Hollande, et de mettre la Hollande entière à sa discrétion. Depuis long-temps cette autorité domine à La Haye; et ce ne serait que la continuation du même système; mais il semble qu'on veuille lui donner un caractère plus prononcé encore, et plus positif. On se rappelle qu'en 1654, Cromwel dont l'ambition au dehors était aussi franche qu'elle avait été dissimulée dans l'intérieur, proposa formellement aux Provinces-Unies d'entrer avec l'Angleterre dans *une union totale de gouvernement, de priviléges, d'intérêts et de conseils.* Aujourd'hui, sans doute, le gouvernement britannique ne fera point à la Hollande une semblable proposition : mais n'est-on pas autorisé à croire qu'il tend à ce but sans l'annoncer, et que, négligeant la formalité inutile d'un pacte d'union qui ferait naître des devoirs réciproques, il prépare une union de fait qui, n'étant point consacrée par des stipulations respectivement obligatoires, n'en serait que mieux adaptée à ses intérêts, en mettant d'un côté tous les bénéfices, et en laissant de l'autre toutes les charges? Ce projet de l'Angleterre de ranger la Hollande sous sa dépendance absolue est évident et incontestable. Il est aujourd'hui même impossible d'en empêcher l'exécution; mais malgré cet assujettissement qui met les ressources hollandaises à la disposition du gouvernement britannique, il n'en est pas moins important pour la France de voir restituer à la Hollande les colonies dont les Anglais sont maîtres en ce moment. L'ouvrage de la force se détruit par une force contraire, et le temps amène des changemens inévitables, à tout ce qui repose sur d'autres bases que celles du droit et de l'équité. Ce n'est qu'une raison de plus pour nous d'aider l'action du temps et d'accélérer ses effets.

Un événement particulier a dernièrement éveillé l'attention de tous les cabinets, c'était le projet du mariage du prince héréditaire d'Orange avec la princesse de Galles. Quoique ce projet semble maintenant abandonné, il est possible qu'on y revienne. A la vérité, la nouvelle qui s'en était répandue portait avec elle son correctif : on annonçait en même temps que le jeune prince d'Orange renoncerait à toutes prétentions en Hollande, et que ses droits seraient dévolus à ses autres frères, selon le rang de leur naissance. Par là son mariage avec l'héritière du trône d'Angleterre, cessait d'avoir des conséquences graves dans l'ordre politique, et n'était plus qu'un événement heureux pour une famille. Il en résultait toujours néanmoins que la liaison du sang existante entre les souverains des deux pays, ne pouvait que perpétuer l'intimité des gouvernemens, c'est-à-dire, l'asservissement de celui de Hollande à celui de la Grande-Bretagne. On conçoit que si l'idée de ce mariage venait à être remise sur le tapis, il importerait à tous les grands États de surveiller les clauses dont sa conclusion serait accompagnée.

Si les regards des grandes puissances doivent se porter sur l'occupation actuelle de plusieurs États par les troupes anglaises, la Sicile a droit à leur attention comme la Hollande et le Portugal. On a trop appris qu'une fausse amitié est souvent plus oppressive que la guerre même. L'honneur de la royauté demande que les monarques ne soient plus maîtrisés dans leurs États par des troupes étrangères : il est temps que la dignité des rois cesse d'être outragée. Ce qui était un attentat de la part de la France ne peut être légitime pour l'Angleterre.

C'est une position malheureuse, sans doute, pour le gouvernement français de ne pouvoir, en ce moment, qu'élever sa voix en faveur des nations opprimées, sans présenter à l'appui de ses justes demandes cette force de moyens qui permet peu le refus; mais c'est toujours un devoir pour elle de plaider la cause de la faiblesse, et de montrer dans son propre exemple l'inévitable danger de l'abus de la puissance. Elle a toujours droit de faire entendre d'énergiques représentations, parce que si son bras est désarmé aujourd'hui, il ne le sera pas toujours, et que, dans l'état présent de l'Europe, il n'y a de salut pour les vainqueurs eux-mêmes qu'autant qu'ils ménagent les vaincus. La justice comme notre intérêt nous commande d'insister à la fois, et sur l'évacuation des États où les Anglais sont entrés comme amis, et sur la restitution des îles ou autres possessions dont ils se sont emparés pendant la guerre. N'est-ce donc pas assez pour le gouvernement anglais que les acquisitions successives qu'il obtient par des traités, sans qu'il ait besoin de dominer, par la présence de ses troupes, l'administration intérieure de plusieurs gouvernemens? La paix d'Amiens lui a donné la *Trinité* et *Ceylan*. La violation de ce même traité d'Amiens lui a conservé l'île de Malte. La paix de Paris en 1814 lui cède le seul point militaire qui nous restât dans l'Inde. Quelles autres prétentions ce gouvernement peut-il former encore? Tout autorise à craindre qu'il ne veuille faire payer chèrement, même à ses amis, les services qu'il prétend leur avoir rendus. Où donc s'arrêtera-t-il? Le voilà seul et unique maître dans les mers fermées, comme dans l'immensité de l'Océan, et déjà la souveraineté maritime ne lui suffit plus. Ce n'est plus seulement son commerce qu'il s'agit de faire prévaloir, c'est son autorité qu'il travaille à établir. Un gouvernement qui ne dispose que d'une population inférieure de moitié à celle de la France, et dont la marine réclame la plus grande partie, prétend régner par ses troupes de terre sur les quatre parties du globe! Il règne en effet par la puissance de son or qui tient vingt nations à sa solde! Le prodige est trop grand pour pouvoir se prolonger. Si le cours naturel des choses humaines n'est pas interverti, le jour de la signature des traités qui se préparent à Vienne, et qui doivent marquer le point surnaturel d'élévation auquel est arrivée la puissance anglaise, sera le jour d'où l'avenir fera dater sa décadence.

Parmi les avantages sans nombre que l'Angleterre retire de notre abaissement, la récupération de ce qui lui appartenait en Allemagne lui semble un événement si simple, qu'elle en tiendrait à peine compte si elle ne voyait encore de ce côté un nouveau moyen de s'agrandir. Ce n'est point assez pour elle de reprendre ce qu'elle avait perdu, ce qu'elle avait même, pendant quelque temps, renoncé à recouvrer jamais. L'ancienne propriété de la maison de Brunswick ne lui suffit plus : il faut que la privation temporaire de la possession soit compensée par des acquisitions nouvelles ; il faut que son territoire s'arrondisse aux dépens des pays voisins ; il faut que les États faibles se prêtent à des sacrifices sans indemnité, et que les États forts cherchent ailleurs le dédommagement de ceux qu'on leur demande. S'il est vrai que la Prusse porte sur la Saxe des vues d'envahissement, parmi les diverses causes qui motivent cette prétention, n'est-il pas évident qu'il faut placer aussi le besoin de remplacer les cessions dont va s'accroître le nouveau royaume de Hanover ? Ainsi on serait encore forcé de reconnaître qu'en quelque partie du globe qu'il se commette un grand forfait politique, on ne peut manquer d'y retrouver l'Angleterre comme partie plus ou moins active. Au reste l'extension que vont recevoir les possessions germaniques de la Grande-Bretagne sur le continent n'est pas une circonstance très-malheureuse pour la France. Nous pourrions même lui souhaiter quelques districts de plus en Europe, si, à cette condition, elle devait avoir dans les autres parties du monde quelques colonies de moins. Ce n'est pas sans raison que l'on a souvent mis en doute, si la possession par le monarque anglais d'une principauté en Allemagne, ne nous est pas plutôt utile que dangereuse. Assurément ce n'est pas l'électeur d'Hanover en sa simple qualité d'électeur, qui a tant de fois armé les princes allemands contre la France, et si ce titre de membre du Saint-Empire n'eût pas existé, un autre prétexte eût de même introduit les Anglais dans les cabinets germaniques, et jusque dans la diète de Ratisbonne. Plus d'une fois, au contraire, des considérations tirées de l'intérêt de l'électeur d'Hanover ont forcé à la modération le roi de la Grande-Bretagne. Tandis que la France ne forme plus qu'une masse compacte qui, par cela même, sera désormais impénétrable, il n'est point contraire à ses intérêts que l'Angleterre lui offre sur le continent un point où il soit possible de l'atteindre. Le prix que la maison de Brunswick attache à la conservation d'une principauté d'où elle tire son origine, et où elle voit, au besoin, un refuge, la rend vulnérable pour nous, ailleurs que sur l'Océan, et nous ménage dans les guerres futures un moyen d'échange pour les colonies que nous pourrions perdre. Il n'est pas à désirer sans doute que nous soyons de nouveau dans le cas de franchir le fleuve que la nature nous a destiné pour limite; mais si la nécessité l'exigeait, si une injuste provocation venait nous y contraindre, la route d'un pays qui a été une de nos provinces n'est pas si difficile à retrouver, et nos guerriers y ont laissé des traces assez glorieuses pour ne pas craindre d'avoir à la parcourir encore.

Une grande contestation, que le congrès de Vienne ne pourra lui-même terminer, est celle qui concerne les droits de la neutralité maritime, droits pour la conservation desquels toutes les nations, hors l'Angleterre, ont également intérêt à n'admettre qu'une règle uniforme, qu'une loi commune et générale. Cette règle, cette loi se trouvent dans les principes consacrés par la paix d'Utrecht, reconnus en 1780 et 1781 par presque toutes les puissances, remis de nouveau en vigueur dans les premières années de ce siècle, par la Russie, la Prusse, le Danemarck et la Suède, mais auxquels le Danemarck, et plus récemment les États-Unis, se sont seuls montrés véritablement fidèles.

La question des droits de la neutralité maritime est une matière déjà si souvent approfondie qu'on s'abstiendra ici de répétitions inutiles. La raison, la justice et l'humanité militent pour leur maintien. L'opinion est une à cet égard. L'Angleterre, elle-même, qui les combat aujourd'hui, les a invoqués autrefois, et elle y reviendrait encore le jour où une autre nation lui enlèverait le sceptre des mers. Si lors de la paix d'Utrecht, elle montra plus de modération, c'est que malgré l'état prospère où elle se trouvait, elle était loin cependant de cette supériorité qu'elle a maintenant sur la marine française. Aussi long-temps que cette grande disproportion subsistera, nous ne devons pas nous flatter d'amener le cabinet britannique à se soumettre à des règles qui se fondent, il est vrai, sur les droits les plus saints, mais qui peuvent faire perdre à la force dominante quelques-uns de ses avantages. Dans l'impuissance de faire reconnaître les principes, il nous importe du moins de rejeter pour nous-mêmes, et d'empêcher de la part des autres gouvernemens toute transaction qui puisse y porter atteinte; on peut céder à la violence, mais ce serait une inexcusable faiblesse que d'en légitimer les effets par des stipulations formelles.

De tous les points de dissidence que nous avons avec le gouvernement anglais, le plus grave, celui qu'aucun traité ne peut faire disparaître, c'est la rivalité du commerce. Les lois fondamentales de ce gouvernement, appropriées à son sol, à son industrie, au caractère de ses habitans, le placent, même en temps de paix, dans un véritable état de guerre avec les autres nations. Sa persévérance à maintenir dans toute leur rigueur ses principes d'exclusion ou d'entrave, sans y déroger jamais en faveur de qui que ce soit, est le véritable fondement de sa prospérité et de sa richesse.

Après que l'Angleterre a su, par cette admirable perfectionnement de son administration intérieure, fermer l'accès chez elle à tout produit étranger dont l'introduction pourrait lui nuire, il ne lui restait pour compléter son système, qu'à faire avec les autres pays des arrangemens par lesquels elle reçût d'eux, au meilleur compte possible, les objets dont elle pouvait avoir besoin. Son secret a été de leur faire acheter par des conditions onéreuses, le droit de lui fournir les matières ou produits dont elle ne peut se passer. Tel a été le but des traités de commerce conclus par l'Angleterre, et le but a été atteint.

Lorsque le temps, une suite d'observations frappantes, et surtout une expérience malheureuse, ont enfin éclairé les diverses nations sur le désavantage de leurs rapports avec le gouvernement britannique, quel parti leur convient-il de prendre? Imiter cette puissance par l'établissement de lois prohibitives, combinées avec la même sagesse, et s'affranchir des liens de traités de commerce toujours inégaux qui ne peuvent être utiles que pour elle.

Sur ce premier point, la France a déjà fait des pas très-marqués, et tout donne l'espoir que désormais son gouvernement ne s'écartera plus de cette route salutaire qui peut seule nous conduire à un développement complet de nos facultés, et ouvrir toutes les sources de la richesse nationale.

Quant à la nécessité de ne plus nous soumettre aux chaînes d'un traité de commerce avec l'Angleterre, la question n'a pas pu autrefois être envisagée en France sous un point de vue uniforme, parce que d'après la diversité des productions de nos provinces, il y a entre leur intérêt respectif un conflit inévitable. Peut-être le gouvernement a-t-il pu hésiter long-temps sur cette question, sans qu'il soit juste de l'accuser d'une méprise qui était pardonnable alors. Le doute a été du moins appuyé de raisonnemens spécieux et plausibles. Si le traité de 1786 a eu de violens détracteurs, il a eu aussi ses apologistes, et nos contrées méridionales mettaient autant de chaleur à le défendre que le reste de la France en mettait à l'attaquer. Aujourd'hui l'hésitation ne semble plus permise : la longue interruption du commerce étranger a forcé la France à chercher des ressources en elle-même. Elle les y a trouvées, et s'étonne d'une fécondité qui lui était inconnue jusqu'à ce jour. Les immenses progrès de nos fabrications en tout genre nous dispensent désormais de payer à d'autres peuples d'inutiles tributs, et l'existence d'une grande quantité de manufactures récemment établies, celle d'une population nombreuse qu'occupent leurs ateliers, le rapide accroissement des énormes capitaux versés dans ces grandes entreprises, sont des considérations d'une toute autre gravité pour la France entière, que le produit des vignes de Bordeaux. Le plus ou moins de faveur accordée à la vente de nos vins du midi ne saurait plus entrer en balance avec l'incalculable dommage que causerait à notre industrie le moindre passage ouvert à l'industrie anglaise.

On a récemment hasardé une assertion dont il importe de ne pas laisser tirer de fausses conséquences. Quoique ce ne soit qu'une idée jetée en avant, peut-être au hasard et sans but, la prudence ordonne d'en craindre les suites. On a imprimé que déjà les progrès de notre industrie sont tels, que ce n'est plus pour nous, mais pour l'Angleterre, qu'un traité de commerce serait désavantageux : nous désirons que cette proposition soit vraie. Cependant, même dans ce cas, la seule induction qu'il faille en tirer, c'est qu'il n'existera point de traité de commerce entre les deux pays. L'Angleterre saura bien s'abstenir d'en conclure jamais aucun, si l'effet n'en doit pas être profitable pour elle. Par la seule raison qu'elle y consentirait, il serait évident que la France ne pourrait qu'y perdre, et par conséquent qu'elle devrait s'y refuser. Bien qu'il y ait peu de questions sur lesquelles toutes les opinions soient d'accord, c'est maintenant un point presque généralement avéré, que tout ce qu'il peut y avoir de plus profitable pour nous, c'est de nous conserver les mains absolument libres, de n'être liés par aucune espèce d'obligation, de pouvoir régler seuls ce qu'il nous plaît d'admettre dans nos ports, ou d'en exclure; enfin d'avoir, en tout temps, la faculté de subordonner, par des règlemens intérieurs, l'intérêt du commerce étranger à celui du commerce français. Dans cette lutte contre l'Angleterre, il nous importe de nous donner pour auxiliaire le commerce du reste du monde. La tendance de nos règlemens, établis d'abord spécialement dans notre intérêt immédiat, devra ensuite être toute de protection et de faveur pour les autres nations, hors l'Angleterre, d'après ce principe que tout ce qui sera perte pour elle sera bénéfice pour nous.

Résumé. L'immense supériorité de la marine anglaise sur la nôtre, lui assurant tout l'avantage dans le cas d'une rupture, la paix qui a été conclue n'aura de durée qu'autant que l'intérêt du gouvernement britannique ne le portera point à la rompre.

Aussi long-temps que durera la paix, et que la France n'aura pas relevé sa marine de l'état d'affaiblissement où elle se trouve, il pourra y avoir entre l'Angleterre et la France une sorte de concert dont il nous importe de profiter pour restreindre les prétentions trop étendues des grandes puissances continentales, particulièrement de la Russie et de l'Autriche.

A côté de ces points de concordance, se trouvent beaucoup d'autres motifs qui nous séparent : l'extrême rigueur qui a réduit la France à ses anciennes limites, est une sorte de provocation faite à l'orgueil national ; mais ce juste orgueil doit se taire et céder au véritable intérêt de la patrie.

L'intérêt commun des puissances, et l'honneur des souverains, veulent que la Hollande, le Portugal et la Sicile, jouissent de la plénitude de leur indépendance. La France, en élevant la voix en faveur de ces États, sera secondée par tous les autres cabinets. Sa convenance s'accorde ici avec la dignité des princes et le vœu général des peuples.

La nécessité de mettre des bornes à la multiplicité des acquisitions que fait sans cesse l'Angleterre est aussi sensible pour tous les autres gouvernemens que pour le nôtre. C'est à nous de tirer parti de cette disposition.

La restitution du Hanover, et même son agrandissement, ne sont point un très-grand malheur pour la France. Il est avantageux que l'Angleterre soit vulnérable ailleurs que sur les mers, où, de long-temps, nous ne pourrons l'atteindre.

L'objet qui présente à toutes les nations l'intérêt le plus général est le maintien des principes de la neutralité maritime. Si nous ne pouvons faire reconnaître ces principes par la Cour de Londres, nous ne devons pas du moins en signer jamais l'abandon.

L'opinion publique sur la nature des relations de commerce qu'il nous convient d'établir avec l'Angleterre, ne présentant plus de doute ni de partage, la France ne peut suivre à cet égard qu'un système bien simple, c'est de repousser les prohibitions par des prohibitions bien calculées, et de ne jamais mettre, par un traité de commerce, son industrie sous le joug de l'industrie anglaise.

Sans doute, cet état de nos rapports avec l'Angleterre, n'est pas très-satisfaisant ; mais tous les détails n'en sont pas également défavorables. On voit qu'il est des points heureux à saisir, des améliorations faciles à faire naître, et des changemens essentiels qui peuvent s'opérer même dans un temps assez prochain. Ce sera le but des efforts d'une politique éclairée et sage, de la politique la plus légitime et la plus respectable, puisque ses démarches, prudentes et ménagées, n'auront pour objet que le triomphe de la justice et le maintien ou le recouvrement de nos droits.

CHAPITRE II.

RUSSIE.

Avant la guerre de la révolution, l'état réciproque de la France et de la Russie était, de la part de cette dernière, ce sentiment d'indifférence insultante que porte un gouvernement ambitieux à une cour modérée qui ne se livre qu'à des idées de conservation, et de la part de la France, ce mécontentement concentré d'une puissance qui voudrait arrêter un agrandissement dont elle est blessée, sans avoir la force d'adopter les moyens vigoureux que demanderait une telle entreprise. Catherine II avait su ménager à la fois les cours de Berlin et de Vienne. Indépendamment de la communauté d'intérêt qui avait réuni les trois cours pour le premier partage de la Pologne, cette princesse, par une correspondance philosophique avec Frédéric II et par un voyage en Crimée avec l'empereur Joseph, s'était assurée de la complaisance de ces deux monarques, et avait pu donner un libre cours à ses projets contre la Turquie. Tandis que la vieillesse respectée du roi de Prusse ne s'occupait qu'à consolider la grandeur artificielle qu'avait élevée son génie; tandis que Joseph II, en voulant arriver par des moyens trop brusques à des résultats justes et humains, blessait des peuples qu'il voulait servir et se créait des troubles et des chagrins intérieurs, Catherine recevait les hommages des peuplades lointaines qu'elle avait successivement soumises, et par ses progrès autour de l'empire Ottoman pressait le centre de ce grand empire qu'elle regardait comme devant être sa proie ou celle de ses successeurs. Les événemens des premières années de la révolution française portèrent l'agitation dans toutes les cours. La Russie surtout se signala par d'éclatans témoignages d'indignation; mais le courroux de Catherine II s'exhala en stériles menaces dont il était réservé à son successeur de hasarder l'exécution. La valeur du soldat russe et les héroïques extravagances de Suwarow n'obtinrent qu'un court moment de succès, et le retour des restes de l'armée n'encourageait pas à de nouvelles expéditions. Cependant tandis que l'Europe entière venait se briser sans effet contre la puissance française, l'Angleterre, occupée à rallier les combattans, mais en même temps toujours attentive à étendre son despotisme maritime, s'avise de blesser presque gratuitement les droits de la navigation de la Russie. L'âme fière de Paul Ier s'enflamme à la nouvelle de cet outrage; il se venge aussitôt par un acte d'une rigueur inouïe contre tous les Anglais qui se trouvent dans ses états. Une autre circonstance faisait alors sur lui une impression contraire. Ce prince, dont les fautes sont trop réelles, mais dont on a aussi trop peu loué les nobles sentimens, se laissait prendre aisément à tout ce qui avait l'air de la générosité et de la grandeur. L'hommage adroit qui lui fut rendu par le renvoi de plusieurs milliers de prisonniers russes, bien équipés et avec leurs armes, produisit un changement subit dans sa manière de penser à l'égard du chef du gouvernement français, et comme il était extrême en tout, il passa en un instant de la haine la plus aveugle à l'admiration et à l'enthousiasme. Bientôt il embrasse avidement tout ce qui peut nuire à l'allié dont il a eu à se plaindre et dont il est devenu le plus mortel ennemi. Une ligue se forme sous sa direction pour mettre une barrière aux usurpations maritimes de l'Angleterre, et c'est la passion, l'emportement qui font revivre les principes oubliés de l'équité et de la justice. Les projets les plus gigantesques étaient, aux yeux de Paul, d'une exécution facile. La terre n'avait point de distance où il lui parut impossible d'atteindre les Anglais, en même temps qu'il ne négligeait pas les points moins éloignés et dont la proximité lui présentait une vengeance plus prompte. Alors fut résolue la clôture de l'Ems, du Weser et de l'Elbe, et l'invasion du Hanover. La Prusse, pour se dispenser d'ouvrir un passage aux troupes russes ou françaises, se chargea de se saisir de cette principauté, et de la garder pour gage des satisfactions qu'on avait à demander à la Cour de Londres. L'occupation s'effectuait; les troupes prussiennes venaient d'entrer de divers côtés à la fois; le manifeste de la Cour de Berlin avait paru; l'Angleterre recevait le plus terrible échec. Paul Ier meurt; l'occupation du Hanover n'a plus rien d'inquiétant; le Dannemark est accablé; la ligue maritime se dissout, et l'Angleterre triomphe. Cependant si la France ne trouve pas dans le successeur de Paul les dispositions énergiquement hostiles de ce prince contre l'Angleterre, elle ne peut qu'être satisfaite des sentimens du jeune monarque à son égard, et bientôt il se forme des relations amicales qui se soutiennent pendant plusieurs années.

En 1802, il fut question de procéder au règlement de l'indemnité des princes d'Allemagne dépossédés sur la rive gauche du Rhin, et les moyens d'indemnité se trouvaient dans la sécularisation de plusieurs principautés ecclésiastiques et de quelques autres parties des biens du clergé. Tel était l'ascendant de la France, qu'il dépendait d'elle de s'associer, pour ce grand ouvrage, la puissance qu'il lui plairait de choisir. Les cabinets de Berlin et de Vienne auraient vivement désiré d'être admis à ce concours. La politique française leur donna l'exclusion à tous deux, et leur préféra celui de Pétersbourg qui, content de l'éclat attaché au rôle de médiateur, devait lui en laisser la principale direction. Cette bonne intelligence de la France et de la Russie dura jusqu'en 1804, époque où les démarches de l'Autriche et de l'Angleterre parvinrent à l'altérer. Bientôt les cours de Pétersbourg et de Vienne agissent de concert. La Prusse était prête à se joindre à elles. Déjà, par un traité secret signé à

Postdam le 3 novembre 1805, le roi avait accédé à la troisième coalition contre la France. L'armée prussienne allait se mettre en mouvement. La rapidité de nos succès vint à propos l'en empêcher.

Austerlitz vit notre premier choc avec les Russes. Il vit notre victoire et l'orgueil qui en abusa. Les Russes rentrèrent avec précipitation dans leurs limites, mais en y reportant la douleur de l'amour-propre offensé, et un violent désir de vengeance. Deux ans après, accourus un peu tard au secours des Prussiens qu'ils avaient jetés au-devant de nos coups, s'ils ne furent pas heureux, ils surent du moins disputer le terrain avec honneur. Ils conclurent une paix satisfaisante pour eux-mêmes, et la réconciliation aurait peut-être été sincère, s'ils n'avaient été trop humiliés par la dureté des conditions imposées au roi de Prusse, leur allié et l'ami de leur souverain. Cependant, un prodige inconcevable maintint l'harmonie et même la plus étonnante intimité pendant quelques années. On sait trop quelle a été l'étrange sorte de guerre qui a montré, en moins de deux ans, une armée française à Moscou et une armée russe à Paris.

Une question déjà souvent discutée, et peut-être fort difficile à résoudre, est de savoir si la modération de la conduite des souverains alliés à l'égard de la ville de Paris, est un acte d'humanité plus qu'un acte de bonne politique. C'est l'un et l'autre à un haut degré sans contredit; mais peut-être ce qu'il y avait de plus noble, était en même temps ce qu'il y avait de plus utile, et l'intérêt le mieux entendu se trouvait dans le parti de l'honneur et de la générosité. C'est ici qu'il y aurait une véritable ingratitude à vouloir méconnaître les obligations qu'a la France, particulièrement à l'empereur Alexandre. Admettons que ce prince n'ait fait réellement que ce qui était le plus avantageux pour lui, son mérite n'en est pas moindre, parce que c'est son cœur qui l'a deviné. Il s'est abandonné à une inspiration intérieure, et la froide raison n'eût pu lui donner un meilleur conseil. Il est hors de toute prévoyance d'imaginer quelle suite aurait pu avoir la tentative de la destruction de Paris, ou seulement la tentative du pillage de cette capitale. La population des grandes villes est effrayante pour les armées les plus redoutables. Les Russes surtout ont des raisons pour en avoir quelque défiance. Varsovie leur a donné en ce genre, une assez terrible leçon. Qui peut concevoir, qui peut calculer les résultats du déchaînement de l'immense population de Paris, livrée à tous les excès du désespoir ? L'imagination se glace à l'idée qu'une telle chance a dépendu du jugement arbitraire et faillible d'un seul homme ; quoiqu'il en pût être, le doute n'a point existé dans son âme royale; c'est à la bonté de son âme, et non au calcul de la politique que nous devons le salut de la capitale de la France, et que peut-être aussi il doit celui de son armée. Ajoutons, qu'avec moins de délicatesse, il aurait pu faire peser beaucoup plus durement sur Paris le fardeau de la guerre, sans que la sûreté de ses troupes fût compromise, et que, comme il faut savoir gré à un ennemi du mal qu'il a pu faire et qu'il n'a pas fait, on doit, à plus forte raison, lui tenir compte de ses efforts bienveillans pour adoucir les calamités que la présence seule des troupes étrangères entraîne toujours avec elle.

Il faut ici considérer les Russes sous deux points de vue différens. Il y a parmi eux la part de la civilisation et celle de l'état sauvage ; et cette dernière, comme on sait, n'est pas la moindre. En défiant une nation au combat, on doit s'attendre qu'elle s'armera de toutes ses ressources, et que, si elle a dans ses mains des instrumens meurtriers, elle ne s'en refusera pas l'usage. Il est trop tard de crier à la barbarie quand on a été provoquer le barbare au fond de ses déserts. Que peut-on exiger d'un souverain qui compte de telles peuplades sous ses bannières ? Qu'il tâche de leur inspirer des habitudes moins cruelles. Tel est assurément le désir de l'empereur Alexandre ; mais ce n'est pas en un jour que l'on change les mœurs du Tartare. D'après cette composition forcée des armées russes, nous ne pouvons pas reporter sur leurs chefs et sur les classes civilisées de la nation, l'horreur des brigandages commis par cette partie de leur population guerrière que la nécessité les a contraints d'appeler à leur défense.

La noble conduite de l'empereur Alexandre a dû lui gagner l'estime et l'affection du peuple Français ; mais l'estime et l'affection d'un peuple ne peuvent influer sur sa politique. Les services rendus à une nation, ceux mêmes rendus à une famille régnante, ne font point aux gouvernemens une loi de la reconnaissance, ou ne leur prescrivent du moins que ce degré de reconnaissance qu'autorise la juste appréciation de leur propre intérêt. Nous allons considérer, d'après ce principe, l'état de nos rapports avec la Russie.

Cette puissance a aussi plusieurs points de concordance avec le gouvernement français.

1°. La Russie, comme tous les grands États, ne peut que désirer de voir borner la puissance des autres gouvernemens.

A l'égard de l'Autriche, il est notoire que la Russie mettra dans tous les temps une volonté active à entraver l'accroissement de sa population et de son territoire. L'heureuse distance qui sépare Pétersbourg et Paris, nous donnant la garantie que désormais nos deux gouvernemens auront peu de querelles immédiates ensemble, la Russie, sans inquiétude de notre côté, s'applaudira elle-même de pouvoir s'aider de notre appui pour réprimer l'essor de l'ambition autrichienne.

Par rapport à l'Angleterre, nous avons fait remarquer déjà que son établissement dans la mer Baltique doit déplaire à la Russie. Au dehors de cette mer, ces deux puissances n'ont point de fréquentes occasions de contact ; mais, cependant, il est, dans la Méditerranée, quelques possessions qui peuvent devenir un point de conflit entr'elles. Telles sont, par exemple, les îles Ioniennes. S'il nous importe d'arrêter l'extension territoriale de la Russie, il ne peut que nous convenir de voir cette puissance, soit en obtenant pour elle-même des propriétés au milieu des mers, soit en devenant la protectrice des nouveaux possesseurs des Sept-Iles, se rapprocher davantage des nations commerçantes, et se lier plus particulièrement avec elles pour repousser la tyrannie que l'Angleterre se plaît à exercer sur tous les pavillons. On devrait éviter sans doute de laisser les îles Ioniennes passer directement à la disposition du gouvernement Russe, puisque ce serait lui fournir des armes contre la Porte Ottomane ; mais peut-être même, cette chance serait-elle moins fâcheuse que de voir ces îles soumises à la domination britannique. Le souvenir de la bataille de Tschesmé doit flatter encore un cabinet, qui, dans ce moment, ne connaît point d'obstacle à ses vues. L'Angleterre étant seule souveraine des mers, c'est à elle seule que cette nouvelle position de la Russie pourrait causer quelque inquiétude. Les progrès de la marine russe, les prétentions maritimes que cette puissance peut former, entreront naturellement dans nos intérêts. Comme la France n'est point assez forte aujourd'hui pour disputer seule à l'Angleterre l'empire des mers, nous ne pouvons que nous réjouir de l'augmentation du nombre des concurrens. Selon des versions récentes, les îles Ioniennes auraient été remises à l'Autriche. Par rapport à la France, la question est la même. L'essentiel pour nous est que le gouvernement anglais n'en conserve point la possession.

L'un des principaux avantages que trouverait la France à créer pour la Russie un nouveau genre d'intérêts maritimes, serait de ramener ce gouvernement aux principes de neutralité dont il a eu le mérite, en d'autres temps, de se montrer le courageux défenseur. Si, dans les premiers jours d'un règne commencé sous d'effrayans auspices, à une époque où la brusque interruption de tout rapport avec l'Angleterre avait fait aux propriétaires russes de sensibles dommages, dans un moment où l'esprit irrité d'une noblesse inquiète et mécontente, demandait avant tout, du repos et du commerce, l'empereur Alexandre a, presque sous le canon d'une flotte anglaise, admis quelques modifications sur des principes qu'il aurait voulu défendre, tout autorise à penser que, solidement affermi sur son trône, après avoir fait redouter au loin la puissance de ses armes, il saura faire respecter son pavillon et soutenir son indépendance. Quoique cette question de la neutralité maritime n'ait d'importance qu'en temps de guerre, il n'en est pas moins essentiel de s'en occuper pendant la paix, et d'être à l'avance assuré du système qu'un gouvernement tel que la Russie adopterait dans le cas où les circonstances l'obligeraient à prendre un parti.

2°. Le même motif qui porte la Russie et la France à mettre des bornes à la puissance autrichienne, dispose naturellement ces deux cours à placer sous leur sauve-garde les États secondaires d'Allemagne, que sans cet appui la Cour de Vienne ou celle de Berlin ne manquerait pas de ranger sous sa dépendance. C'est l'accord de Pétersbourg et de Paris qui, en 1803, a fait régler d'une manière si avantageuse le sort de ceux de ces États auxquels la Russie portait une bienveillance particulière, tels que la Bavière, Bade et le Wurtemberg. Les mêmes sentimens existent encore de part et d'autre, et il semble que ce serait un acte de prudence bien entendu que d'étendre cette protection à tous les autres princes de second et de troisième ordre, et de lui donner par des engagemens réciproques, un caractère plus grave et plus solennel. Je reviendrai sur cet objet lorsque je m'occuperai des États qui précédemment composaient la confédération du Rhin.

En même temps qu'il y a ainsi plusieurs objets qui se présentent sous un même point de vue à Pétersbourg et à Paris, il est, par malheur, une question plus délicate encore, question déjà décidée, peut-être, mais dont la décision n'est point connue du public, à l'égard de laquelle il est difficile que les deux puissances aient une même opinion. Il s'agit de la borne à poser aux possessions de l'empire de Russie; ou pour parler plus clairement, il s'agit de déterminer s'il existera ou non un duché de Varsovie, ou un royaume de Pologne qui ne fasse point partie intégrante de ce grand empire.

Quand même, avant la publication de cet écrit, on connaîtrait sur ce point important la détermination des puissances, et que cette détermination serait contraire aux idées que je vais émettre ici, je n'en laisserai pas moins subsister mon opinion tout entière, parce que, si le parti adopté par les cabinets aujourd'hui dominans, n'est pas celui de la justice, malgré tout ce qui semblerait devoir le rendre irrévocable, il sera permis de ne pas croire à son immutabilité. C'est le partage de la Pologne, c'est cet assassinat politique, exécuté à froid, et avec une audace jusqu'alors inouïe en Europe, sans autre droit que celui de la force, sans autre motif que la convenance, qui a ouvert le grand cercle d'iniquités qu'a parcouru depuis le génie de l'usurpation, et sans le rétablissement de ce royaume, ce cercle effrayant ne sera jamais fermé. La solution de ce grand problème décidera de la liberté du monde. Si jamais la plus odieuse des injustices est maintenue et consacrée par un aréopage de rois, le monde est abandonné pour toujours à la discrétion du plus puissant, et il n'existera plus de droits certains que ceux que la force dédaignera d'enfreindre.

En mettant de côté la question du juste et de

l'injuste, ce qui ne doit pas toucher moins les grands États, c'est le danger de l'immense étendūe de terrain que la Russie aura en si peu de temps gagnée sur l'Europe. La progression de sa puissance est portée à un degré tel que, si elle n'est pas limitée bientôt, l'Europe entière semble ne pas pouvoir manquer d'être envahie. Cet envahissement est d'autant plus inévitable que chacun des pas qu'a faits le cabinet de Pétersbourg, ménagé avec prudence, n'a été aperçu que lorsqu'il ne pouvait plus être arrêté. Ce n'est point un torrent orageux dont le mugissement annonce au loin l'approche, et dont l'impétuosité même garantisse le peu de durée. Tel a été, peut-être, dans cette dernière époque, le cours précipité de la puissance française qui semblait pressée elle-même de tout inonder pour être plutôt ramenée à sa source. L'empire russe est comme un fleuve immense qui semble se reposer quelquefois, mais qui, toujours actif dans son apparente tranquillité, mine lentement les digues opposées à son passage, pour ne plus trouver ensuite d'obstacle à son débordedement. Il est nécessaire de reporter un coup d'œil sur l'immensité du territoire qu'il a successivement occupé, et surtout depuis moins d'un demi-siècle.

Les trois partages de la Pologne ont donné à la Russie,

Le premier, 1,300,000....
Le second, 3,011,688.... } 5,488,278 ames.
Le troisième, 1,176,590....
L'acquisition de la Courlande.   407,000
La paix de Tilsit........   439,780
La paix de Vienne en 1809..   400,000
Les cessions de la Turquie, en y comprenant divers pays sous la souveraineté de la Porte. 1,000,000
La soumission des Cosaques du Don et de la mer Noire.... 260,000
Les cessions de la Perse en 1810 et 1811............ 260,000
La cession de la Finlande suédoise en 1809......... 897,966
Si l'on ajoute à ces acquisitions récentes celles que la Russie avait faites sur la Suède par les traités de Nystadt et d'Abo, en 1721 et 1743, qui donnent.... 1,617,810

On voit que la population de l'Empire russe a été augmentée, depuis 1721, de........... 10,770,834

La marche qui a procuré cet agrandissement au cabinet de Pétersbourg, n'est pas moins remarquable. Il n'est pas une de ces acquisitions qui ne soit le résultat d'une guerre provoquée ouvertement par la Russie ou amenée par ses intrigues : pendant ces guerres il a fallu qu'elle sût endormir ou intimider les diverses puissances intéressées à en prévenir le sinistre dénoûment; et ce cabinet, auquel on s'est plu long-temps à supposer peu de lumières, est un de ceux qui ont le plus constamment marché vers un but fixe qu'il est toujours parvenu à atteindre. On peut l'accuser de violence, d'injustice et d'infidélité à ses engagemens; mais quand un gouvernement a réussi dans ses projets, c'est une faible consolation que celle qu'on trouve à lui reprocher les moyens dont il a fait usage. Dans les époques les plus récentes, sa méthode est toujours la même. A Tilsit, la Russie signe la paix aux dépens de la monarchie prussienne, qu'un traité désastreux réduit à la moitié de ses possessions. Ne pouvant la sauver, elle se saisit d'une partie de sa dépouille. A la paix de Vienne, sans avoir rien fait pour la France que lui donner par sa conduite équivoque de très-vives inquiétudes, elle demande le prix de sa participation à la victoire, et elle obtient, pour s'arrondir, un coin de territoire dans la vieille Gallicie. Enfin, aujourd'hui, après une guerre générale, que l'on a proclamé la guerre sainte, la guerre du faible contre l'oppresseur, du juste contre l'injuste, de la liberté contre la tyrannie, que demande le cabinet de Pétersbourg ? Le duché de Varsovie. Tel est du moins le cri de l'Europe, et cette présomption est établie sur des actes publics de l'empereur Alexandre, qui, en plaçant le grand-duc Constantin à la tête des troupes polonaises, semble le destiner à devenir son représentant dans un état dont il se réserverait la souveraineté. Ce n'est pas en France seulement que cette préparation à un plan déjà résolu, fait naître de justes alarmes. La voix d'hommes éclairés a donné aussi le même éveil en Angleterre, et si les ministres n'ont pu ou n'ont pas voulu répondre sur ce point aux interpellations qui leur ont été adressées, il est à croire qu'ils connaissent trop bien l'intérêt de leur pays pour ne pas mettre tous leurs soins à empêcher un événement si dangereux pour son commerce. Si le cours de la Vistule appartient au gouvernement russe, c'est de ce gouvernement que dépend presque tout le commerce du nord, et la Cour de Londres doit frémir en voyant une si vaste étendue d'influence réunie en une seule main, et dans une main qui peut, en de certaines circonstances, en diriger l'usage contre elle.

Si l'Angleterre doit, par de si puissantes raisons, agir à cet égard dans un sens contraire à la Russie, combien l'Autriche n'y est-elle pas plus intéressée encore? Malheur à cette dernière puissance, si elle ne sent pas le péril de sa position, et si elle n'est pas prête à tout sacrifier pour en détourner les effrayantes conséquences. On ne saurait assez mettre d'importance à tout ce que le duché de Varsovie peut valoir pour le gouvernement qui en sera maître, et si une logique barbare en conclut que c'est un motif pour le partager entre les États voisins, la justice, l'humanité et surtout l'intérêt de la presque totalité des puissances, doivent s'opposer à cet horrible partage, et plaident pour l'indépendance de ce malheureux pays.

Il se présente trois manières de décider de son sort.

1°. Le partager;

2°. Le céder à la Russie;

3°. En former un État indépendant.

1°. *Le partager.* Le duché de Varsovie n'existe qu'en vertu de traités dictés par les victoires des armées françaises; mais, de quelles possessions se compose ce duché? Le territoire, les habitans ne sont-ils pas Polonais? Si l'un de ces hommes, que le monde admire quand ils meurent heureux, et qu'il condamne sans pitié quand le terme de leur gloire n'est pas en même temps le terme de leur vie, si l'un de ces souverains, qui ne connaissent d'autre loi que celle de leur intérêt, a conçu un de ces projets dont on a tant blâmé l'imitation dans une époque récente ; si, par des négociations adroitement conduites, il a su associer à ses vues une princesse aussi ambitieuse que lui, et y faire participer, malgré elle (1), une

(1) Il est constant que, pour décider l'impératrice Marie-Thérèse à entrer dans un dessein, dont l'injustice la révoltait, il fallut employer auprès d'elle le secours de ces casuistes complaisans dont la doctrine souple et commode sait élargir, au gré de la puissance, les limites de ce qui est légitime et permis. Cependant tout le talent d'Escobar et de Molina ne sut ni convaincre sa raison, ni tranquilliser sa conscience. Lors de l'ambassade de M. le baron de Breteuil, peu de temps après cet événement, cette vertueuse princesse lui parlait avec vérité de ses regrets et de ses remords. Elle lui disait, de bonne foi, que, pour rendre le projet impossible, elle avait formé des demandes exorbitantes, dans l'espoir qu'elles seraient refusées, et que la négociation se romprait ; mais qu'à sa grande douleur le consentement entier de la Prusse et de la Russie avaient rendu ce subterfuge inutile. Frédéric II, qui a quelquefois traité légèrement des questions d'une nature fort grave, s'amuse à relever d'une manière fort piquante, les bizarres scrupules de l'impératrice. Il a soin de faire remarquer que cette princesse, après beaucoup d'hésitation pour consentir au par-

autre souveraine d'un caractère respectable dont son propre cabinet fut obligé de tromper la délicatesse : le succès du crime heureux en change-t-il la nature ? Les droits de la nation polonaise, pour avoir été violés, ont-ils été détruits ? Seule entre tous les peuples qui ont subi de grandes révolutions, la Pologne, démembrée par la violence, n'a jamais donné, par une soumission volontaire, son assentiment aux actes qui ont opéré sa ruine. La force a pu la courber sous le joug, et joindre la spoliation particulière à l'oppression publique (1). L'âme énergique des Polonais résiste

tage, s'était montrée la plus avide, comme si, en risquant de se damner, elle n'eût trouvé de moyen de salut que dans l'augmentation du lot qu'elle devait obtenir. L'aveuglement de Marie-Thérèse était tel, qu'elle supposait aussi de grands chagrins et un vif repentir à ce pauvre prince de Kaunitz qui, comme on sait, avait, plusieurs années auparavant, préparé le plan de partage avec le roi de Prusse et Joseph II.

(1) Dans un moment où beaucoup d'esprits très-flexibles se persuadent que c'est faire sa cour à la royauté que de blâmer tout ce qui a été fait pendant que la France a existé sous le nom d'empire, on a rangé dans la classe d'actes abusifs et répréhensibles les dotations accordées aux guerriers français dans des pays soumis à des gouvernemens étrangers. Cependant, ces dotations, de quoi se composaient-elles ? de propriétés domaniales, de biens d'état dont

à tous les genres de persécutions, et n'attend aujourd'hui, comme au premier jour de ses malheurs, qu'un moment favorable pour s'en affranchir. Ce qui fut un acte d'injustice en 1772, en 93 et en 95, ne peut être juste en 1814. Il n'y a point de prescription pour l'existence d'un peuple ; surtout lorsque ce peuple a si héroïquement protesté contre l'oppression. Ces premiers bataillons échappés, homme à homme, à travers le cordon des troupes autrichiennes, prussiennes et russes, qui allèrent se réunir aux Français dès le début des campagnes d'Italie, protestaient contre l'asservissement de la Pologne ! C'est pour l'indépendance de leur patrie qu'ils ont servi la cause de la France ; et cette indépendance était

la cession avait été consentie par des traités solennels. S'il n'est pas permis de récompenser, par des voies aussi légales, les hommes qui ont versé leur sang pour leur pays, que diront donc ces juges sévères en jetant les yeux sur la Pologne, en voyant la disposition arbitraire qu'ont faite les puissances co-partageantes, de terres qui appartiennent à des particuliers ; en voyant entre les mains des favoris de Catherine II, ou de divers autres nouveaux possesseurs, les riches propriétés d'hommes estimables, de chefs de famille, dont le crime est d'avoir déployé un beau caractère pendant l'agonie de la Pologne expirante, et d'avoir combattu jusqu'au dernier moment pour la liberté de leur patrie ?

le seul prix qu'ils attendaient de tant de sacrifices. Et ces faibles restes d'une si belle armée, qui viennent de rentrer dans Varsovie avec la noble satisfaction d'avoir rempli jusqu'au bout les devoirs de l'honneur et de la reconnaissance, ne présentent-ils pas encore, par leur attitude noble et fière, une éloquente protestation contre le despotisme étranger qui voudrait les asservir? Ces sentimens des troupes polonaises sont ceux de la nation entière. On reproche beaucoup de défauts au caractère polonais. Ces reproches peuvent n'être pas sans fondement; mais la plupart de ces défauts tenaient à la mauvaise organisation d'un gouvernement toujours soumis à une influence étrangère. Du moment que toutes leurs pensées ont été dirigées vers un noble but, leur ardeur guerrière s'est montrée dans tout son éclat: leur légèreté, la négligence du soin de leur fortune sont devenues un estimable désintéressement, et un absolu mépris de la mort; leurs défauts mêmes se sont ainsi changés en vertus. Ce n'est que de la paix de Tilsit que date l'existence du duché de Varsovie, et chaque année de son existence a été marquée par les événemens les plus honorables. Dès 1809, auxiliaire utile de la France, une armée de dix à douze mille hommes seulement disputa pied à pied le terrain à 40,000 Autrichiens, et finit, après une foule d'actions d'éclat, par les forcer à la retraite. Le plus généreux des chevaliers, le plus loyal des patriotes polonais, le plus brillant modèle de l'honneur national, le prince Poniatowski marchait à leur tête, rempli alors de l'espoir d'un doux avenir, qu'il ne devait pas voir se réaliser. Avec lui combattaient ses braves compagnons Dabrowski et Zayonscheck. Divisés en temps de paix, toute rivalité cessait entr'eux le jour où la patrie les appelait au combat. Le prince Poniatowski n'est plus ; les larmes des braves de toutes les armées de l'Europe et celles surtout de l'armée française, honorent à jamais sa mémoire. Zayonscheck et Dabrowski existent encore, mais tous deux mutilés et couverts de blessures, ne demandant au ciel pour l'adoucissement de leurs longues souffrances que de voir en mourant la liberté de leur pays (1). Il ne faut

---

(1) Un trait distinctif du caractère polonais est le respect que la nation entière porte aux hommes qui se sont signalés par quelqu'acte honorable. Ce respect est une sorte de culte qu'on ne retrouve point dans les autres pays. Il est ainsi plusieurs respectables citoyens sur lesquels il n'y a qu'un sentiment, et qu'entoure l'estime universelle. Tel est, entr'autres, le vertueux comte Soltan, ancien maréchal de

qu'avoir touché le sol polonais pour avoir jugé combien ses habitans sont dignes de former une nation. La voix de la patrie s'y fait entendre avec plus de force dans la cabane du dernier paysan que parmi la population civilisée de la plupart des capitales de l'Europe. Lorsqu'au commencement de 1813, le corps de troupes polonaises se trouvait resserré dans quelques lieues de terrain auprès de Cracovie, les jeunes gens riches et pauvres accouraient du milieu des pays occupés par les troupes russes, et passaient à travers leurs bataillons pour se joindre à ce noyau précieux de leurs compatriotes, qui semblait, chaque jour, devoir être anéanti. Le même enthousiasme animait toutes les classes de la société. Les anciennes rivalités de famille étaient disparues. Les fils de quelques hommes trop fameux, que la Russie avait égarés autrefois, ont réhabilité leur nom par le sacrifice de leur fortune et de leur propre vie (1). Les femmes

la Lithuanie, dont le nom est sacré pour tous ses compatriotes.

(1) Dans les premiers jours du mois de mai 1813, les troupes polonaises, abandonnées par le corps auxiliaire autrichien qui venait de se dissoudre, s'étaient retirées à Podgorze, faubourg de Cracovie, sur la rive droite de la Vistule. Un régiment autrichien, resté dans Cracovie, les séparait seul des troupes russes qui étaient de l'autre côté

encourageaient leurs époux et leurs frères, et on aurait rougi de compter parmi ses proches un jeune homme qui ne portât point les armes. On dira que le patriotisme était une mode, mais c'était la mode des belles âmes ; c'était une mode persévérante, universelle, et qui subsistera en dépit de tous les efforts qu'on pourrait faire pour la détruire. Vouloir diviser aujourd'hui un territoire qui porte une semblable population, serait un nouvel homicide que ne comporte point l'époque d'humanité et de justice où il est doux de croire que nous sommes enfin arrivés. Ce serait plus qu'imiter les actes odieux que l'on a tant reprochés au gouvernement français, ce serait les surpasser.

2° *Le céder à la Russie.* Si le duché de Varsovie devient la propriété du cabinet de Pétersbourg, ce cabinet devra ou l'incorporer à l'empire comme une simple province russe, ou en faire un État à part, sous le titre d'un duché ou d'un royaume, dont le monarque russe sera le souverain.

aux portes de la ville. Pendant cette crise, qui dura douze jours avant que le prince Poniatowski se décidât à faire sa retraite à travers l'Autriche, les dames polonaises de toutes les classes portaient des habits de deuil, et venaient, en pleurant, faire leurs adieux à leur brave armée.

Dans l'une et l'autre supposition, tous les gouvernemens doivent trembler à l'aspect de ce nouveau surcroît de moyens dont s'augmenteraient les forces de la Russie. Ajouter à son immense population un supplément de près de quatre millions d'âmes, c'est pour ainsi dire signer l'assujettissement de l'Europe. La France et l'Allemagne, l'Autriche et l'Angleterre doivent, quoique sous des rapports différens, y voir des inconvéniens égaux et un commun danger. Ce danger est surtout effrayant pour l'Autriche dont l'existence même peut se trouver compromise.

Dans le cas où le duché de Varsovie serait traité simplement comme une province russe, et soumis au même régime, le cabinet de Pétersbourg n'y trouverait malheureusement encore que trop de ressources. Les provinces polonaises, déjà depuis long-temps incorporées à la Russie, forment la plus belle partie des possessions de cette puissance, et c'est de là, surtout, qu'elle tire d'excellens officiers, de braves soldats et des chevaux pour toutes les armes. Il en serait de même du duché de Varsovie. En vain un mécontentement général fermenterait sourdement dans les esprits. Il faut céder à la nécessité, et d'ailleurs la Russie, grâces à l'immensité de son territoire, peut aisément occuper ses troupes ailleurs que dans les cantons auxquels elles appartiennent. Sa force ainsi ne serait pas moins augmentée dans une proportion alarmante, et malheur aux États qui seuls seraient obligés de lutter contre elle !

- Le péril ne serait pas moins grand dans la supposition de l'établissement d'un État particulier qui eut, sous les lois de l'empereur Alexandre, son ministère, son administration et son armée. A la vérité, cette supposition est d'abord elle-même assez difficile à admettre. Malgré toutes les apparences qui tendent à donner aux Polonais l'espérance d'avoir au moins un gouvernement particulier, il est fort à craindre pour eux que ce système ne l'emporte pas, ou du moins qu'il ne soit que momentanément admis pour les amener plus tard à une incorporation entière et sans réserve. Le caractère personnel de l'empereur Alexandre permet de croire que ce prince se prêterait volontiers à tous les arrangemens qui pourraient offrir aux Polonais l'illusion d'une existence indépendante ; mais de tout temps, en Russie, dans ce gouvernement si absolu, il a existé un parti vraiment *russe* qui fait souvent la loi au monarque et le force de céder à son ascendant. Ce parti russe ne souffrira point que des pays réunis à l'empire conservent un gouvernement séparé ; et s'il le souffrait, ce ne serait que pour peu de temps, et avec la certitude de faire disparaître bientôt cette inégalité. On pourrait citer, à l'appui de cette assertion, des faits connus d'un assez grand nombre de personnes, qui en démontreraient la justesse. A la vérité, il semble qu'il y aurait un moyen d'obvier à cet inconvénient par des stipulations précises dans les traités qui vont se conclure; mais ignore-t-on jusqu'à quel point de pareilles stipulations sont obligatoires? Et si plus tard, dans un moment où l'Europe jouirait du repos dont elle a tant besoin, il plaisait à la Russie de les enfreindre, les puissances garantes iraient-elles, pour empêcher cette infraction, se jeter de nouveau dans les hasards de guerres incertaines et douteuses? Il est donc peu probable que le cabinet de Pétersbourg, en accordant aux habitans du duché de Varsovie une ombre de liberté et d'existence nationale, regardât cette concession comme irrévocable; mais en admettant même cette supposition, cette chance serait-elle moins défavorable pour le reste de l'Europe? Je ne le crois pas. Ou bien le cabinet de Pétersbourg adopterait le principe d'une administration bienveillante et douce pour les Polonais, ou bien il suivrait envers eux un système de rigueur et de tyrannie.

Si la nation polonaise, fière d'avoir son gouvernement et son armée, était en outre traitée avec de justes ménagemens par la Russie, elle deviendrait entre ses mains un instrument redoutable, et ce serait surtout par ses services militaires qu'elle acquitterait la dette de sa reconnaissance. Si, au contraire, on s'attachait à épuiser le pays d'hommes et d'argent, tout en irritant les esprits, on obtiendrait encore des résultats utiles. De douloureuses expériences ont fait connaître combien les peuples le plus cruellement opprimés ont de patience pour supporter l'injustice, et de quels efforts des bras enchaînés sont encore capables même pour le service de leurs oppresseurs. Il est plus vraisemblable cependant que la chaîne ne serait pas trop pesante dans les premiers temps, et cette feinte générosité pour la Pologne serait en effet une véritable hostilité contre l'Autriche. Le patriotisme polonais est un sentiment que le temps même ne peut détruire : quarante ans d'union à la monarchie autrichienne n'ont point changé les dispositions des habitans de la Gallicie, et s'il existait à peu de distance d'eux un gouvernement polonais auquel ils pussent se joindre, il est infaillible qu'à la première occasion d'une rupture entre les cabinets de Pétersbourg et de

Vienne, la Gallicie échapperait à l'Autriche et irait grossir encore le partage, déjà si énorme de la Russie.

Cette crainte n'est pas la seule qu'un pareil état de choses doive inspirer à la Cour de Vienne. La Russie a dans plusieurs parties des États autrichiens de nombreux auxiliaires dont elle peut mettre en jeu le zèle et la bonne volonté d'une manière inquiétante pour cette puissance. La religion est une arme qu'elle a déjà fait concourir plus d'une fois au succès de ses desseins, et dont aujourd'hui plus que jamais elle pourra se servir encore. Toutes les nations slaves tiennent par des rapports plus ou moins directs à la Cour de Pétersbourg. Plusieurs provinces de l'Autriche, dont les habitans sont en partie d'origine esclavone, offrent aux Russes la facilité d'y entretenir presque constamment des intelligences, dont les suites peuvent être à craindre. Depuis les Bouches-du-Cattaro jusqu'au fond de la Hongrie, la commune observance du rit grec et une affinité de langage plus ou moins sensible fournit à la Russie des moyens agressifs toujours à ses ordres. On sait avec quelle activité elle cultive ces dispositions, si favorables à ses vues. On se rappelle les brillans projets de Catherine pour affranchir le Péloponèse, ou plutôt pour soumettre à ses lois tous les peuples de la religion grecque : l'envoi de nombreux émissaires à Trieste, à Venise, et sur une foule d'autres points qui intéressent la Cour de Vienne ; l'habitude conservée par le gouvernement russe, d'une correspondance plus ou moins active avec ces divers pays, tous ces objets, que l'on a pu négliger pendant que le choc violent de la masse des empires russes et français fixait les regards du monde, réclament maintenant l'attention de la Cour de Vienne. Si à tant d'avantages dont la Russie peut disposer, elle ajoutait encore la puissance nouvelle de quatre millions d'une population guerrière, qui, sans aimer ses maîtres nouveaux, aimerait à punir dans le gouvernement autrichien l'un des auteurs de l'anéantissement de la Pologne, le sort de l'Autriche serait singulièrement hasardé, et la liberté de l'Allemagne tout entière n'existerait plus que sous le bon plaisir du cabinet de Pétersbourg.

On voit que la cession du duché de Varsovie à la Cour de Pétersbourg, serait un événement funeste pour toutes les puissances, soit que ce pays fût confondu parmi les autres provinces russes, soit qu'on lui laissât un gouvernement particulier. Peut-être la politique française serait-elle incertaine sur celui des deux systèmes qu'elle préférerait de voir adopter par la Russie; mais, abstraction faite de l'intérêt d'État, il est impossible de ne pas faire des vœux pour qu'une nation brave et généreuse, liée à la gloire française par une fraternité d'armes si honorable, ne conserve pas au moins une ombre de liberté et d'indépendance. Il existe d'ailleurs dans ce dernier système un principe de salut pour l'avenir. Le monde est sujet à d'éternelles variations. La puissance russe, arrivée aujourd'hui au faîte de la grandeur, doit s'attendre à éprouver quelque jour des revers, et dans une conjoncture pareille, l'existence d'un gouvernement particulier à Varsovie, rendrait plus facile l'affranchissement de la Pologne.

3°. *Rétablir en Pologne un gouvernement indépendant.*

Si le résultat principal du congrès assemblé en ce moment à Vienne n'est pas le rétablissement d'un état polonais indépendant de la Russie, de l'Autriche et de la Prusse, l'œuvre de la justice sera encore imparfaite, le monde ne sera point replacé sur des fondemens solides, et la consécration du plus odieux des crimes politiques, en justifiant les actes qui en ont été une répétition récente, laissera pour toujours un champ libre aux écarts les plus coupables de la force qui se croira sûre de l'impunité.

De toutes les campagnes des armées françaises, celle qui, en couvrant la France du deuil le plus profond, a dû soulever davantage les esprits contre le système des guerres perpétuelles, est assurément la campagne de Russie; mais si les suites de cette campagne ont été affreuses, elles tiennent à des fautes, à des circonstances qu'il faut regarder comme envoyées par le ciel même, puisque sur la terre il est impossible d'en donner une raisonnable explication. On ne doit pas balancer à reconnaître en principe que la guerre contre la Russie, à l'époque où elle a eu lieu, était une guerre injuste; que surtout l'empereur Alexandre, par sa conduite personnelle, et même par la patience de son gouvernement à supporter les pertes qu'entraînait pour lui son association au système continental, n'avait pas donné de motifs à l'agression qui a été dirigée contre lui; mais, comme malheureusement la justice de la plupart des guerres ne se juge que par leur dénoûment, si nous admettons que le dénoûment de celle-ci eût été le rétablissement de la Pologne, ce serait sans contredit, de toutes les guerres récemment entreprises par la France, celle dont le succès aurait offert le plus d'avantages réels et de véritable utilité. Eh bien, ce succès était possible, il était facile, il était assuré, si les armées françaises n'avaient pas dépassé les frontières du territoire polonais. Au lieu d'aller perdre dans des déserts la plus belle des armées, la plus magnifique cavalerie, le matériel le plus complet qui eussent jamais existé, sans autre motif que l'espoir de signer la paix dans une des capitales de la Russie; au lieu de défier ensuite les élémens et d'attendre le déchaînement de leur intempérie, malgré les avis nombreux qui en annonçaient l'approche, il fallait ou ne jamais franchir le Boristhène, ou, après l'énorme faute d'avoir marché sur Moscou, la réparer par une prompte retraite, et revenir prendre la ligne sur laquelle on aurait dû s'arrêter; il fallait, sans toucher davantage le territoire russe, proclamer l'indépendance de la Pologne, enlever à l'ennemi les ressources de la Wolhynie et de l'Ukraine, organiser une pospolite polonaise qui eût donné, en quelques mois, plus de cinquante mille hommes à cheval, tels que le pays en exigeait pour opposer à la cavalerie légère de l'ennemi. Par une telle conduite, on eût amené la Russie à consentir à la cession d'une partie de ses acquisitions en Pologne, ou bien, l'été suivant, on aurait eu tous les moyens de l'y contraindre. Une circonstance remarquable, et qui fut alors d'une grande importance, est l'hésitation que mettait le chef du gouvernement français à promettre le rétablissement de ce royaume. On lui a reproché plus d'une fois de laisser indiscrètement échapper le secret de ses intentions : en cette conjoncture, il mérita le reproche contraire; on ne put obtenir de lui une déclaration dont l'effet aurait été extrêmement utile. Cependant, d'après la publication des articles secrets du traité conclu entre la France et l'Autriche, il a été connu depuis que ce rétablissement était bien le véritable but de l'entreprise, puisqu'on avait exigé de l'Autriche la restitution de la Gallicie pour compléter la recomposition du royaume de Pologne. Cette singulière réserve, qu'il est difficile de comprendre, ne laissa pas de donner alors aux patriotes polonais quelques inquiétudes, et peut-être de nuire dans plusieurs cantons aux efforts que l'on aurait pu faire. Sans doute aujourd'hui le nom de la Pologne ne peut que rappeler à la France de douloureux souvenirs; mais il serait injuste et cruel d'imputer à une nation elle-même si malheureuse des événemens étrangers à sa cause, et qui n'auraient pas eu lieu si l'armée française s'était arrêtée là où le demandait le bien-être commun de la Pologne, de la France et de l'Europe.

L'intérêt que la France a toujours porté au sort de la Pologne a-t-il cessé d'être le même?

n'est-il pas encore plus impérieux maintenant qu'autrefois par la seule raison que la France est plus faible ?

Depuis long-temps les publicistes de tous les pays s'accordent à reprocher au gouvernement français la faute capitale qu'il commit en ne s'opposant pas à la ruine de cet ancien allié; c'est un de ces points évidens sur lesquels il n'y a jamais eu qu'une opinion. Le ministère dont cet événement atteste la coupable imprévoyance et l'impardonnable faiblesse, fut flétri alors par l'indignation publique. Louis XV qui, par la malhabileté de ses ambassadeurs, n'eut connaissance du projet qu'au moment de sa réalisation, en conçut un vif chagrin, et sa volonté personnelle était d'attaquer sur-le-champ l'Autriche dans les Pays-Bas. Le mauvais état des finances le força de s'interdire cette triste consolation. La conclusion du traité de 1756, en nous plaçant dans une sorte de dépendance de la Cour de Vienne, nous avait fait perdre en Allemagne le crédit que nous y avions conservé jusqu'alors comme puissance garante de la paix de Westphalie; il ne nous restait d'influence que par la Suède et la Pologne. Les coups portés à ce dernier État achevèrent de détruire le peu de considération que nous avions encore : l'Allemagne et le Nord étaient ainsi à peu près devenus étrangers pour nous. Isolés dans l'ordre des puissances, sans alliés sur lesquels nous pussions compter, nous nous acheminions dès lors à grands pas vers cet état de nullité extérieure et de désordres intérieurs dont les suites devaient éclater plus tard sous un prince vertueux, destiné à en être la victime. Quarante-deux ans se sont écoulés depuis le premier partage de la Pologne, et le temps, qui légitime tant d'injustices, lui refuse encore sa sanction. L'Europe entière a éprouvé dans cet intervalle des mutations qui en ont déplacé toutes les parties. Tout à coup un mouvement contraire relève ce qui avait été détruit, tout se ranime, tout se recompose, tout, hors la puissance dont le démembrement avait été le précurseur du bouleversement général, le premier anneau de cette grande chaîne de calamités. C'est dans un moment comme celui où nous sommes que toute mésintelligence entre la France, l'Autriche et l'Angleterre doit faire place au sentiment de notre intérêt commun; ce sentiment doit surtout être tel de la part de la Cour de Vienne, que, pour décider le gouvernement russe à un désistement aussi essentiel, il semble que ce serait un devoir pour elle de lui présenter un grand exemple par sa renonciation à la Gallicie. Quoique l'on ne puisse avoir aucune donnée sur les dispositions du cabinet autrichien à cet égard, tout porte à croire qu'il ferait avec empressement ce sacrifice, plutôt que de voir la puissance russe pousser sa domination jusqu'aux sources de la Vistule, et menacer de toutes parts les flancs de la Hongrie, de la Moravie et de la Bohême.

Quand même la Russie, reconnaissant la nécessité de faire cesser toute nouvelle cause de guerre pour pouvoir guérir ses plaies intérieures, donnerait les mains à la formation d'un État indépendant qui servirait de barrière entre elle et l'Allemagne, il se présenterait une difficulté nouvelle, ce serait le choix du souverain de ce nouvel État. Cette question ne serait que secondaire pour la France. L'acte le plus sage qui ait accompagné la création du duché de Varsovie, avait été de lui donner pour chef un prince à qui jadis la nation polonaise avait elle-même offert la couronne. La justice la demanderait de nouveau pour lui; mais si l'état présent des choses y met un obstacle invincible, comme la France n'a point sur ce choix de raison particulière de préférence, le point important pour elle serait de concourir à mettre d'accord les puissances principalement intéressées. Quel que fût celui qui réunirait les suffrages des puissances influentes,

Autrichien, Russe, Prussien, Anglais, Français ou Polonais, le grand objet serait rempli pourvu que la Pologne existât comme puissance indépendante. Mille exemples attestent que les liens de parenté n'ont de force entre les souverains qu'autant que ces liens continuent à être serrés par l'intérêt mutuel. Le nouveau monarque ne pourrait manquer de voir dans la France une puissance amie, et la France ne verrait en lui que le chef d'un État qu'elle a regardé de tout temps comme son allié naturel.

Résumé. Les divers détails dans lesquels je viens d'entrer, donnent une idée suffisante de notre position à l'égard de la Russie.

Les sentimens d'affection personnelle que l'empereur Alexandre peut avoir mérités de la France, doivent être sans influence sur la marche du gouvernement, et l'intérêt de l'État doit seul nous diriger dans ce qui nous rapproche de la Russie, comme dans ce qui nous en éloigne.

Il est dans notre convenance de favoriser la Russie sous les rapports maritimes, pour la rapprocher davantage des autres nations commerçantes, et la mettre dans le cas de faire respecter son pavillon.

Nous pouvons regarder le cabinet de Pétersbourg comme un auxiliaire qui sera toujours prêt à se joindre à nous pour entraver l'agrandissement de l'Autriche.

Dans l'état d'élévation où est arrivée la Russie, elle reviendra nécessairement aux principes de neutralité maritime dont l'empereur Alexandre ne s'est désisté qu'à regret, dans les premiers jours de son règne, sous le canon d'une flotte anglaise.

La France et la Russie n'ayant point d'occasions particulières de débats avec les souverains allemands de second ou de troisième ordre, sont naturellement appelés à protéger ces États contre les autres grandes puissances. Il serait peut-être utile que ce protectorat commun fût consacré par des engagemens solennels.

Parmi tous les points sur lesquels nous sommes d'accord avec la Russie, il s'élève un point remarquable de dissentiment, c'est la fixation du sort du duché de Varsovie.

Il importe à la France d'empêcher que les provinces polonaises dont le duché de Varsovie se compose, soient de nouveau partagées entre les trois cours environnantes.

Il est plus important encore de mettre obstacle à ce que la cession tout entière en soit faite à la Russie.

L'intérêt de la France comme celui de l'Europe,

est de faire rétablir la barrière d'un État polonais entre la Russie, l'Autriche et la Prusse. La France, sans mettre aucun prix à faire tomber la préférence plutôt sur tel prince que sur tel autre, doit se borner à tâcher de mettre les grandes puissances d'accord sur ce choix.

Quel que soit, au reste, le résultat de nos efforts à cet égard, la France étant celui des États du continent que l'agrandissement de la Russie touche d'une manière moins immédiate, n'en devra pas moins cultiver ses rapports d'amitié avec elle; et s'appuyer de son concours pour tout ce qui peut convenir en même temps à la politique des deux cabinets.

CHAPITRE III.

AUTRICHE.

L'Autriche est de toutes les puissances du continent, celle que la nation française est le plus accoutumée à regarder comme un ennemi naturel. On a fait récemment une remarque fort juste, c'est que notre nation, que l'on a si souvent accusée de légèreté et d'inconstance, pourrait, à l'égard de son système politique, être citée comme un modèle de persévérance et de fixité. Depuis que Richelieu donna pour base à ce système l'abaissement de la maison d'Autriche, l'opinion publique s'y était attachée comme à un principe qui ne devait varier jamais; et, si elle s'éleva fortement contre l'alliance de 1756, qu'elle devait d'ailleurs condamner, avec raison, sous d'autres rapports, c'était moins, peut-être, un mécontentement raisonné, que la suite de cette impression originelle et de l'habitude. Parce que nous avions combattu l'Autriche dans la guerre de trente ans, il semblait que nous ne dussions jamais former de liens d'intimité avec ce gouvernement, et on ne faisait pas attention que le temps, qui amenait des changemens de position entre toutes les puissances, devait en amener également dans nos relations avec elles.

On a tant écrit sur les suites fâcheuses de cette alliance, qu'il serait superflu d'entrer ici dans de nouveaux détails. Après des discussions fort animées, tous les bons esprits sont arrivés à un point qui les met à peu près d'accord. On a reconnu que ce n'est pas le système nouveau d'une alliance avec la Cour de Vienne, qui a été en lui-même une faute de notre cabinet, mais que c'est la malhabileté qui a accompagné l'introduction de ce système, c'est l'inégalité des conditions de l'alliance, qui en a été le premier acte. A l'époque où cette alliance se forma, la Prusse venait d'apparaître dans le monde avec un éclat dont tous les yeux avaient été éblouis. La France, alliée un moment avec elle, avait eu à s'en plaindre; et d'un autre côté, l'importance qu'obtenait en Europe la Russie, pour qui la Cour de Berlin montrait une préférence marquée, justifiait suffisamment l'essai d'une combinaison nouvelle, à laquelle il n'a manqué, en effet, qu'une meilleure application. Les obligations disproportionnées, auxquelles la France se soumit gratuitement, sa complaisance à les remplir dans des circonstances où les succès qu'elle pouvait obtenir, auraient été contraires à son véritable intérêt; les désastres sans nombre qui accompagnèrent une guerre imprudente et mal dirigée, durent fortifier les anciennes préventions, et entretenir contre toute liaison avec l'Autriche, une aversion générale. Cette disposition des esprits fut augmentée encore par diverses causes plus ou moins justes, jusqu'au moment où commencèrent les guerres de la révolution. L'acharnement de la lutte des deux pays pendant vingt années (1)

---

(1) Dans la dernière partie de cet ouvrage, pour cons-

n'était pas propre à faire naître d'autres sentimens, lorsque, par un de ces incidens particuliers à notre siècle, on a vu, en 1812, les Autrichiens et les Français marcher encore une fois sous les mêmes drapeaux, à la suite d'un traité qui, en nous vengeant de celui de 1756, faisait de l'Autriche, à son tour, un satellite de la France. Cette association nouvelle, dont il eût été possible de tirer de grands avantages, a été dissoute aussitôt que formée, par l'effroyable résultat de la première entreprise à laquelle cette puissance a été appelée à concourir. Un an après, ses étendards flottaient de nouveau au milieu de ceux de nos ennemis. Enfin, en ce moment, c'est elle qui recueille la plus grande partie de notre héritage.

Dans cette situation nouvelle, il se trouve cependant entre l'Autriche et nous, plusieurs points sur lesquels nous ne pouvons qu'avoir les mêmes vues et les mêmes désirs. Nous sommes nécessairement d'accord ensemble dans nos vœux

---

tater l'état des dispositions morales de la nation française à l'égard des nations étrangères, je présenterai un aperçu des variations de nos rapports avec les diverses puissances pendant les vingt dernières années. Je me borne ici aux faits principaux que le sujet demande.

contre la Russie, contre la Prusse, et même contre l'Angleterre.

Contre la Russie. Lorsque j'ai traité la question de nos rapports avec cette dernière puissance, on a pu juger combien l'excès de son agrandissement est dangereux pour la Cour de Vienne. Indiquer ce que celle-ci doit redouter du cabinet de Pétersbourg, c'est faire connaître combien il est urgent pour elle de détourner l'orage. Ce danger tient surtout, comme nous l'avons vu, à la décision du sort de la Pologne. Les réflexions étendues que j'ai déjà présentées à cet égard, me dispensent de me livrer ici à de nouveaux développemens sur le même objet.

Contre la Prusse. La vive inimitié qui divise les Cours de Vienne et de Berlin, depuis le moment où la paix de Breslau enleva à l'Autriche une de ses plus belles provinces, ne s'est point éteinte au milieu des bouleversemens successifs auxquels les deux États ont été livrés depuis vingt ans. Leur rapprochement momentané, à diverses époques, n'a point détruit les principes d'opposition qui les séparent, et il serait plus vrai de dire que l'instant, où leur haine mutuelle a eu le plus de force, est celui qui suivait leur passagère union. Si la Cour de Berlin n'avait pas caché sa joie de voir l'Autriche affaiblie par le traité de Lunéville, la paix de Tilsit, en faisant perdre à Frédéric-Guillaume la moitié de ses États, causa peut-être plus de satisfaction à Vienne qu'à Paris, et la raison en est simple, puisque, par là, nous avions fait disparaître le gouvernement rival, qui devait, plus que nous, toujours gêner l'Autriche dans son invariable dessein d'asservir graduellement les États secondaires d'Allemagne. Ces deux puissances ont joui du plaisir de se voir tour à tour humiliées par un ennemi qu'elles détestaient également. Enfin, un dernier effort de l'Europe entière, et surtout des fautes inexplicables, les ont délivrées de l'adversaire qui les subjuguait l'une et l'autre. Le jour d'une réconciliation durable est-il arrivé pour elles? Cette réconciliation serait contre la nature des choses: elle est impossible. Dans les discussions qui ont lieu en ce moment, il y a nécessairement un choc perpétuel entre les vues de l'Autriche et celles de la Prusse; mais il est, surtout, un point important qui les divise, et, sur ce point, la France ne peut que faire des vœux pour le succès de la première de ces puissances. Ce point délicat est la fixation de la destinée du royaume de Saxe.

Si l'on doit en croire des avis plus ou moins certains qui se répandent à la fois dans tous les pays, il paraît incontestable que la cour de Berlin demandé vivement la réunion du royaume de Saxe à la monarchie prussienne. Cette présomption est fortement appuyée par une proclamation du prince Repnin, datée de Dresde le 3 novembre, proclamation qui, en annonçant que l'administration de ce royaume est provisoirement remise à la Prusse, renferme implicitement la menace d'une incorporation définitive.

En supposant que la Prusse ne puisse parvenir à l'acquisition entière de la Saxe, il n'est pas douteux qu'elle n'insiste sur le démembrement de ce royaume, pour en obtenir une bonne partie, ou au moins la Lusace.

Dans ces diverses hypothèses, la France et l'Autriche sont également intéressées à s'opposer aux projets de la cour de Berlin.

Le détrônement du roi de Saxe, qui serait un attentat contre la justice naturelle, n'est pas même autorisé par la justice politique. L'Europe entière, hors la Prusse qui en profiterait, doit en rejeter l'idée. Si la vertu exista jamais sur la terre, le roi de Saxe en est la représentation vivante. Comme homme, il n'a suivi que les lois de l'honneur; comme monarque, il a dû subir celles de la nécessité : même sous le rapport politique il est irréprochable. Rappelons-nous les circonstances où il s'est trouvé engagé malgré lui, et où l'a jeté le gouvernement même qui, maintenant, conjure sa ruine. Grâces à son éloignement du théâtre des guerres produites par la révolution française, la Saxe vivait heureuse sous le règne le plus équitable et le plus doux. Un prince sage, digne d'être présenté pour modèle à tous les souverains, avait guéri les profondes blessures faites à ce pays par la guerre de sept ans : il avait payé les dettes immenses accumulées sous le règne des deux Auguste, donné à l'industrie une précieuse activité, et fait fleurir à la fois le commerce et l'agriculture. Aucune chance ne paraissait alors devoir conduire les armes françaises sur l'Elbe, lorsque la Prusse, se croyant assez forte pour jeter le gant à la France, entreprit brusquement la guerre de 1806: Cette résolution prise, elle force la main à la Saxe, occupe son territoire, et fait marcher les troupes saxonnes avec l'armée prussienne. Si, après la bataille d'Iéna, l'électeur de Saxe accepta la paix qu'il ne pouvait refuser sans faire le malheur de ses peuples, sans compromettre son existence et celle de sa famille, il ne fit que remplir un des premiers devoirs de la souveraineté.

La paix de 1807 ayant créé le duché de Varsovie, aucun prince n'avait autant de droits que le roi de Saxe au gouvernement de cet État. Des cendant de rois qui avaient régné sur la Pologne, appelé lui-même au trône par le vœu national, il parut ne faire que recevoir un bien qui lui était dû.

Entraîné, comme l'Europe entière, dans la guerre contre la Russie, il vit, au retour de la campagne de Moscou, son pays inondé par les troupes ennemies, et il se retira à Ratisbonne, d'où, sur l'invitation de l'Autriche, il se rendit à Prague. Si les souverains alliés ont quelque reproche à lui faire, c'est apparemment à cette époque qu'ils en placent le prétexte. Que devait faire, et qu'a fait alors le roi de Saxe ? Il était lié au gouvernement français par un double engagement, comme roi de Saxe et comme duc de Varsovie. En cette dernière qualité, il ne pouvait pas avoir l'idée de faire la guerre à la France, et de diriger contre elle les troupes polonaises. La chose aurait été aussi impraticable en réalité que révoltante dans l'intention : il pouvait donc seulement rompre ses engagemens, comme roi de Saxe, et se réunir à la Russie, et à la Prusse qui, à cette époque, étaient seules sous les armes. Hé bien, malgré la répugnance qu'un monarque, jaloux observateur de sa parole, pouvait avoir à y manquer, j'admets que le roi de Saxe s'est trouvé dans une circonstance inquiétante qui lui permettait d'adopter ce parti : j'admets qu'il en était venu à regarder cette rupture comme nécessaire, et qu'il a été sur le point de se déclarer. S'il ne l'a pas fait, à quoi faut-il s'en prendre? A la marche rapide des événemens dont l'Autriche elle-même ne voulut pas devancer la décision. La cour de Vienne, quelles que fussent ses intentions secrètes, n'était pas disposée à agir sur l'heure. Tous les princes de la confédération du Rhin étaient encore sous les drapeaux de la France, et lui donnaient des preuves d'un admirable dévoûment. Le roi de Saxe, par une déclaration trop hâtive contre nous, se serait livré lui-même et ses États aux hasards de la première bataille. Le pas était difficile : il était permis d'hésiter. Dans le délai de l'hésitation, Lützen leva tous les doutes, et l'arrivée de l'armée française à Dresde justifia la sagesse de la conduite du monarque saxon. Fera-t-on un crime à ce prince de n'avoir pas prévu qu'après les avantages qui avaient conduit l'armée française jusque sur l'Oder, après un armistice qui avait promis la paix, on verrait l'Autriche et l'Allemagne entière unies contre la France, et tous les États germaniques tourner en même temps leurs drapeaux contre ceux sous lesquels jusqu'alors ils avaient combattu? Et quand même,

16.

par des communications clandestines, il aurait pu être informé des négociations qui préparaient ce mouvement général, lorsque l'armée française occupait Dresde, lorsqu'il n'a pu lui-même quitter sa capitale qu'au milieu de nos bataillons, est-il coupable de ne nous avoir pas déclaré la guerre? Quand il en aurait eu la plus forte volonté, en avait-il la puissance? En cette dernière circonstance, il y avait eu impossibilité matérielle et absolue : dans le moment qui avait précédé la bataille de Lützen, la possibilité existait, mais c'eût été une faute capitale. Si, en effet, le roi de Saxe avait pris, à cette époque, une si imprudente détermination, lorsqu'ensuite on a ouvert des négociations pour la paix, n'aurait-il pas couru risque d'être sacrifié par la France justement blessée de sa défection, et n'est-il pas permis de croire que le même gouvernement, qui veut obtenir les dépouilles de la Saxe par l'intervention de la Russie, les eût de même reçues avec plaisir des mains du gouvernement français, dans le cas où celui-ci aurait signé la paix avant le commencement des revers de la seconde moitié de 1813 ?

On se dispense de s'arrêter au ridicule reproche que l'on fait au roi de Saxe d'avoir révélé au chef du gouvernement français les secrets de la ligue qui se formait contre lui, comme si à cet égard il y avait jamais des secrets; comme s'il y eût eu un seul homme en Europe qui pût ignorer les communications actives des diverses cours entre elles ; comme si on avait pu en méconnaître l'objet; comme si on avait pu se tromper sur autre chose que sur le moment de la levée de boucliers à laquelle il fallait nécessairement s'attendre. Ce reproche d'une prétendue indiscrétion que l'on fait au roi de Saxe est trop absurde pour que des hommes de bon sens puissent y attacher quelque importance ; mais c'est une raison de plus pour remarquer l'affectation qu'on a mise à le faire répéter par toutes les gazettes allemandes. Tel est donc le déplorable cours des passions humaines! Lorsqu'à la fin de 1812, le roi de Prusse, entraîné malgré lui, tira l'épée et en jeta au loin le fourreau sans savoir s'il ne courait pas à sa perte, il osait à peine nourrir dans son cœur l'espoir de reconquérir une partie des possessions qu'il avait perdues, et en 1814, le gouvernement prussien, non content d'avoir tout recouvré, demande à son tour la dépouille de ses voisins, la dépouille d'un prince qu'il a, le premier, précipité dans un abîme de malheurs en le forçant à prendre part à la guerre de 1806! On aime à se persuader qu'il est impossible qu'un sénat de rois, que des plénipotentiaires chargés des intérêts du monde, puissent signer jamais un acte aussi difficile à caractériser que serait celui qui prononcerait ou le détrônement du roi de Saxe pour réunir la totalité de ses États à la Prusse, ou le démembrement de ce pays pour en distribuer les lambeaux entre divers souverains. Si l'injustice de ces deux partis est la même, sans doute l'une de ces déterminations serait moins défavorable que l'autre pour la cour de Vienne, puisque, dans le cas d'un démembrement, elle obtiendrait une part de la proie pour elle-même; mais les acquisitions que ferait le cabinet de Berlin, lui seraient toujours fort désavantageuses en ouvrant à l'armée prussienne les principaux débouchés de la Bohême.

En mettant à part les droits de la maison régnante de Saxe, dans cette guerre que l'on aime à désigner comme nationale, la nation saxonne ne peut-elle prétendre à aucun égard ? N'a-t-elle pas fait cause commune avec les autres peuples d'Allemagne ? Si maintenant l'honneur militaire permet à des troupes amies de tourner brusquement leurs armes contre l'armée qui les comptait dans ses rangs, les troupes saxonnes n'ont-elles pas aussi ce mérite d'une nouvelle espèce à faire valoir aux yeux des souverains qui doivent décider du sort de leur pays ? Combien elles sont cruellement punies de cet oubli de leurs devoirs !

Si la France était capable aujourd'hui de suivre une politique contraire à l'honneur et au véritable intérêt des nations, elle pourrait regarder un grand acte d'iniquité comme un moyen de préparer des guerres prochaines : elle pourrait favoriser un ordre de choses qui, en multipliant les points de contact entre la Prusse et l'Autriche, multiplierait les causes de brouilleries entre ces deux puissances. Ce n'est point ainsi que pensera un monarque vertueux, formé lui-même par les leçons du malheur, et il ne jugera point que l'on doive sacrifier à de pareilles considérations l'existence d'une nation estimable, et le trône du Nestor des souverains. Comme l'intérêt de l'Autriche sur ce point ne peut pas être douteux, il est évident qu'elle s'applaudira de nous voir concourir avec elle à repousser les prétentions plus ou moins exagérées de la cour de Berlin.

Contre l'Angleterre. Le gouvernement britannique n'a jamais considéré l'Autriche que sous deux points de vue principaux. Il voyait en elle, d'un côté, la puissance souveraine des Pays-Bas, et, de l'autre, un auxiliaire toujours prêt à se joindre à lui contre la France. La cession des

Pays-Bas à la Hollande rompt un des liens qui unissaient les Cours de Vienne et de Londres. Il ne reste plus entr'elles que ce sentiment commun d'animosité contre nous, qui les portait à se prêter main-forte l'une à l'autre pour travailler ensemble à l'affaiblissement de la puissance française. Le but est atteint autant qu'il peut l'être, pour ce qui regarde l'Autriche. Dans un moment où cette puissance recouvre ce qu'elle a perdu, en conservant de plus ce qu'elle a acquis, le territoire continental de la France étant replacé à peu de chose près dans la ligne de 1792, l'état ancien est complètement changé, et c'est la Cour de Vienne qui a, en partie, à notre égard l'avantage de position que nous avions sur elle. Cette Cour ne peut plus par conséquent mettre un très-grand prix à entretenir ses dernières liaisons avec le gouvernement anglais. Ces liaisons ne lui sont nécessaires que dans deux circonstances, pour nous attaquer ou pour se défendre contre nos attaques. D'après l'énorme augmentation de moyens, que lui donnent ses nouvelles acquisitions, comme d'après le système de modération que conseillerait à la France une politique habile, si la sagesse du roi n'en était pas encore un meilleur gage, le cabinet autrichien a la certitude que, de long-temps, il n'aura, de notre part, aucune agression à craindre. Il ne peut pas davantage avoir de motifs de vouloir hasarder sur nous de nouvelles entreprises, puisque dans ce cas il souleverait, à son tour, contre lui, toutes les puissances qu'une ambition aussi demesurée menacerait également. D'ailleurs, si la France n'est pas portée à enfreindre les traités qui ont rendu la paix à l'Europe, elle n'est pas non plus disposée à souffrir qu'on les viole impunément avec elle. Le ciel, en lui ôtant ses conquêtes étrangères, ne l'a point réduite à redouter des atteintes à son intégrité primitive. Nous pouvons dire que, dans une guerre juste, la France ne sera jamais vaincue : elle est assurée d'un repos inaltérable, si c'est la justice qui veille sur sa frontière, ou d'un triomphe infaillible, si c'est la justice qui lui met les armes à la main. Tout en excitant les diverses puissances contre nous, l'Angleterre uniquement occupée de ses intérêts directs, ne se prête qu'aux sacrifices qui conviennent à ses propres vues. Son orgueil fait acheter chèrement les subsides qu'elle accorde. Si, dans quelques momens, elle verse l'or avec profusion, elle verse en même temps sur les États qui le reçoivent les dédains et les mépris. Il est certain que plusieurs grandes puissances ne supportent déjà depuis long-temps ses insolences et ses hauteurs qu'avec une haine concentrée. L'intérêt qui serrait les nœuds de leur union n'existant plus, l'État qui subissait une sorte d'humiliation forcée est trop heureux de pouvoir ressaisir toute son indépendance. Telle est en ce moment la situation naturelle de l'Autriche à l'égard de la Cour de Londres.

Outre que le cabinet autrichien doit s'estimer heureux de secouer le poids d'une influence qui lui était à charge, il se trouve aussi dans une position nouvelle à l'égard de l'Angleterre, par suite des intérêts maritimes que fait naître pour lui le recouvrement de ses possessions anciennes et nouvelles. Du moment qu'une puissance a un port de mer, du moment qu'elle peut hasarder quelques nacelles sur les flots, elle entre en contact avec le gouvernement anglais : il semble qu'elle devienne du ressort de sa puissance, ou bien, si elle ne se soumet point aveuglément à toutes ses volontés, le conflit commence et l'inimitié se déclare. Quoique le peu de côtes qu'aura encore l'Autriche ne lui permette pas de songer à se former une armée navale, elle doit vouloir, du moins, donner un grand mouvement à son commerce. Venise, qui jadis dominait dans la Méditerranée et qui faisait presque seule tout le trafic du Levant, offre encore aujourd'hui les élémens d'une brillante et riche navigation ; mais où maintenant un pilote peut-il tourner sa voile sans y rencontrer des bâtimens anglais, la rivalité anglaise, le despotisme anglais? Le commerce autrichien doit donc d'avance se soumettre aux lois et aux règlemens de l'amirauté de Londres, si la cour de Vienne n'annonce pas de bonne heure sa ferme volonté de résister à l'oppression britannique, et d'assurer à son pavillon la jouissance entière des droits que la nature a donnés, non à tel ou tel peuple, mais à tous les peuples indistinctement, à tout le genre humain. Cet intérêt nouveau, que les derniers traités font naître pour l'Autriche, devient une cause d'union entr'elle et nous. Quoique Venise ait, d'après le traité de Campo-Formio, été un moment en sa possession, cet intérêt n'exista point alors, parce que tout était incertain et précaire; parce que la paix n'était qu'une trêve dont on s'attendait sans cesse à voir la cessation. D'ailleurs l'Angleterre n'était pas, comme elle l'est aujourd'hui, maîtresse absolue de la Méditerranée. L'ordre de choses qui se prépare devant avoir un caractère de durée et de permanence, il importe à tous les états de s'abstenir de concessions imprudentes qui puissent les mettre sous la dépendance d'un gouvernement étranger. La souveraineté de la mer Adriatique appartient à la Cour de Vienne. Si cette Cour n'a pas de forces maritimes pour la maintenir, il est, du moins, de son honneur de n'y pas souffrir d'autre maître, et d'y assurer une liberté égale à toutes les nations commerçantes. C'est, au milieu de nos malheurs, l'un des côtés satisfaisans de notre position que la France se trouve n'avoir rien à désirer que de voir toutes les nations dans la pleine possession des droits qui leur appartiennent, ou par le don de la nature, ou par les stipulations des traités. Cette circonstance particulière qui établit, comme on l'a vu précédemment, un accord naturel entre nous et la Cour d'Autriche contre l'exagération de puissance de la Russie et de la Prusse, nous promet ainsi la coopération de cette Cour, quoique dans un moindre degré, même contre l'Angleterre.

Les divers points de concert qui existent entre l'Autriche et la France, sont nécessairement balancés par plusieurs points de dissentiment. L'excès de puissance que nous craignons à Londres et à Pétersbourg, nous le craignons toujours à Vienne. Autrefois même, ce n'était que Vienne seule qui nous faisait ombrage : insensiblement Londres avait pris sa place. Pendant une époque trop extraordinaire pour être durable, nous avons vu à nos pieds toute l'Europe, hors l'Angleterre. Aujourd'hui, par un retour inévitable, mais extrême dans un sens opposé, tandis que Londres reste toujours hors de pair, Pétersbourg et Vienne se disputent, pour lui en faire hommage, le sceptre échappé de nos mains, la suprématie continentale. Cette suprématie, telle que nous l'avons possédée dans ces derniers temps, telle que Vienne et Pétersbourg peuvent la posséder aujourd'hui, n'est point celle dont nous devons être jaloux. Ce n'est que la suprématie actuelle, la suprématie du moment, celle qui passe à toute nation pour qui la fortune s'est décidée dans la dernière bataille. Il est une autre suprématie qui n'est point accidentelle ni passagère, qui ne dépend point d'un jour de succès ou de revers; qui subsiste en dépit de toutes les variations de la fortune; suprématie qui se fonde sur l'avantage résultant à la fois de la richesse du sol d'une nation, de sa position géographique, du génie des habitans, du degré de civilisation auquel ils sont parvenus, du rapport de la population avec l'étendue du territoire, enfin de l'accord heureux de toutes les parties qui composent la puissance. Ce noble genre de suprématie ne saurait nous être contesté. Si quelquefois des événemens intérieurs en suspendent l'effet au dehors, la seule force des choses ne peut manquer de lui rendre bientôt l'action et l'influence inhérentes à sa nature. Malgré cette certitude de reprendre le rang qui nous appartient, nous ne devons point perdre de vue les pas que font en avant les puissances rivales. La Cour de Vienne surtout, premier objet de nos inquiétudes, déchue dernièrement de son ancienne hauteur, se relève plus forte que jamais, et se présente de tous côtés avec une masse effrayante de moyens, dont une grande partie était depuis long-temps à notre disposition. Comme il n'est point de puissance qui soit plus fréquemment que l'Autriche dans le cas de se heurter avec la France, il n'en est aucune dont il nous importe davantage d'éloigner le contact; mais malheureusement sa part semble déjà trop bien marquée d'avance pour que nous puissions ou la faire changer ou l'affaiblir. Ce n'est que par un bon système de relations fédérales, que nous pourrons écarter l'ascendant dont elle nous menace, et neutraliser les forces immenses qui sont entre ses mains.

Cependant il ne faut pas non plus trop nous exagérer les avantages qu'obtiennent les grandes puissances, et l'Autriche en particulier. C'est une opération toujours hasardeuse que d'ôter à un corps de nation son existence, et de la fondre dans une monarchie étrangère. La Lombardie elle-même, bien qu'elle ait été antérieurement une possession autrichienne, n'est plus, en rentrant sous son ancien joug, la Lombardie de l'époque qui précéda la création d'une république Cisalpine, et d'un royaume d'Italie. Peut-être la politique conseillait-elle à la Cour de Vienne ce que demandent l'humanité et l'intérêt des peuples italiens, la conservation d'un gouvernement à part dont l'empereur d'Autriche eût été le chef sous tel nom qu'il eût jugé convenable de prendre. Dans l'état présent des choses, la possession nouvelle, établie sous une forme qui blesse tous les sentimens populaires, n'a plus ce caractère de solidité qui en assure la durée. A la vérité, à l'aide d'une oppression systématique et bien affermie, le cabinet autrichien, en s'embarrassant peu de l'amour des peuples, n'en fera pas moins tourner à son profit toutes les ressources du territoire ; on n'en saurait disconvenir, mais son autorité n'en sera pas moins précaire et chancelante. Tout pays qui a goûté l'indépendance ne peut que reprendre à regret une chaîne dont il avait été délivré, et se montre sans cesse disposé à la rompre. On sait que, surtout dans les contrées méridionales, une seule étincelle peut faire éclater promptement un grand incendie. En admettant que l'Autriche puisse prévenir ces événemens toujours possibles, le danger en existera constamment pour elle; et au lieu de tirer de l'Italie une augmentation de forces militaires, elle aura besoin d'y envoyer des corps allemands pour y maintenir son autorité. Ce n'est que depuis la fondation d'une république, et ensuite d'un royaume à Milan que les habitans de ce climat, endormis dans une servile indolence, se sont de nouveau montrés propres à la guerre. Le sentiment de la liberté et de l'amour de la patrie, en renaissant parmi eux, a ranimé un esprit militaire que, peut-être, il serait dangereux pour l'Autriche d'y entretenir ; d'où il résulte qu'en obtenant un surcroît de territoire et de richesses, elle n'obtient pas un accroissement de forces réelles qui soit, à beaucoup près, dans la même proportion.

Quant aux possessions que cette puissance a en vue d'acquérir ou de recouvrer en Allemagne, l'attention de tous les grands États, celle surtout de la Russie et de la Prusse, aussi bien que celle de la France, doit veiller à ce que la sûreté des souverains germaniques d'un ordre inférieur, ne soit point compromise. Si la justice devait être de quelque poids dans de semblables discussions, il faudrait, pour conserver à la Bavière une limite satisfaisante, la maintenir dans la possession de l'Innviertel, propriété au prix de laquelle, en 1779, elle acheta le traité de Teschen, mais que des événemens heureux lui avaient rendue dans les dernières guerres.

Il n'est point connu encore du public si l'Autriche élèvera la prétention de se replacer, sous un titre quelconque, à la tête du corps germanique. Ce qui ne peut pas être douteux, c'est que la Prusse, comme partie immédiatement intéressée, et la Russie et la France, dirigées par des motifs non moins puissans, devraient être d'accord pour écarter une semblable prétention.

Quels que soient les résultats des discussions de Vienne, d'après les considérations auxquelles nous nous sommes précédemment arrêtés, il semble évident que les mutations survenues en Europe ont modifié l'ancien système de la France à l'égard de l'Autriche. La Cour de Vienne n'est plus notre ennemi le plus dangereux ; le gouvernement anglais a pris sa place. Elle n'est plus sur le continent la puissance la plus redoutable ; ce rôle est devenu celui de la Russie. Sa supériorité sur la Prusse a aussi cessé d'être la même. Tous les élémens de l'ordre politique étant ainsi changés, les rapports des États entr'eux doivent suivre le même mouvement. L'idée d'une alliance avec l'Autriche blessait autrefois tous les esprits. La possibilité d'un rapprochement plus ou moins intime entre Vienne et Paris pourrait maintenant n'avoir rien que de conforme à une saine politique, et ne mériterait de blâme qu'autant que, par un fatal oubli de nos propres intérêts, nous ne saurions pas nous assurer une juste réciprocité d'avantages. On n'entend point ici que l'établissement d'une grande intimité soit tout-à-fait désirable; mais il peut survenir des circonstances qui le rendent utile, et, dans ce cas, il serait fâcheux que la puissance des préventions nationales vînt y mettre obstacle.

Résumé. L'alliance de 1756 fut un malheur pour la France, mais le mal n'était point dans l'alliance même; il était dans la fausse direction donnée aux engagemens réciproques, et dans l'inégalité de ces engagemens.

Des considérations puissantes unissent sur plusieurs points importans la France et l'Autriche. Les deux Cours doivent mettre un grand prix à empêcher que le cabinet de Pétersbourg ne reste maître du duché de Varsovie.

L'Autriche, par l'intérêt de sa sûreté, la France, par le seul intérêt de la justice, ne peuvent que s'opposer également à ce que la Prusse entre en possession de la Saxe ou même d'une partie du territoire de cet État.

Diverses raisons, mais notamment la possession d'un littoral assez étendu sur l'Adriatique, en associant la Cour de Vienne à la cause des nations commerçantes, lui donnent aussi un intérêt commun avec la France contre l'Angleterre.

La Russie et la Prusse ne peuvent manquer d'être d'accord avec la France pour entraver l'agrandissement de l'Autriche en Allemagne, et mettre obstacle au rétablissement d'un ordre de choses qui lui rende une influence exclusive sur le corps germanique.

Les rapports antérieurs de puissance entre les grands États européens ayant cessé d'être les mêmes, il n'est pas impossible que ce ne soit, dans des circonstances données, un acte de sagesse de la part du gouvernement français, malgré toutes les préventions d'ancienne ou de nouvelle origine, de se rapprocher de la Cour de Vienne d'une manière plus ou moins intime. Il est bon, peut-être, de jeter aujourd'hui les yeux sur la possibilité de cette chance, pour que la routine cesse de faire loi, et que, dans le moment du besoin, la raison d'état ne soit pas obligée de céder au préjugé et à l'habitude.

CHAPITRE IV.

PRUSSE.

Il en est du sort des États comme de celui des particuliers. Si les gouvernemens sont, pour la plupart, condamnés à se trouver heureux de pouvoir se maintenir dans leur état primitif, on en voit quelques-uns qui, s'indignant de languir dans une position subalterne, s'élancent hors du cercle de leurs égaux, pour devenir bientôt leurs maîtres, et aller prendre place parmi les puissances qui, de temps immémorial, occupent les premiers rangs dans la famille européenne. Telle a été particulièrement la destinée de la maison de Brandebourg. Cette destinée brillante est l'ouvrage de l'habileté de quelques princes de cette maison, et de la persévérante ambition de tous. Son premier moment d'éclat fut le règne de celui de ses souverains que l'Europe honore justement sous le nom de grand électeur. Frédéric III, en prenant le titre de roi, avec le nom de Frédéric Ier, imposa à ses descendans l'obligation d'élever leur pays, et de s'élever eux-mêmes à la hauteur du rôle auquel ils s'étaient crus appelés. C'est la remarque qu'a faite celui d'entr'eux qui a le mieux rempli cette glorieuse vocation.

La Prusse, en recevant de la Suède déchue la mission de lutter en Allemagne contre la puissance de l'Autriche, aurait dû, par cette seule raison, se trouver liée à la France. Les deux Cours cependant ont presque toujours été étrangères l'une à l'autre. Lorsque Frédéric Ier, non content du *bonnet d'électeur,* plaça lui-même sur son front la couronne royale, c'est par la jonction de ses troupes à celles des ennemis de Louis XIV, qu'il paya sa légitimation en cette qualité. Pendant près de quarante ans, la Prusse prépara en silence les élémens de sa grandeur. Frédéric II parut, et créa, pour ainsi dire, une seconde fois sa nation et sa famille. La population prussienne que doublèrent, sous son règne, l'acquisition de la Silésie, et le premier partage de la Pologne, fut augmentée encore par le dernier partage de ce royaume, sous le règne de Frédéric Guillaume II.

L'un des effets naturels d'un accroissement aussi rapide a été de donner à cette nation une haute idée d'elle-même, et son orgueil a été ensuite une des causes de la ruine momentanée dont elle se relève en ce moment avec tant d'avantage. Quelles qu'aient été les raisons qui ont presque toujours séparé les Cours de France et de Prusse, il n'y a eu pour elles, dans l'espace d'un siècle, que deux courts instants pendant lesquels on les ait vues d'accord sur un même objet, dans la première guerre contre Marie-Thérèse, et à Teschen. Encore la France dans cette dernière conjoncture ne parut-elle que pour la négociation, tandis que Frédéric II y joignait des démonstrations menaçantes. On ne parle point de l'alliance éphémère de 1812, exigée par la force, souscrite par la faiblesse, et dont une éclatante défection a été le digne dénoûment.

La position hasardeuse où se trouva Frédéric II lui apprit à se suffire à lui-même : dans les crises les plus difficiles, il n'eut d'alliance qu'avec un seul gouvernement à la fois. Ce fut d'abord nécessité : on en a fait ensuite un système. De 1741 à 1745, la Prusse n'eut qu'un allié, la France; depuis 1756 jusqu'en 1763, que l'Angleterre; depuis 1764 jusqu'en 1788, que la Russie. Dans les dernières années de son règne, Frédéric II portait ses regards vers la France; mais ménageant toujours Catherine II, il ne faisait que montrer à la France le désir d'un rapprochement sans être prêt à en venir à l'exécution. La Cour de Versailles, de son côté, éclairée enfin par des malheurs sans nombre, sur les faux principes du traité de 1756, était dans les mêmes dispositions à l'égard de la Cour de Berlin. L'opinion publique était toute prussienne, et le ministère suivait d'une manière sensible le même mouvement. On ne saurait s'étonner assez du peu de confiance qu'avait alors en lui-même le gouvernement français. Il semblait qu'il ne pût exister un moment sans alliance; il semblait que nous eussions absolument besoin ou de celle de l'Autriche, ou de celle de la Prusse ; et comme Frédéric II, gêné par ses engagemens avec la Russie, ne voulait pas se mettre en avant le premier, la France de son côté, tout en désirant rompre ses relations avec la Cour de Vienne, craignait aussi de hasarder cette démarche, comme si elle eût eu les plus grands dangers à courir dans le cas où la Prusse ne se fût pas jointe à elle. Frédéric mort, on respectait encore son ombre. L'anathème prononcé par l'opinion contre l'Autriche avait popularisé parmi nous l'idée d'une liaison plus intime avec la Cour de Berlin, et le cabinet de Versailles, faible parce qu'il ne faisait pas assez usage de sa force, recherchait encore une alliance qu'il n'aurait dû accorder que comme une faveur. Cette disposition de notre part s'est soutenue long-temps. La honte même de l'expédition de Frédéric Guillaume II en Champagne, n'a pu détruire le prestige. Une fois sortie de la coalition, la Prusse parut vouloir attendre tout du bénéfice du temps et de la lassitude des autres peuples : renfermée dans la ligne de neutralité qui s'établit en 1796, elle laissa l'Autriche et la France s'épuiser dans leurs sanglantes querelles. Attentive à conserver ses troupes intactes, elle sacrifia au désir du repos les immenses avantages qu'elle aurait pu s'assurer alors en se déclarant pour le vainqueur. L'autorité, en France, était passée en de nouvelles mains. On mettait un juste degré d'importance à maintenir de bons rapports avec le gouvernement prussien, mais sans se porter envers lui à des avances déplacées, et sans lui demander rien que de ne point troubler le cours des événemens favorables pour nous, que la guerre pouvait faire naître ailleurs. Cependant cette guerre, en donnant, chaque année, quelqu'accroissement à notre territoire et plus d'éclat à nos armes, augmentait en Prusse l'inquiétude du cabinet et la jalousie de l'armée. Tant que le cercle tracé par la neutralité prussienne mit le nord de l'Allemagne à couvert de tout contact avec les troupes françaises, la Prusse vit avec une sorte d'indifférence ce qui se passait en dehors de ce cercle qu'elle regardait comme une barrière impossible à franchir; mais l'occupation du Hanover, qui, pour la première fois depuis 1757, plaçait des troupes françaises à si peu de distance de Berlin, était, pour le monarque prussien, sinon une bravade qu'il devait ressentir, du moins un avertissement qui le forçait à mesurer de plus près toute la grandeur d'un ennemi que la rapidité de ses succès et l'audace de sa politique avaient, presque sans communication préliminaire, amené à deux pas de sa capitale. De ce moment, le système adopté par la Prusse se trouvant détruit, elle flotta, plusieurs années, dans une pénible incertitude, se rapprochant et s'éloignant tour à tour du gouvernement français, toujours prête à se décider contre lui, et ramenée à une marche contraire par des événemens qu'elle n'avait pu empêcher; obligée d'agir contre des puissances auxquelles, un instant auparavant, elle aurait voulu se joindre, et recevant pour prix de son inactivité un lambeau de leurs possessions. Ainsi, en 1805, engagée envers la Russie à entrer avec elle dans la lutte qu'allait commencer l'Autriche, provoquée, en quelque sorte, par la violation presque gratuite du territoire d'Anspach, elle était sur le point d'éclater. Le délai que ménagea son cabinet pour se livrer à des explications préalables, lui donna le temps de revenir à une plus prudente détermination. Le négociateur prussien était parti pour porter au chef des armées françaises des notifications guerrières. Tandis qu'il voyage, une divinité toute-puissante, la fortune, change, comme par enchantement, les instructions dont il était porteur. A son départ, elles renfermaient des menaces : à son arrivée, il n'y trouva plus que des félicitations pour le vainqueur (1). La rapidité de notre marche avait déjà repoussé l'armée autrichienne au fond de la Moravie, et ce fut la bataille d'Austerlitz qui prépara le traité de cession du Hanover à la Prusse, et la cession de Wesel à la France.

Quoique la Prusse gagnât beaucoup en étendue de territoire, la cession d'une place qui était la clef de ses États blessa vivement l'amour-propre de la nation et de l'armée. La plaie était vive ; nos ennemis y versèrent du poison, et le mal fut

(1) Le comte d'Haugwitz, dans cette mission dont l'objet avait été hostile, mais qu'il n'acheva pas en ce sens, disait à un général français, à la nouvelle de la bataille d'Austerlitz : *Oh ! comme nous les avons battus !* C'était un compliment dont la fortune avait changé l'adresse. Ce mot est absolument celui d'un habitant d'une ville d'Italie, qui, au milieu des apparitions perpétuelles de troupes étrangères, criait toujours également *evviva*, sans savoir à qui il avait affaire, et qui, contraint de s'expliquer, ne trouva rien de mieux que de répondre : *Evviva...... che vince!*

sans remède. Tout à coup la Prusse, si timide et si réservée, passe à une autre extrémité ; elle somme la France d'évacuer sur-le-champ l'Allemagne, et se met en devoir de soutenir par la force cette brusque sommation. Un seul jour punit son imprudence, et détruisit l'ouvrage de soixante ans de travaux et d'efforts. La monarchie de Frédéric II cessait d'exister ; la gloire militaire était perdue. On peut le dire aujourd'hui sans déguisement lorsque, par un étonnant retour, cette gloire perdue a été reconquise.

Ce retour inespéré, qui rend à la Prusse et sa considération et ses États, est le résultat de son association à la Russie. Ce qu'elle a recouvré par l'appui de cette puissance, c'est par elle surtout qu'elle doit vouloir le conserver. Le mouvement est donné à sa politique. Liée au cabinet de Pétersbourg depuis 1764, elle ne s'en est séparée que quelques instans, et malgré elle : quand même son penchant pour cette alliance ne se serait pas déjà prononcé d'une manière remarquable, il devrait se déclarer aujourd'hui par suite de l'influence que ce cabinet a obtenue sur les affaires générales. Ce n'est véritablement que dans les deux dernières campagnes que l'Europe a bien appris à connaître la puissance de la Russie, puissance qui résulte sans doute de la totalité de ses moyens en tout genre, mais qui subsisterait encore par l'immensité seule de sa cavalerie légère. Un pays ouvert de toutes parts, comme la monarchie prussienne, ne peut point se rendre indépendant d'un voisin redoutable qui, en dirigeant sur ses provinces une de ces nombreuses nuées de cosaques dont il dispose, peut lui causer en vingt-quatre heures des dommages que réparerait à peine un demi-siècle de patience et d'économie. Ainsi l'union des cours de Pétersbourg et de Berlin, si bien affermie d'ailleurs en ce moment par les sentimens personnels des deux monarques, n'est point attachée à la durée de leur affection ou de leur vie. Il est presque impossible d'imaginer des circonstances qui dussent porter la Prusse à la rompre. Dans cet état, elle se trouve avoir peu besoin de l'alliance française; et si, contre le système habituel de son cabinet, qui se contente d'un seul allié, il pouvait lui convenir de former des liaisons étroites avec nous, cette alliance, qui serait toujours subordonnée à celle de la Russie, ne présenterait point à la France d'avantages suffisans pour l'y déterminer. La nature de nos rapports avec la Prusse doit, en grande partie, dépendre de notre position à l'égard de la Russie, et le cabinet de Berlin ne peut être considéré, pour long-temps du moins, que comme l'avant-garde de celui de Pétersbourg.

Une circonstance nouvelle vient encore s'opposer à la formation de liens intimes entre la Prusse et la France. La Prusse était précédemment pour nous un allié naturel dans toute la force du sens donné à cette expression, et cependant elle n'a été engagée envers la France par une alliance effective que dans la guerre dont le but était, pour Frédéric II, d'arracher la Silésie à l'Autriche, et pour nous, d'assurer la couronne impériale à l'électeur de Bavière. Aujourd'hui la Prusse se dépouille même des conditions qui nous la montraient sous le point de vue avantageux d'une alliance naturelle; elle va se trouver avec nous dans une position toute différente, s'il s'établit sur la rive gauche du Rhin un contact plus ou moins étendu entre ses possessions et les nôtres. On ne peut se dissimuler que c'est un motif d'inquiétude pour l'avenir que de voir une grande puissance prendre dans notre voisinage la place des États ecclésiastiques et des autres petites principautés qui, si la totalité de ce territoire ne devait pas nous appartenir, s'y trouvaient utilement interposés pour le repos de la France et de l'Allemagne.

Le seul point de concordance qui existe pour

nous avec le gouvernement prussien est dans la communauté d'intérêt que nous avons à empêcher le rétablissement de la domination de l'Autriche sur les souverainetés germaniques, comme à restreindre les acquisitions auxquelles le cabinet de Vienne peut prétendre. C'est surtout pour la Prusse qu'il est important que l'on ne revienne point sur ce qui a été fait, et que toutes choses soient d'abord remises pour elle sur le pied où elles étaient par suite du partage des indemnités de l'Empire. C'est pour elle surtout que les divers changemens opérés en Allemagne laisseront des résultats utiles. Après s'être vengée du mal direct qui lui a été fait, elle profitera du mal qui a été fait aux autres. Ainsi dans le moment où, non contente d'avoir repris sur la rive gauche du Rhin les principautés de Gueldre et de Clèves, elle cherche encore à s'étendre sur cette rive, elle entend bien assurément ne point renoncer à ses droits nouveaux sur la riche dotation en principautés ecclésiastiques, villes impériales et autres possessions qui lui ont été données pour dédommagement des pays qu'elle avait perdus et que maintenant elle a recouvrés. C'est un commerçant qui reprend ce qu'il avait livré, et qui en même temps conserve le paiement qu'il en avait reçu. Ces possessions, acquises par la Prusse en vertu du recès de la diète de Ratisbonne, étaient autant d'immenses enclaves qui coupaient la longue étendue du territoire de cette monarchie. Par l'acquisition de tout ce qui se trouvait entre ses divers embranchemens, elle s'était dégagée de la gênante intercallation de possessions étrangères. Des indices récens autorisent à croire que le gouvernement anglais veut arracher quelques cessions à la Prusse pour arrondir le royaume de Hanover; mais en revanche, il paraît que ce gouvernement cherche à l'en faire dédommager aux dépens de la Saxe, en sorte que les possessions prussiennes n'éprouveraient point en effet de diminution. On conçoit combien il importe à la Cour de Berlin que les acquisitions faites à titre d'indemnité restent aux états qui les avaient obtenues. On conçoit de même combien dans l'état nouveau de consistance qui lui est rendu, elle doit ne plus vouloir reconnaître ni empire germanique, ni chef de cet empire dans la maison d'Autriche. La France n'est sur ce point qu'un auxiliaire, tandis que la Prusse figure comme partie principale. On ne peut pas espérer qu'elle mette le même prix à empêcher les acquisitions de l'Autriche du côté de l'Italie.

Quant à l'Angleterre, nous ne devons attendre, pour le moment du moins, aucuns concours d'action contre elle de la part du cabinet prussien, ce cabinet n'ayant point d'intérêt présent qui lui en fasse une nécessité; mais on ne peut douter qu'il ne s'élève un jour des contestations entre les Cours de Berlin et de Londres. Si ce ne fut point par un mouvement spontané que la Prusse, en 1800, entra dans la convention qui fut alors conclue pour le maintien des principes de la neutralité maritime, il est permis de prévoir des circonstances où elle sera tentée de revenir à ces principes, non pas en effet peut-être pour assurer l'indépendance d'un pavillon dont l'honneur la touche faiblement, mais pour avoir un motif d'agrandissement continental.

Ce n'est pas peut-être un précieux avantage pour l'Angleterre que le recouvrement du pays d'Hanover dont elle était dépossédée depuis près de douze ans, et qui, dans cet intervalle, a passé sous le joug de différens maîtres. Le caractère de propriété a été, pour ainsi dire, détruit par ce changement. Un droit même temporaire laisse toujours après lui, lorsqu'il cesse d'exister, des prétentions qui, pour se reproduire, n'attendent que des circonstances favorables. De ces maîtres successifs, le seul qui reste, celui chez qui le goût de posssesion aura été le plus vif, et renaîtra le plus aisément, c'est le gouvernement prussien. L'intimité de liaisons momentanées ne fait point disparaître les germes d'opposition qui existent dans la nature des choses, et si les intérêts particuliers se taisent, pour un temps, devant des intérêts plus graves, communs à plusieurs puissances, la voix des intérêts privés se fait entendre de nouveau, lorsque le but a été atteint ou que d'autres incidens donnent à la politique des Cours une autre direction. Laissons se refroidir la chaleur des relations des Cours de Londres et de Berlin : laissons s'amortir le feu des passions allumées contre nous, et nous verrons bientôt le cabinet prussien reporter un œil avide sur ce territoire dont la position incommode coupe ses possessions, et dont l'administration si différente de la sienne forme une sorte d'excrescence aristocratique qui jette un vernis odieux sur la rigueur du gouvernement prussien et sur sa fiscalité. Cette disposition envieuse de la Cour de Berlin se réveillera nécessairement quand la fièvre actuelle sera un peu calmée.

Résumé. — La Prusse, quoique appelée autrefois à être l'allié naturel de la France, ne l'a été effectivement pendant plus d'un siècle que l'espace de quatre à cinq années.

Elle a pour système de n'avoir qu'un allié à la

fois, et, depuis cinquante ans, elle donne la préférence à l'alliance de la Russie.

Dans l'état actuel de l'Europe, le cabinet de Berlin entre, comme poste avancé, dans le système de celui de Pétersbourg. L'amitié des deux souverains affermit cette intimité. La politique la conseille, et la conseillera encore long-temps au gouvernement prussien.

En s'étendant sur la rive gauche du Rhin, la Prusse, devenue limitrophe de la France, cesse d'être pour nous un allié naturel; et d'ailleurs, comme sa politique demeurera subordonnée à l'influence de la Russie, il ne conviendrait point à la France de former des liens dont la durée ou la rupture dépendraient de la volonté d'une tierce puissance.

Le seul point de concordance que nous ayons avec la Prusse est dans l'intérêt commun qui nous porte à entraver l'Autriche en Allemagne.

Pour le moment, nous n'avons à attendre aucun concours de la Prusse contre l'Angleterre; mais l'avenir offre sous ce point de vue des chances plus avantageuses.

Si les diverses considérations précédentes ne permettent pas de croire qu'il puisse se former des connexions bien étroites entre la Cour de France et celle de Berlin, on voit que ce n'est pas sans motif, qu'en traitant la question de nos rapports avec l'Autriche, on a présenté comme pouvant n'être pas à rejeter, en de certaines circonstances, l'idée, sinon d'une alliance, du moins d'un concert plus ou moins intime avec la Cour de Vienne.

CHAPITRE V.

DANEMARCK.

La position délicate dans laquelle le Danemarck se trouve aujourd'hui est une suite du changement opéré dans tous les rapports qui subsistaient antérieurement entre les diverses puissances, changement dont il appartenait à la fortune seule de déterminer l'avantage ou le danger. Depuis près d'un siècle, le Danemarck n'avait point été l'allié de la France, et le dernier pacte de cette nature, qui eût uni les deux nations, était le traité défensif de 1727, également commun à l'Angleterre. Il faut remonter au XVIe siècle pour trouver des traités d'alliance fréquens entre les Cours de Versailles et de

Copenhague. Ces traités stipulaient presque tous un paiement de subsides de notre part. Après avoir combattu avec nous dans la guerre de trente ans, le Danemarck entra dans plusieurs guerres contre Louis XIV, mais sans être jamais pour la France un ennemi acharné ni dangereux. Dans le XVIII⁰ siècle, ce gouvernement a été presque étranger aux guerres continentales, et ses relations avec la Grande-Bretagne l'ont maintenu en paix pendant les guerres maritimes. Des liens de famille l'ont plus récemment attaché à la Russie; en sorte que cette puissance n'existait pour nous que comme nation commerçante. Sous ce point de vue, le gouvernement français n'a jamais eu à s'en plaindre. Le ministre qui ouvrit en France presque toutes les sources de la prospérité publique, Colbert, fonda une compagnie du nord pour le commerce de la Baltique, et, par des stipulations de prévoyance, obtint un règlement avantageux du tarif des droits à payer au passage du Sund et des Belts. La prorogation de ce traité avait été le seul lien qui nous unit au Danemarck jusqu'à l'époque de la révolution française. En 1780, la cour de Copenhague avait accédé aux principes de la neutralité maritime. La proclamation de ces principes qui n'étaient que l'expression de ceux des long-temps adoptés par la France, avait été un événement agréable pour notre cabinet.

Dans le période qui vient de finir, le gouvernement de Danemarck est celui dont la conduite a semblé être le plus conforme à ses vrais intérêts. Si ce pays n'en a pas été moins malheureux, s'il l'est surtout en ce moment, c'est la faute du sort et non celle de son souverain. Le Danemarck a refusé d'entrer dans les diverses coalitions formées contre nous. Il n'est maintenant douteux pour personne que, si la France eût été vaincue dans le cours de son existence comme république, elle ne dût s'attendre à un démembrement. Quel intérêt y aurait eu le Danemarck ? L'autorité qui régnait alors à Paris avait accordé liberté et protection au commerce danois. La raison prescrivait à ce gouvernement le parti de la neutralité. Lorsqu'en 1800 Paul Ier, dans ses boutades contre l'Angleterre, fit revivre la convention maritime de 1780, la cour de Copenhague qui prévoyait les suites d'un acte nouveau d'adhésion à ces principes, et qui d'ailleurs pouvait craindre un brusque changement dans les idées de Paul, résista d'abord aux instances de ce prince ; mais à la fin elle fut obligée de céder à ses menaces. Ce système adopté, elle le soutint avec courage : fidèle à ses engagemens, fidèle à son honneur comme à la défense de ses droits, dans le moment même où la mort de Paul Ier rompait la ligue formée sous son influence, le Danemarck expiait son héroïque dévoûment par le bombardement de sa capitale. Sept ans après, un acte plus extraordinaire, un de ces actes que le ministère britannique n'hésite jamais à se permettre quand un grand avantage y est attaché, en laissant d'ailleurs aux membres de l'opposition le soin d'en caractériser hautement l'injustice, l'invasion de Copenhague sans déclaration de guerre préalable et l'enlèvement de la flotte danoise frappèrent l'Europe entière d'un étonnement et d'une indignation que des attentats plus récens, mais du moins commis en temps de guerre, ne peuvent encore faire oublier. Après de si indignes traitemens, le Danemarck devait-il encore quelques ménagemens à l'Angleterre? Quand même telle eût été son intention, placé comme il l'était sous la main de la France, ses mouvemens n'étaient plus libres, et il n'a pu être qu'un instrument de la nécessité. En 1811, lorsque l'Europe presqu'entière marchait sous les drapeaux du chef du gouvernement français, la Cour de Copenhague, dont toutes les possessions en terre ferme étaient à notre discrétion, dut être entraînée dans le mouvement général. Qui oserait dire que jusque-là il y eut dans la conduite de cette Cour une seule démarche dont les puissances alliées soient fondées à lui faire un reproche ?

Le seul grief qu'elles aient contre elle porte ainsi sur le refus qu'elle a fait de se joindre à celles qui étaient seules sous les armes avant l'ouverture de la campagne de 1813, l'Angleterre, la Russie, la Prusse et la Suède. Les événemens militaires qui amenèrent l'armistice signé le 4 juin attestaient encore la sagesse de cette conduite. C'est donc à cette époque qu'il faudrait placer le délit de la Cour de Copenhague, et ce délit serait dans le traité qu'elle a conclu avec le gouvernement français le 10 juillet de la même année 1813. D'abord on pourrait faire remarquer que les troupes françaises occupaient la Silésie ; que toute la confédération du Rhin était encore dans nos rangs ; que l'Autriche ne s'était point déclarée, et qu'enfin, si les négociations de Prague venaient à échouer, le début brillant de la campagne devait donner de fortes présomptions en faveur de son heureuse issue. Ce premier moyen de justification ne serait pas inadmissible sans doute ; mais il en est un beaucoup plus puissant dont il est impossible de méconnaître la solidité. Quelle était la position précise du Danemarck ?

Deux alliances lui étaient proposées : dans un moment, où le doute était au moins permis à l'égard des résultats de la guerre, l'une de ces offres d'alliance portait comme condition, *sine quâ non*, la cession de la Norwège à la Suède, c'est-à-dire, la cession du tiers de la population danoise, et promettait pour indemnité un équivalent à prendre dans des contrées qu'il fallait conquérir. Dans l'autre proposition, la base du traité était pour la Cour de Copenhague la garantie de l'intégrité de ses possessions. On le demande à tout homme de bonne foi, était-il au pouvoir de cette Cour d'hésiter entre des offres si différentes? L'armistice se rompt, d'éclatans succès légitiment d'abord le parti qu'elle a adopté; mais bientôt la fortune change, et l'armée française se retire avec précipitation sur le Rhin : cependant on négocie encore. Le Danemarck se prête à des sacrifices. Il consent à céder une portion de la Norwège : ce n'est pas assez ; c'est le royaume de Norwège dans sa totalité qu'on lui demande, et il s'y refuse. Quelques mois plus tard, le sacrifice tout entier est indispensable : il s'y soumet. L'Angleterre de son côté, l'Angleterre qui fait trafic de la paix, et qui ne l'accorde qu'autant qu'elle peut la vendre, insiste pour avoir des établissemens dans la mer du Nord et même dans la Baltique, et le Danemarck est encore obligé d'en faire les frais. Tel est l'état où est tombé un gouvernement auquel on ne peut imputer d'autre tort que celui d'avoir voulu conserver ce qui lui appartient. Aujourd'hui, il s'agit de régler l'indemnisation à laquelle il a droit de prétendre pour les cessions qu'on a exigées de lui. Il est sensible que c'est un devoir sacré pour la France de concourir à lui procurer une indemnité qui puisse le consoler de ce qu'il a perdu. Nos relations avec cette puissance se rétabliront d'elles-mêmes, non sur le pied d'une alliance qui, par sa nature, ne pouvait être que temporaire, mais sur un pied parfaitement amical, ainsi que le commande l'intérêt réciproque de tous les peuples qui ont un commerce et qui sont jaloux d'en maintenir les droits. Sans doute la Cour de Copenhague va être, dans le premier moment, courbée sous le bras de fer de l'Angleterre, établie maintenant jusqu'à ses portes ; mais le résultat de l'oppression est de faire plus vivement sentir le besoin de l'indépendance. A force de vouloir être partout, l'Angleterre ne pourra être partout à la fois avec des moyens suffisans pour y donner la loi.

Ses fers trop étendus se relâchent d'eux-mêmes.

Un jour viendra nécessairement où la Russie,

qui a si fortement contribué à l'accroissement de la domination britannique, se repentira de lui avoir donné accès dans une mer close, qui devrait appartenir également aux nations situées sur ses rives, ou qui, si elle est destinée à avoir un maître, devrait du moins n'en point reconnaître d'autre que la plus puissante de ces nations. En attendant cette époque, qui peut n'être pas très-éloignée, il nous suffit de donner à nos rapports commerciaux avec le Danemarck le plus d'activité qu'il sera possible, de lui offrir nous-mêmes tous les avantages dont nous n'avons point à souffrir, et d'obtenir de lui, en échange, tous ceux qu'il pourra nous accorder sans aller jusqu'à se compromettre avec l'Angleterre.

CHAPITRE VI.

SUÈDE.

Tandis que le Danemarck, qui n'avait jamais eu que des rapports peu intimes avec nous, et qui depuis long-temps, au contraire, appartenait au système de l'Angleterre et de la Russie, paie, par la perte de la Norwège, un moment d'alliance avec le gouvernement français, la Suède, qui, à titre d'allié, recevait nos subsides depuis plusieurs siècles, obtient, pour nous avoir abandonnés à propos, plus que le tiers des États danois.

C'est surtout en considérant la persévérance de la libéralité de la France à l'égard de la Suède, que l'on peut admirer, comme j'en ai déjà fait l'observation ailleurs, jusqu'à quel point était portée dans le cabinet français la puissance de la routine. On ne saurait concevoir par quel étrange aveuglement nous nous sommes obstinés à voir encore dans la Suède, presqu'anéantie après les revers de Charles XII, le même État, qui, sous Gustave Adolphe, avait fait trembler l'Allemagne. En nous assurant de la Cour de Stockholm par l'exactitude d'un paiement régulier, nous avons toujours cru avoir un point d'appui formidable dans le nord. Nous avons mis une incroyable importance aux querelles des partis des *bonnets* et des *chapeaux*, et notre ministère s'est enorgueilli, comme d'un admirable coup d'état, d'avoir, en 1772, concouru à élever l'autorité royale sur les ruines de la liberté de la nation suédoise. Ensuite, quand il a été en notre pouvoir de retirer quelque fruit de nos sacrifices, c'est nous qui nous sommes refusés à l'occasion qui nous en était offerte. Dans le seul moment où la Suède ait embrassé un parti qui pouvait avoir pour nous des résultats avantageux, l'esprit pacifique de notre cabinet a cherché à l'en détourner. Si l'audacieuse expédition de Gustave III contre la Russie, en 1788, n'eût pas été plutôt le coup de tête d'un monarque qui veut faire du bruit qu'une opération destinée à sauver la Turquie, la Suède eût joué alors le rôle dont n'osaient se saisir les grandes puissances ; rôle qui eût appartenu à Joseph II, s'il ne se fût pas laissé prendre aux piéges de Catherine ; rôle dont se serait sans doute chargée la France, sans la peur extrême qu'elle avait de sortir de l'état d'inertie où elle sommeillait alors. C'était, dans cette circonstance, l'Angleterre qui excitait la Suède à s'élancer brusquement sur Pétersbourg, tandis que la France plaidait la cause d'un gouvernement dont toutes les forces accablaient, dans ce même temps, l'un de nos plus anciens alliés, la Porte Ottomane. Lorsque Gustave III venait de risquer cette tentative hardie qui pouvait réussir, si elle eût été mieux dirigée, il ne dissimulait pas la frivolité des motifs qui la lui avaient fait entreprendre ; et il disait gaiement que, s'il n'avait pas été roi de Suède, il n'aurait pas été *si mauvaise tête*. Cette remarque serait superflue et oiseuse, si un exemple nouveau d'une témérité plus inopportune encore, en occasionnant le détrônement de Gustave IV, n'avait confirmé le péril de ces singularités systématiques dont les rois de Suède lèguent l'héritage à leurs sucsesseurs. Dès l'année 1802, ce dernier avait donné un échantillon de son orgueil héréditaire, en élevant une discussion très-vive avec la Russie pour la couleur d'un pont, et même en se permettant des voies de fait qu'un prince, moins modéré que l'empereur Alexandre, n'eût pas laissé impunies. Cette imprudente présomption prit le caractère de la démence, lorsqu'après la paix de Tilsit, Gustave, d'auxiliaire qu'il était de la Russie et de la Prusse, devenant leur ennemi, provoqua la lutte ridicule qui lui fit perdre la Finlande. Malgré l'intérêt qu'inspire tout monarque malheureux, on ne saurait plaindre un prince dont la conduite a paru tendre constamment à justifier l'acte nécessaire qui lui a enlevé sa couronne. La cour de Stockholm s'est trouvée, depuis cette époque, dans une position fort embarrassante. Il est à présumer que plus de ménagemens de la part du gouvernement français aurait pu la maintenir dans son ancien système. Une conduite contraire la jeta dans les bras de la Russie. On n'a peut-être pas assez remarqué de quelle utilité fut pour cette puissance son accord avec la Suède. C'est par suite de cet accord que la Russie put dégarnir de troupes la Finlande et les environs de Pétersbourg. Ce fut l'arrivée de ces troupes qui sauva Riga, dont la perte était prochaine, et qui permit d'envoyer des renforts au général Wittgenstein. Ce fut à l'aide de ces renforts que ce général se maintint sur la Dwina, et se trouva ensuite en mesure de harceler l'armée française dans la retraite de Moscou.

La Russie semble avoir vivement senti ce service, si l'on doit en juger par le vif intérêt qu'elle a mis à en procurer à la Suède une ample récompense : ce but, auquel le cabinet de Stockholm tendait depuis long-temps, l'acquisition de la Norwège, c'est pour prix de sa défection envers la France qu'il l'a obtenu, et c'est par la Russie que le Danemarck, lié depuis long-temps à son système, est sacrifié à la Suède qui avait toujours figuré dans un parti contraire. Ainsi les passions du moment détruisent tout souvenir des longues amitiés et des anciens services, et l'ami de date nouvelle reçoit de nos mains la dépouille de celui qui, long-temps fidèle à notre destinée, n'a été écarté de nous un instant, que par la force de la tempête. Quoi qu'il en soit des causes qui ont fait entrer la Suède dans l'alliance de la Russie, l'événement n'a point trompé son espérance. Cet événement, au reste, ne nuit point au rétablissement de nos rapports avec la Cour de Stockholm, et peut-être même ne servira qu'à les rendre plus utiles pour nous. Cette Cour, que la possession de la Finlande obligeait autrefois à ménager la Russie, se trouve en quelque sorte plus indépendante aujourd'hui par l'acquisition d'une population à peu près égale à celle qu'elle avait perdue, mais répartie sur un territoire qui ne forme avec la Suède qu'une masse compacte et presqu'indivisible. Il est très-probable que le gouvernement suédois ne demandera pas mieux que de se rapprocher de la France. Son intérêt doit le ramener vers nous, et le nôtre nous portera de même à renouer avec lui nos anciennes relations. Les traités, conclus dans une guerre dictée par la haine, perdent de leur force quand cette haine n'a plus d'aliment. Bientôt peut-être la Suède sentira de poids le l'alliance de la Russie et de l'Angleterre, et elle cherchera dans l'amitié de la France la garantie de ses droits sans cesse menacés par ces deux puissances. Sans mettre, comme autrefois, un prix exagéré à une liaison politique dont les avantages ne répondaient pas à notre attente, la France peut laisser agir le temps, et se contenter, pour le moment, de rétablir avec la Suède des rapports commerciaux, dont l'utilité n'est pas douteuse, sauf à entrer ultérieurement dans les arrangemens d'une autre nature que viendrait à réclamer l'intérêt réciproque des deux gouvernemens.

CHAPITRE VII.

HOLLANDE.

Parmi les événemens extraordinaires dont nous sommes témoins, l'un des plus remarquables sans doute est le retour de la Hollande à une existence indépendante. Le rétablissement de la maison de Nassau dans ce pays, sous un nouveau titre et avec des attributions nouvelles, présente en même temps un de ces spectacles inattendus qui trompent tous les calculs de la raison humaine. S'il est un prince qui dût avoir renoncé à l'espoir d'un événement semblable, c'était le prince d'Orange. Il devait croire que, pour cette fois, l'abolition du stathoudérat était un arrêt sans appel. Indemnisé en Allemagne par l'acquisition de la principauté de Fuld, lorsqu'il avait vu la république batave se changer en royaume, et ce royaume en une province intégrante de l'empire français, il lui eût été difficile de prévoir que ce serait des mains de la France que retournerait vers lui le droit de souveraineté, et que le résultat de toutes les mutations qu'avait subies la forme du gouvernement hollandais serait de transférer à sa famille un degré de puissance que ses longues querelles avec les Etats n'avaient pu lui faire obtenir. Le gouvernement des Provinces-Unies, lorsque sa politique a été dirigée par la maison d'Orange, n'a presque jamais eu que de courts momens d'intimité avec la France. Ce n'était que dans les intervalles de l'abolition du Stathoudérat, ou de l'affaiblissement de l'autorité du Stathouder, que nos relations avec ce pays avaient eu quelque consistance. L'Angleterre, profitant avec adresse de la mésintelligence du Stathouder et des États, était parvenue, il y a une trentaine d'années, à réduire à une sorte de nullité les forces navales de la Hollande, et à exciter Guillaume V à chercher dans la formation d'une armée de terre plutôt des moyens d'agression contre les droits des États, que des moyens de défense contre des attaques étrangères qu'elle n'avait point à craindre. Cependant, même à cette époque où le cabinet de Saint-James régnait à la Haie, la France, par les seul désir de maintenir la paix en Europe, payait de ses propres deniers le rachat des prétentions qu'avait formées l'Autriche en 1784, et conservait à la Hollande, entr'autres avantages, la clôture de l'Escaut, Maestricht, Venloo et ses dépendances. Le paiement de 4,500,000 fl. dont la cour de Versailles s'était chargée, continuait à s'acquitter encore lorsque le peu de crédit qu'elle avait repris à La Haye lui échappa entièrement. Les démarches que nous avions hasardées pour faire prévaloir le parti patriotique, n'étant point soutenues par des forces réelles, ne firent qu'amener, à la honte de notre faiblesse, l'invasion prussienne en 1787, la confirmation de la dictature du Stathouder, et l'asservissement complet des Provinces-Unies aux cours de Londres et de Berlin.

Lorsque les premières guerres de la révolution amenèrent la conquête de la Belgique et ensuite sa réunion à la France, la destinée de la Hollande était inévitable : le sort de ce pays devait se lier à celui de la France, et se trouver associé aux mêmes vicissitudes. Aujourd'hui nous avons perdu ce que nous avions acquis, et même cette Belgique, la première comme la plus juste de nos acquisitions. Quoique le public ne connaisse pas encore de traités qui aient déterminé la destination de ce beau pays, nous voyons le prince d'Orange y exercer tous les droits de la souveraineté, en sorte qu'il est à prévoir que la Hollande va se trouver en état de contiguité avec notre territoire.

Quel doit être l'effet de ce changement de frontière ?

De trois voisins qu'avait autrefois la Hollande, il ne lui en reste plus que deux, la France et la Prusse. Unie à la maison de Brandebourg par la reconnaissance et par des alliances multipliées, la maison d'Orange va se trouver dans la dépendance absolue du gouvernement prussien, dépendance qui, n'ayant rien de pénible sous le règne de Frédéric-Guillaume III, ne fera que s'affermir mieux au profit de ses successeurs. Cette maison doit, en outre, s'attacher encore d'autant plus étroitement à la cour de Berlin que ses plus grandes inquiétudes seront toujours du côté de la France, quelle que puisse être la modération de notre gouvernement. C'était la force qui nous avait soumis le Brabant et la Hollande; c'est la force qui nous enlève l'un et l'autre : mais la rive gauche du Rhin nous a appartenu vingt ans. Une possession de vingt années, même détruite par des événemens nouveaux, laisse, sinon des titres, du moins des prétentions et des souvenirs. Fidèle à ses engagemens et occupée à guérir ses plaies intérieures, la France sans doute ne songera point à troubler le repos des Etats limitrophes; mais l'inquiétude de la Hollande n'en est pas moins naturelle, et la Prusse, dont elle est disposée à subir l'influence, lui doit en retour sa protection.

Un second appui, ou si l'on veut, un second maître pour la maison d'Orange sera l'Angleterre. On doit s'attendre à voir les cours de Berlin et de Londres se disputer la domination sur la cour stathoudérienne. La présence des troupes anglaises dans la Belgique rend aujourd'hui l'ascendant de ce dernier gouvernement plus sensible. Au reste cette circonstance ne peut être que passagère, et d'ailleurs la marine de l'Angleterre n'a pas besoin de ce supplément de moyens. On voit qu'il n'y a point de probabilité pour la France de former avec la Hollande aucune autre relation que celle qui ne contrariera en aucun sens les vues de l'Angleterre et de la Prusse. Il n'est qu'une seule chance qui puisse rapprocher de nous le gouvernement hollandais, ce serait celle de quelques discussions entre Berlin et Londres par suite d'un conflit territorial ou de quelques entraves mises à la navigation prussienne.

Le protectorat de la Prusse, à l'égard de la Hollande, n'aura de véritable inconvénient pour nous qu'autant qu'il sera incomplet et partagé. Il nous convient, non-seulement de n'y point mettre obstacle, mais même de le favoriser. Si nous ne pouvons pas empêcher que la Hollande se soumette à l'ascendant du cabinet prussien, il serait avantageux pour nous qu'elle n'en reconnût point d'autre : il nous importerait, par exemple, que ce protectorat s'étendît jusqu'à la dispenser de l'obligation de prendre part aux guerres dans lesquelles se trouvera engagé le gouvernement anglais. Cette indépendance, sans laquelle la Hollande ne sera plus qu'une province britannique, il est au pouvoir du cabinet de Berlin de la lui assurer. Le moyen en existe de nouveau à sa disposition, et ce moyen est la menace de l'occupation du Hanover.

La paix étant pour toute nation commerçante et surtout pour la Hollande le premier des besoins, le premier de ses vœux doit être d'en obtenir la garantie de la part de la Prusse. Nous ne pouvons nous-mêmes que le désirer pour son intérêt comme pour le nôtre.

Malgré les craintes que le prince d'Orange aura toujours du côté de la France, il n'est pas invraisemblable que bientôt il ne désire entrer avec le gouvernement français dans des arrangemens particuliers sous le rapport des intérêts commerciaux de la Hollande. Les princes d'Orange voyaient jadis un ennemi dans la Cour de Versailles, parce que la politique de notre cabinet s'était constamment opposée à l'augmentation de leur pouvoir, et avait toujours soulevé un parti contre eux. Cette cause de dissidence est détruite par la nouvelle forme de gouvernement que la Hollande vient d'adopter. La lutte intérieure entre le prince et les états n'ayant plus d'aliment, le prince n'est plus obligé d'agir, par un intérêt de famille, dans un sens contraire à l'intérêt des peuples. Ces deux intérêts, aujourd'hui d'accord, rechercheront également l'amitié d'une nation de laquelle il dépend d'accorder ou de refuser tant d'avantages au commerce hollandais.

Il résulte de ces diverses observations,

Que, pour un temps encore indéterminé, la Hollande sera nécessairement subordonnée aux Cours de Londres et de Berlin;

Que l'acquisition de la Belgique ne permettant pas au gouvernement hollandais d'être sans inquiétude du côté de la France, si ce gouvernement ne peut pas entrer dans notre système, il nous importera du moins de le soustraire à l'Angleterre pour le laisser, de préférence, dans la dépendance exclusive de la Prusse;

Que les motifs qui rendaient la maison d'Orange ennemie de la France ayant cessé, les princes de cette maison ne peuvent plus avoir aujourd'hui d'autres intérêts que ceux de la nation hollandaise, et qu'ainsi par suite des concessions avantageuses qu'il dépend toujours de nous de faire au commerce de la Hollande, nous pouvons nous ménager aussi quelque crédit sur elle, en attendant que d'autres circonstances fassent naître d'autres combinaisons.

CHAPITRE VIII.

ÉTATS D'ALLEMAGNE

QUI COMPOSAIENT PRÉCÉDEMMENT LA CONFÉDÉRATION DU RHIN.

L'IDÉE première de la formation d'une ligue germanique sous le nom de Confédération du Rhin, aurait été un bienfait pour les puissances de second et de troisième ordre, si le mode d'exécution de ce projet n'eût changé en un moyen d'oppression et de servitude le système qui devait assurer leur indépendance. Quelques démonstrations d'égards, la création de nouveaux titres en faveur de plusieurs familles régnantes, des augmentations de territoire, l'association des Etats confédérés à nos succès et à une partie des avantages qui en étaient la suite, déguisèrent, quelque temps, ce qu'il y avait de défectueux dans le principe de l'organisation fédérale. Vainement la Prusse et l'Autriche appelaient, tour à tour, l'Allemagne à leur secours : vainement les écrivains prussiens sonnaient l'alarme de tous côtés, et faisaient retentir le grand mot de patrie allemande. Tout était fidèle à la force et à l'intérêt présent. Rien ne pouvait détacher des gouvernemens faibles du pays où ils voyaient toujours la victoire. Il fallait que la victoire elle-même leur donnât l'exemple de l'infidélité. Alors le nom de patrie allemande n'a plus été un vain nom. La guerre, déjà nationale pour la Prusse, s'est, de même, nationalisée pour les autres Etats germaniques. La contagion insurrectionnelle a gagné de proche en proche, et de nombreuses défections, tout étranges qu'elles ont pu paraître, n'ont dû étonner que les hommes qui n'avaient pas étudié l'esprit du temps et la marche de l'opinion. Des actes, qu'en d'autres époques on eût qualifiés de trahison et de perfidie, ont été mis en honneur et érigés en vertu. Les mêmes canons qui, joints aux nôtres, venaient de vomir la mort sur nos ennemis, ont été en un instant tournés contre nous, et des sujets ont dirigé leurs coups contre une armée où se trouvait encore leur roi. L'événement a tout justifié. Laissons à la postérité le soin de confirmer ou de casser sa sentence. Il suffit de faire remarquer que les princes ont moins été les moteurs que les instrumens de ce soulèvement des peuples, et que peut-être même le changement de parti ne serait un crime que pour ceux qui auraient pu persévérer dans leurs engagemens sans compromettre les destinées de leurs sujets ou leur propre existence.

Aujourd'hui, les Etats qui faisaient partie de la Confédération du Rhin, dégagés des obligations qu'elle leur imposait, comme ils l'avaient été précédemment de tous les liens de l'ancienne constitution germanique, sont rendus ou du moins devraient être rendus à l'état d'indépendance le plus absolu et le plus complet. Les stipulations récentes du traité de Paris, en proclamant de nouveau cette indépendance, portent qu'ils seront unis entre eux par un pacte fédéral; mais, lorsqu'il s'agit de délibérer sur la forme de cette union, ce sont les plénipotentiaires seuls de cinq souverains qui s'arrogent le droit exclusif d'en établir les bases. En vain les ministres des autres princes demandent à concourir à un ouvrage dont dépendent leurs destinées : leurs plaintes jusqu'à ce jour ne sont point entendues. La commission qui s'est chargée elle-même de ce grand travail, est composée de ministres délégués par l'Autriche, la Prusse, le Hanover, la Bavière et le Wurtemberg. La disproportion de puissance qui existe entre ces Etats indique suffisamment le dégré d'influence de leurs ministres respectifs. La Bavière et le Wurtemberg sont, à proprement parler, les seuls représentans de la faiblesse contre la force, si même on ne trouve pas le secret de séparer leurs intérêts de ceux de leurs co-États, en donnant aux Cours de Munich et de Stuttgard une part de supériorité politique ou territoriale sur un arrondissement déterminé. Il est évident que, par rapport à l'Autriche, à la Prusse et au Hanover, toute la difficulté consiste à régler la proportion dans laquelle ces trois gouvernemens régneront sur l'Allemagne. L'Autriche qui, par suite d'une ancienne possession, a des prétentions particulières à faire valoir, peut bien n'être pas d'accord en tout avec les deux autres puissances. Sans avoir l'espérance de recouvrer la totalité des droits attachés au titre de chef de l'empire, elle s'arme de leur souvenir afin de s'assurer un meilleur lot dans la distribution des avantages que la Prusse et le Hanover paraissent décidés à partager avec elle. Telle est aujourd'hui, d'après les pièces officielles qui ont été publiées, la marche du congrès relativement à l'organisation du corps germanique. Si cette marche, contraire aux principes de l'ancienne constitution, et même aux stipulations du traité de Paris, doit affliger tant de princes qui par là sont dépouillés de droits dont une longue jouissance promettait la perpétuité, les grands États qui n'appartiennent point à l'Allemagne ne peuvent pas non plus en rester spectateurs indifférens. La France surtout doit en être vivement frappée, elle qui a si long-temps exercé l'utile fonction de garant de la paix de Westphalie. La Russie n'a point eu jusqu'à ce jour une semblable mission ; mais tout l'appelle à entrer sous ce point de vue dans les mêmes sentimens que la France. Si l'intimité de ses rapports avec les puissances qui veulent se partager la domination de l'Allemagne, ou seulement avec quelques-unes d'entr'elles, n'enchaîne pas entièrement sa politique, elle devra faire aussi quelques efforts afin d'empêcher que la constitution qui se prépare pour le corps germanique ne soit l'arrêt de sa mort, ou du moins celui de son asservissement. Au milieu des contradictions de l'époque où nous sommes, une des plus remarquables est celle qui met entre les mains de la France la défense de ces mêmes Etats, que naguère il fallait défendre contre elle. Les princes qui devaient attendre des récompenses de la part des Cours de Vienne, de Berlin et de Londres pour leur énergique participation à l'expulsion d'un maître étranger, voient aujourd'hui leurs libertés menacées par ces mêmes Cours, et c'est dans la puissance contre laquelle ils viennent de combattre, qu'ils aperçoivent déjà leur refuge et leur soutien. Sans doute le gouvernement français doit éviter avec soin toute occasion de querelles sans utilité ; mais, quelle que soit la nature de la constitution qu'il plaira aux trois hautes puissances d'Allemagne d'imposer à leurs co-Etats, la France demeure maîtresse de sa propre conduite, et sa conduite ne peut qu'être la même dans toutes les hypothèses. Si la constitution que l'on rédige en ce moment maintient l'indépendance des Etats germaniques, le gouvernement français ne pourra que s'en réjouir. Si cette indépendance est violée, l'acte ne sera pas obligatoire pour les Etats que l'on prétendrait y soumettre : aucune autorité humaine ne pourrait empêcher la France de continuer à les regarder comme indépendans, et à traiter avec eux en cette qualité. L'un des droits les plus essentiels dont ces princes ne peuvent jamais se laisser dépouiller, est celui de se confédérer entre eux et avec les puissances étrangères. Il n'est pas possible de croire que l'un des résultats d'une guerre, fastueusement annoncée comme devant produire l'affranchissement des peuples, puisse être d'enlever aux Etats germaniques, pour prix de leur utile concours, des droits sacrés devenus imprescriptibles, et notamment celui que je viens de citer, droit capital qui leur est garanti par l'article 15 de la bulle d'or, et par l'article 8 de la paix de Westphalie. Une si odieuse spoliation serait nulle en principe, et bientôt aussi nulle en réalité, la France ni la Russie ne pouvant jamais y donner leur sanction. Nous aimons à penser, au contraire, que les sentimens les plus généreux président à la rédaction de l'acte qui doit réorganiser le corps germanique; que cet acte sera surtout conçu dans un esprit favorable aux Etats faibles, et que le triumvirat de grandes puissances n'abusera point de ses forces ; mais n'est-il pas évident que, même dans la supposition la plus heureuse, les Etats de second et de troisième ordre ont besoin de garantie contre celui des grands souverains dans le cercle duquel ils se trouveront placés ? L'effet nécessaire de l'organisation dont on s'occupe sera d'établir une sorte de patronage légal de l'Autriche, de la Prusse et du Hanover sur une clientelle déterminée. Quand même cette distribution ne serait pas réglée par des clauses spéciales, elle serait toujours inévitable. Chaque Etat inférieur retombera nécessairement sous l'ascendant de celle des trois hautes puissances dont il touche de plus près le territoire. Or, un tel ordre de choses a été, dans tous les temps, défavorable aux Etats germaniques; et peut-être le deviendrait encore plus aujourd'hui. Il leur faut donc une garantie. Cette garantie, ils ne peuvent la trouver chez aucune des trois grandes puissances d'Allemagne; car ne serait-il pas possible que toutes trois fussent d'accord pour se laisser réciproquement une liberté entière, chacune dans le rayon qu'elles auront tracé de concert entr'elles? C'est ainsi, au dehors de l'Allemagne, qu'il faut chercher un point d'appui; et où le trouver, si ce n'est à Paris et à Pétersbourg?

Si les intérêts des peuples, si les intérêts des princes et Etats d'un rang inférieur pouvaient être de quelque poids dans les déterminations des puissances dominantes, il y aurait un système bien simple à établir, système qui serait un bienfait pour l'humanité entière : ce serait que les cabinets de Vienne, de Berlin et de Londres, qui ont, comme puissances, des intérêts tout différens de ceux des Etats germaniques, au lieu de se disputer la domination sur ces Etats, prissent la généreuse résolution d'y renoncer tous trois en même temps, et de laisser se former une confédération composée d'élémens homogènes, occupée uniquement de sa conservation, et qui resterait immobile au milieu des débats présens et futurs de l'Europe. Comme il serait important ensuite que cette famille d'Etats fût placée sous une protection respectable, il faudrait que le mode en fût dirigé dans l'intérêt seul de l'association, et non dans celui de la puissance protectrice : il faudrait en conséquence que le protectorat fût déféré à des puissances qui, n'ayant point en Allemagne de possessions à y agrandir, ne pourraient avoir d'autre volonté que de maintenir chacun dans ce qu'il possède. Les deux puissances que la nature des choses, que leur position topographique, et l'intérêt général de l'Europe appelleraient à ce protectorat, seraient la France et la Russie.

Comme il est peu vraisemblable que l'Autriche, la Prusse et le Hanover, soient capables d'adopter des vues philantropiques qui, dans leur manière de voir, entraîneraient le sacrifice d'une partie de leur puissance, nous devons raisonner dans la supposition contraire, et juger les faits tels qu'ils sont déjà, ou tels qu'ils vont infailliblement se développer à nos yeux. Ces trois gouvernemens préparent une constitution pour le corps germanique, sans admettre à ce travail les dix-huit vingtièmes des membres qui composent ce corps. Quoique ce soit une violation des droits de ces derniers, la prudence veut qu'on le tolère. Soit que la constitution qui sera imposée aux Etats inférieurs respecte ou blesse leurs libertés dans leur administration intérieure, ils seront de toute manière obligés d'y souscrire. La nécessité leur en fait la loi; mais sous quelque constitution que ce puisse être, les Etats d'Allemagne sont indépendans, comme corps politiques, et demeureront indépendans : cette indépendance que leur assurent la bulle d'or, la paix de Westphalie et le dernier traité de Paris, ne peut leur être enlevée sans anéantir leur existence : le droit de se confédérer entr'eux et avec les puissances étrangères, est à jamais au-dessus de toute atteinte ; leur sûreté consiste à en savoir faire usage. Quel est, dans cette délicate conjoncture, le parti le plus sage qu'ils puissent prendre ? Doivent-ils se borner d'abord à s'unir entr'eux, et former ensuite au dehors des alliances séparées, selon leurs convenances particulières, les uns avec la France, les autres avec la Russie ? Cette séparation de leurs intérêts serait dangereuse pour tous. En vain, quelques-uns d'entr'eux compteraient sur des liens de famille et sur des relations personnelles dont ils attendraient une garantie spéciale. Ce serait un faux calcul, car alors ils se trouveraient liés au sort de la grande puissance étrangère qui les protégerait, et seraient exposés au risque de se voir associés à ses querelles. La détermination dans laquelle il semblé qu'ils doivent voir leur plus grande sûreté est de se presser les uns contre les autres, à l'exclusion de l'Autriche, de la Prusse et du Hanover, de former une masse identique dont le principe ne soit point altéré par l'admission de puissances disproportionnées, et ensuite de fortifier cette union par l'assentiment et l'accession des États étrangers à l'Allemagne, qui sont le plus en état de la défendre. Ainsi dans le même temps qu'une constitution nouvelle va ranger les États germaniques sous la dépendance du triumvirat qui domine en Allemagne, leur intérêt bien entendu leur ordonne de former une association indépendante de ce redoutable triumvirat, et de la placer sous la sauve-garde de grands États étrangers. Il est essentiel de remarquer ici que ce n'est pas un appui unique que les États inférieurs d'Allemagne doivent chercher au dehors. Toute garantie placée dans une seule main serait dangereuse pour eux. Il leur importe d'avoir deux grands appuis qui se surveillent l'un l'autre, et se balancent réciproquement. En admettant que la constitution qui va être donnée aux États germaniques, ne porte point atteinte à leurs droits, il est indispensable, dans ce cas là même, que l'observation en soit assurée par la double garantie de la Russie et de la France. A plus forte raison, dans le cas où cette constitution ne serait pas telle que les princes de second et de troisième ordre, doivent l'attendre, il n'en serait que plus urgent pour eux de se grouper ensemble et de se mettre sous la protection des cabinets de Paris et de Pétersbourg. Leur liberté, leur existence même en dépendent. Il ne faut que reporter ses regards en arrière pour s'en convaincre : on en trouvera la preuve dans l'examen des questions suivantes :

Première question. Quel a été pour les États secondaires d'Allemagne le résultat des confédérations dans lesquelles est entré un gouvernement qui avait, en sa qualité de grande puissance, d'autres intérêts que ceux des États germaniques de second et de troisième ordre ?

Deuxième question. Quel doit être le caractère particulier du pacte vraiment conservateur dont la formation peut avoir l'effet le plus utile pour la sûreté de ces États ?

Troisième question. Quelle est la nature de protectorat qui convienne le mieux pour la garantie de leur indépendance ?

La première de ces questions se résout par un simple relevé de faits historiques.

Dans les temps antérieurs, ce n'était que contre les usurpations de l'Autriche que les États d'Allemagne avaient à se tenir en garde. L'agrandissement de la Prusse, d'abord favorable à leurs intérêts, prit ensuite une direction propre à les inquiéter également, et, comme si leur position n'eût pas été assez fâcheuse encore, voilà que la métamorphose de la principauté d'Hanover en un royaume fort de la puissance de l'Angleterre, désormais impatronisée sur le continent, vient augmenter les tiraillemens auxquels ils étaient exposés, ou compléter leur assujettissement, en lui donnant une forme légale et régulière. Lorsque les États germaniques n'avaient à se débattre que contre l'Autriche seule, ils ont plusieurs fois formé des ligues tendantes à la conservation de l'intégrité de leurs droits. Ces ligues ont été, à diverses époques, sous la protection de la France et de la Suède, puis sous celle de la France seule, puis sous celle de la Prusse. La composition de toutes ces ligues portait en elle-même un principe dangereux qui en faisait tourner l'avantage au profit du gouvernement protecteur bien plus qu'à celui des confédérés. La Confédération du Rhin en a surtout offert récemment une éclatante preuve. Le même principe avait produit un semblable effet dans toutes les ligues antérieures.

Je ne m'appesantirai ni sur la ligue de Smalkalde, conclue en 1529, et renouvelée en 1536, ni sur les deux célèbres unions qui précédèrent la paix de Westphalie, celles de 1610 et de 1631; mais je ferai remarquer que l'un des résultats principaux de toutes ces ligues fut de couper l'Empire d'Allemagne en deux parts, et d'enlever une de ces parts à l'empereur. Ainsi la guerre de trente ans, soutenue par le moyen de ces associations, éleva la puissance de la France et de la Suède sur l'affaiblissement de celle de la maison d'Autriche. L'étonnante grandeur à laquelle la Suède se trouva alors portée ne pouvait pas se maintenir, attendu qu'elle résultait, en grande partie, des talens personnels de rois et d'hommes d'État qui ne les léguèrent pas à leurs successeurs; mais la France avait tous les moyens nécessaires pour conserver ses avantages. Pendant quelque temps, le ministère suivit la route tracée par Richelieu et

Mazarin : il ménagea en 1658 la conclusion d'une ligue qui avait pour objet le maintien des stipulations de la paix de Westphalie, et il y accéda ensuite par un traité particulier. Après avoir essayé vainement de dissoudre cette confédération, l'empereur Léopold voulut y entrer, mais la France réussit à l'en faire exclure. Malheureusement on la laissa se dissoudre, et ce changement de notre politique fut une des causes principales des revers qui ternirent la fin du plus beau de nos règnes.

Aussitôt que la France eut abandonné la direction du corps germanique, dont la réunion sous ses auspices lui était si utile, ses ennemis s'en saisirent et s'en firent une arme contre elle. Ce fut aussi sous le prétexte de garantir la paix de Westphalie que se forma en 1686 cette fameuse ligue d'Augsbourg qui fut si fatale à la grandeur de Louis XIV.

Un État s'était fortifié en Allemagne et se préparait, de longue main, à hériter de l'influence que le gouvernement français n'avait pas su conserver. Ce même système de ligues germaniques dont l'abandon nous avait été si funeste, la Prusse l'a depuis adopté et l'a fait tourner au profit de sa puissance. Elle a justifié l'orgueil de ses prétentions en sauvant la Bavière, prête à périr en 1778.

Après avoir long-temps agité l'Europe, Frédéric II sentait que le meilleur parti qui restât à sa vieillesse était d'établir l'augmentation de sa puissance sur la démonstration d'un grand dévoûment pour la cause des États d'un ordre inférieur. Le vieux athlète reparut dans l'arène et arracha à la maison d'Autriche la proie qu'elle allait dévorer. Alors surtout, Berlin se transforma en un port de salut pour tous les princes qu'effrayait l'ambition autrichienne. Une autre démarche de la Cour de Vienne, la proposition faite en 1784 au duc de Deux-Ponts pour l'échange de la Bavière, servit de prétexte à la conclusion du traité d'association signé à Berlin en 1785. On retrouve là encore l'adresse du gouvernement prussien à saisir toutes les circonstances qui pouvaient s'offrir pour accroître sa considération particulière. C'est dans ce même esprit qu'il fit étendre la convention de neutralité de 1796 à tous les princes et États de sa dépendance. Depuis cette époque l'Autriche et la Prusse ont subi d'étranges révolutions. Leur part respective de crédit s'était fondue en un tout que la France s'était approprié. La France le leur a rendu en bloc, en leur laissant et la difficulté d'un nouveau partage et un associé de plus qui veut y être admis avec elles. Aujourd'hui chacun des princes d'Allemagne ignore sous quelle bannière il devra se ranger, de quel suzerain il deviendra le vassal. Échappés à la domination française, ils vont retomber les uns sous celle de l'Autriche, les autres sous celle de la Prusse, les autres enfin sous celle du Hanover, avec l'obligation formelle ou tacite de prendre part aux querelles de la puissance, sous la main de laquelle ils se trouveront placés. Ce n'est point là cependant encore le plus grand risque qu'ils aient à courir. Si les débats des Cours de Vienne, de Berlin et de Londres sont si fort à craindre pour eux, qui pourrait prévoir les résultats d'un seul jour d'intelligence entre ces trois Cours? Le sort dont la Saxe est menacée doit faire trembler tous les États du même ordre, et d'un ordre inférieur.

Quoique les diverses ligues dont nous avons fait mention, n'aient pas été inutiles aux États germaniques, ils doivent, en cherchant aujourd'hui leur sûreté dans une association nouvelle, sentir la nécessité de faire disparaître de sa composition le vice radical qui leur enlevait, en grande partie, les avantages qu'ils auraient pu en attendre. C'est l'objet de la deuxième question.

Quel doit être le caractère particulier du pacte vraiment conservateur dont la formation peut avoir l'effet le plus utile pour les États germaniques?

L'une des premières conditions requises pour l'indépendance de l'association doit être d'en exclure tous les princes qui, par l'étendue de leurs possessions, et de leurs forces, sont hors de toute proportion avec les autres souverains d'Allemagne. Une association de trente pygmées et de trois géans, ne pourra jamais offrir que le despotisme d'un côté et l'esclavage de l'autre. Tandis que tous les intérêts des États secondaires sont réunis dans leur existence fédérale, il n'en peut être ainsi de l'Autriche, de la Prusse et de l'Angleterre. Il serait contre la nature des choses qu'un gouvernement placé entre deux intérêts ne sacrifiât pas le plus faible au plus fort. La politique qu'un souverain doit suivre comme puissance, parlera toujours plus haut que celle qu'il devrait adopter comme membre d'une confédération; et, ce qu'il y a de plus fâcheux, c'est que toutes les chances auxquelles sa politique, en qualité de puissance, l'expose, il les fait partager aux États qui n'ont point une force suffisante pour s'en défendre. Cet état de choses ne cessera que le jour où, à côté des trois gouvernemens, aujourd'hui maîtres de l'Allemagne, il s'élevera une quatrième puissance, également indépendante de tous trois, et formée par la fusion des États allemands de second et de troisième ordre, en un tout compacte et solide qui ait son mouvement propre, sa volonté libre, et qui ne puisse être le jouet ni l'instrument d'ambitions étrangères. Il ne s'agit point d'enlever des vassaux à l'Autriche ni à la Prusse et au Hanover pour les livrer de préférence à l'un de ces trois gouvernemens. Le véritable but doit être de les enlever à tous trois en même temps, de manière que, dans des circonstances délicates, telles que le renouvellement de guerres continentales, le concours d'un État germanique à la guerre ne pût être forcé par la crainte du ressentiment de celle des grandes puissances qui voudrait l'obliger à y prendre part. La réunion des États germaniques, en laissant à part les trois cours principales, formerait par sa population et par le nombre de ses troupes une masse assez respectable. D'ailleurs sa force matérielle la défendrait moins encore que la force d'opinion dont elle serait environnée, et que la garantie dont s'empresseraient de la couvrir les deux puissantes monarchies, entre lesquelles l'Allemagne se trouve pressée, la France et la Russie.

La troisième question se trouve décidée par le résultat seul de l'examen des deux premières.

S'il est dangereux que l'Autriche, la Prusse ou le Hanover puissent disposer des forces du corps germanique, il ne l'est pas moins que cette disposition de moyens soit remise à une puissance étrangère à l'Allemagne. Il ne faut ici que se rappeler la destinée qu'à eue dernièrement, sous la direction du gouvernement français, la Confédération du Rhin. Le sort de toute ligue, formée sur de telles bases, serait toujours le même, quelle que fût la puissance qui se trouvât à la tête de l'association. Le seul et véritable moyen de parer à cet inconvénient, est d'établir un protectorat qui ne réside point en une seule main, mais qui, formant pour deux grandes puissances un point de concordance permanent et stable, contribue au maintien de la paix dans l'immense étendue du territoire qui les sépare.

Ces observations conduisent à des conclusions qui me semblent incontestables.

1re conclusion. Toute ligue germanique ayant tourné au profit des États qui en ont été les chefs, comme, par exemple, celles qui amenèrent la paix de Westphalie, au profit de la France et de la Suède; celle de 1658, au profit de la France seule; plus récemment celle de 1785 et la convention de neutralité de 1796, au profit de la Prusse; et enfin la Confédération Rhenane, au profit du gouvernement français, il importe aux États germaniques d'éviter désormais toute confédération qui soit combinée de manière à les placer de nouveau comme instrumens entre les mains de la puissance protectrice, soit que cette puissance appartienne ou non au territoire de l'Allemagne.

2° conclusion. Après avoir exclu de la formation de toute confédération nouvelle les trois grandes puissances qui ont des possessions en Allemagne, une autre condition non moins indispensable pour la sûreté des États germaniques est de ne point admettre d'accession ou de garantie séparée de la part d'une puissance étrangère.

3° conclusion. S'il est dangereux que la garantie de l'association soit confiée exclusivement ou à la France ou à la Russie, le seul moyen de salut est, au contraire, de former de la garantie commune de ces deux puissances, un protectorat respectable et solide, dans lequel l'une et l'autre se balanceront réciproquement et qui, par le fait de leur accord sur des intérêts aussi graves, continuera à entretenir entr'elles une intimité de rapports nécessaire au repos de l'Europe.

Sans doute ce système n'est pas non plus à l'abri de l'action des passions humaines, mais il n'en existe aucun qui porte avec lui une sécurité absolue, et, dans la nécessité d'en adopter un, il faut savoir se contenter de celui qui offre comparativement le plus d'avantages.

Quoique les idées générales que je viens de présenter ne soient peut-être pas de nature à trouver immédiatement leur application, il peut cependant être avantageux de ne point les perdre de vue. Dans l'intervalle, il est au pouvoir de la France de renouveler les anciens rapports de la monarchie avec les différens princes d'Allemagne sur le pied antérieur à l'existence de la Confédération du Rhin. Le cours du temps, par sa seule puissance, en consolidant l'ouvrage de notre restauration intérieure, augmentera dans la même proportion notre influence au dehors. Tous les élémens d'un bon système fédératif existent encore pour nous. Une politique sage saura les employer, mais elle ne doit y procéder que lentement et avec réserve. Que la France se suffise d'abord à elle-même, comme il dépend d'elle de le faire; qu'elle se place au rang qui lui appartient et elle sera bientôt recherchée non-seulement par tous les États du second ordre, mais aussi par les plus grandes puissances. Ce sont autant les intérêts de l'Allemagne que ceux de la France qui m'ont porté à entrer ici dans des développemens si étendus. La position du gouvernement français est telle aujourd'hui que tout arrangement utile à d'autres peuples, s'il est juste, est pareillement utile pour elle. Si j'ai démontré que le système exposé dans ce chapitre est le plus favorable qui puisse s'établir pour les États germaniques et qu'en même temps il est fondé sur la justice, j'aurai démontré qu'il est conforme aux intérêts de la France.

CHAPITRE IX.

ESPAGNE.

Si les événemens, qui ont amené et suivi l'abdication de Charles IV, en soulevant l'Espagne contre la France, semblaient avoir élevé pour long-temps une barrière entre les deux nations, le rétablissement simultané des deux branches de la famille des Bourbons a, de nouveau, aplani les Pyrénées. Les troubles intérieurs qui agitent la monarchie espagnole, troubles qui n'auraient pas lieu sans doute, si la branche cadette eût suivi fidèlement les traces de son aînée, sont de nature à suspendre de notre part toute démarche tendant à former des relations très-étroites avec cette puissance. Ce serait un mauvais calcul que de contracter quelques obligations envers un État qui, par suite de ses convulsions domestiques, aurait peu de moyens de remplir les engagemens qu'il prendrait avec nous. La politique de la France à l'égard de l'Espagne doit se borner aujourd'hui à épier le moment le plus propre pour lier nos intérêts aux siens, et à se tenir en mesure de le saisir.

S'il était jamais du devoir d'une puissance étrangère de se mêler des affaires intérieures d'un autre gouvernement, la tige principale de la maison de France aurait sans doute ce droit auprès des descendans de Philippe V. Ses efforts d'ailleurs ne pourraient avoir pour but que de sauver le monarque et le peuple espagnol des dangers qu'une réaction trop violente entraîne toujours avec elle. Une semblable intervention, en abrégeant le terme des souffrances d'une nation estimable sous tant de rapports, rapprocherait l'époque où son amitié pourrait devenir profitable pour nous.

C'est presque toujours à la suite des crises les plus douloureuses qu'un peuple, qui avait paru condamné à un éternel engourdissement, déploie un degré de forces qu'on ne lui soupçonnait pas. La secousse donnée à tous les genres d'opinion en Espagne aura pu servir à développer en même temps tous les genres d'activité. Il nous importe surtout de ne pas laisser anéantir ce qui avait pris une direction française. Il est digne de la générosité de nos rois d'oublier même les lésions faites à leurs intérêts de dynastie pour tout rapporter à l'intérêt national. Une partie des hommes que la Cour de Madrid semble rejeter en ce moment n'a eu, en souscrivant aux ordres de la force, d'autre objet que de tenir l'Espagne constamment attachée à la France. Cette intention ne peut jamais être un tort pour le gouvernement français même sous des princes qui ont eu aussi à se plaindre de la violation de leurs droits héréditaires. Ils sont assez magnanimes pour être Français avant que d'être famille régnante. Au reste, sans se porter pour juge entre les partis qui déchirent l'Espagne, il serait beau de concourir à calmer l'irritation de tous et à opérer une fusion qui, en rétablissant ce gouvernement à la place qui lui appartient dans l'ordre politique, lui permettrait de renouer avec nous ses anciennes relations.

C'est une question déjà plusieurs fois débattue que de savoir si nous avons plus à nous féliciter qu'à nous plaindre des effets du pacte de famille. Sans nous arrêter à une discussion oiseuse sur le passé, il nous semble que l'utilité de nos rapports avec l'Espagne, pour l'avenir, dépend de la direction que vont prendre dans ce pays les débats du gouvernement avec une partie de la nation. Si cette énergie qui naît des guerres civiles est dirigée vers le véritable intérêt de cette monarchie, son cabinet ne pourra que se reporter avec empressement vers la France puisque, n'ayant rien à craindre d'elle, c'est presque d'elle seule qu'il peut attendre quelqu'appui contre les usurpations de l'ennemi commun. Sans doute la France ne devra pas légèrement s'engager dans les contestations auxquelles les possessions de l'Espagne en Amérique l'exposent sans cesse avec l'Angleterre ; mais cependant, les droits de la nation française et de la nation Espagnole étant, pour ainsi dire, inséparables, il sera nécessaire pour toutes deux de s'aider réciproquement de tous les moyens de défense dont, à l'époque d'une injuste attaque, elles seraient en position de faire usage. Le peu de succès de la réunion de nos efforts maritimes dans la guerre que termina la paix de 1763, les mêmes désastres renouvelés dans la guerre d'Amérique malgré quelques actions honorables pour les escadres françaises, des revers plus effrayans encore dans les premières années de ce siècle, nous laissent peu d'espérance de pouvoir, de quelque temps du moins, nous mesurer avec avantage contre la marine britannique. Cependant, comme ce n'est que par l'union de leurs forces que la France et l'Espagne peuvent espérer de mettre quelques bornes aux envahissemens du gouvernement anglais, on ne doit point, de part ni d'autre, négliger le seul moyen de salut qu'on ait encore.

Les secours que la Cour de Londres a fournis aux Espagnols pour recouvrer leur indépendance ne forment point un titre qui impose aucun devoir à Ferdinand VII. Ce n'était point l'Espagne que l'Angleterre était jalouse d'affranchir, c'était la France qu'elle voulait accabler; et il pourrait être vrai de dire qu'elle jouissait également des coups que se portaient les deux partis. Le cabinet de Madrid peut sans scrupule se dispenser de toute espèce de reconnaissance. Il semble en effet avoir des vues saines à cet égard, puisque déjà il fait appliquer au commerce anglais toute la rigueur de ses anciens règlemens. Pour nous, notre première pensée, en cette circonstance, doit être de chercher à faire adopter à la Cour de Madrid un système réciproquement avantageux sous le rapport de nos relations commerciales.

Notre position envers l'Espagne se réduit aux termes suivans :

Les agitations intérieures de cette monarchie nuisent à l'établissement d'une étroite intimité entr'elle et la France; et même si cette intimité existait, la prolongation des troubles en détruirait pour nous l'avantage. Notre intérêt, par conséquent, est de concourir à les calmer.

La Hollande étant destinée à être, au moins pour un certain temps, à la disposition de l'Angleterre, l'Espagne est encore, malgré notre affaiblissement mutuel, la seule puissance dont la marine, jointe à la nôtre, puisse nous mettre en état d'opposer sur mer quelque résistance aux entreprises de la Cour de Londres.

Jusqu'au moment où le cabinet de Madrid aura pris en Espagne une marche ferme qui soit propre à inspirer de la confiance au dehors, et à rendre son alliance utile, la France devra se borner à établir avec ce gouvernement des rapports de commerce fondés sur une juste réciprocité de bénéfices, et dont l'importance reconnue conduise ensuite, dans une occasion convenable, à des arrangemens politiques assortis à la situation nouvelle des deux gouvernemens.

Les immenses possessions de l'Espagne en Amérique pouvant faire naître une foule d'occasions de débats entr'elle et l'Angleterre, il doit importer à la France, en se rapprochant du gouvernement espagnol, de prendre de justes précautions pour ne pas se trouver légèrement engagée dans ces sortes de querelles.

Quoique l'alliance de l'Espagne ne doive pas nous être indifférente, comme c'est cette puissance surtout qui en recueillera le plus de fruit, nous devons mettre une attention particulière à éviter de prendre sur nous des charges qui soient dans une trop grande disproportion avec les avantages que cette alliance pourrait produire.

CHAPITRE X.

PORTUGAL.

L'existence du Portugal, ou du moins la forme de sa nouvelle existence, est encore une sorte de problème dont le congrès de Vienne donnera sans doute la solution. Il est difficile de déterminer d'avance le sort d'un pays où l'on voit la domination anglaise, actuellement affermie par la présence de ses troupes de terre, après l'avoir été déjà auparavant par la puissance de sa marine et par le lien des traités. On sait que c'est de l'époque de l'établissement d'une branche de la famille des Bourbons en Espagne, que date l'entière rupture des rapports intimes qui avaient, depuis 1640, uni le Portugal et la France. L'union avait été fondée sur le besoin que la maison de Bragance avait eu de notre appui pour soutenir contre l'Espagne la révolution qui lui avait rendu la couronne. Lorsqu'ensuite cette maison, égarée par les fausses craintes qu'on sut lui inspirer, crut voir les monarques français prêts à détruire leur propre ouvrage pour l'intérêt de la branche de leur famille appelée au trône d'Espagne, elle se jeta dans les bras du gouvernement anglais qui, depuis cette époque jusqu'à nos jours, l'a tenue dans une dépendance exclusive. Cette dépendance, au reste, on ne peut le dissimuler, avait pour base l'intérêt incontestable de ce royaume, dont les produits, tels que les vins, les fruits et les sels, ne pouvaient trouver nulle part un débouché aussi avantageux qu'en Angleterre. Cette vérité était si bien reconnue que la France elle-même, n'ayant à offrir au Portugal aucune compensation de ce que lui présentait son alliance avec la Cour de Londres, avait depuis long-temps renoncé à toute tentative pour la rompre, et s'était accoutumé à regarder ce pays comme une colonie anglaise. L'attaque dirigée contre lui en 1762 ne fit que tourner à son avantage, et lui rendit une vigueur dont on ne l'avait pas cru capable. Forcé de prendre part aux premières guerres de la révolution, le Portugal se hâta de s'en retirer par la paix de 1797. Si le gouvernement français avait adopté depuis une politique moins violente, il aurait pu, sans détacher entièrement la Cour de Lisbonne de ses relations nécessaires avec l'Angleterre, la ramener à des rapports plus étroits que ceux qui avaient existé depuis la fin du 17e siècle. Les déplorables événemens qui ont accompagné ou suivi l'invasion de ce royaume, le départ de la famille royale, l'occupation successive de Lisbonne par nos troupes et par les troupes anglaises, les autres fléaux qu'a versés sur la nation portugaise le nouveau système de guerre malheureusement introduit en Europe, appartiennent peut-être, dans une proportion à peu près égale, à la politique de l'allié et à celle de l'ennemi. C'est dans les mains de son allié que le Portugal se trouve au dénoûment de la querelle ; mais c'est encore un des fâcheux attributs de l'époque où nous sommes, que les alliances sont presque aussi onéreuses que l'état d'hostilité. Une grande question qu'il devient urgent de résoudre, est celle de l'évacuation du Portugal, et de la remise de ce royaume à son souverain légitime. J'ai fait sentir ailleurs combien nous devons mettre de prix à en accélérer le moment. Ce n'est qu'alors que nous pourrons juger la nature des relations qu'il nous sera possible de former avec la Cour de Lisbonne. L'amitié anglaise doit lui être aujourd'hui singulièrement à charge : mais il n'est ni dans sa convenance ni en son pouvoir de s'en affranchir entièrement. Avant que le rétablissement de notre marine nous mette en état de reprendre sur mer quelque considération, nous ne devons prétendre auprès du souverain du Portugal et du Brésil qu'à ces concessions de pure bienveillance qu'on obtient par la voie des négociations.

CHAPITRE XI.

ÉTATS-UNIS.

Tandis que la puissance de l'Angleterre allait toujours croissant depuis la paix d'Utrecht, et que la guerre maritime, qui accompagna la guerre territoriale de sept ans, avait réduit à l'état de faiblesse le plus déplorable la marine française et la marine espagnole, un événement inattendu se préparait, qui devait à son tour porter un coup sensible au gouvernement britannique, diminuer ses possessions, augmenter considérablement sa dette, et créer dans le Nouveau-Monde un auxiliaire pour les nations commerçantes de l'Europe. Tel a été le résultat de l'affranchissement des États-Unis. Après avoir été forcée de reconnaître leur indépendance, la Cour de Londres avait pris le parti le plus sage, c'était de regagner par la voie indirecte des bénéfices commerciaux, ce qu'elle avait perdu en avantages directs de souveraineté, et déjà on pouvait mettre en question si ce nouveau genre de rapports avec ses anciennes colonies ne lui était pas aussi profitable que l'eût été leur possession même. Le degré de supériorité maritime auquel s'est élevé le gouvernement anglais dans les dernières guerres lui a persuadé qu'il n'avait plus besoin de ménagemens envers aucune puissance. Regardant encore les États-Unis d'Amérique comme un affranchi échappé de sa chaîne, il a voulu leur reprendre une partie de leurs droits et les soumettre à des entraves nouvelles. Le gouvernement américain, pour qui il ne peut y avoir de prospérité sans la liberté des mers, a répondu par une courageuse résistance aux agressions de l'Angleterre : après un essai inutile de plusieurs mesures défensives, dont l'adoption ne suffisait pas pour le garantir des insultes d'une puissance qui se permettait en pleine paix de véritables actes d'hostilité, il a senti qu'il n'y avait plus pour lui de salut que dans une guerre ouverte. Il a jugé que si, dans le cas même de revers, il devait souscrire à des conditions dictées par la force, il lui importait de ne pas mériter le reproche d'avoir volontairement renoncé à l'exercice de ses droits les plus saints, et que s'il était condamné à gémir de son impuissance, il fallait du moins qu'il n'eût pas à rougir de sa lâcheté. En se révoltant ainsi contre l'oppression britannique, les États-Unis sont devenus, par le fait, les alliés de la France, et ils l'étaient encore quand la France n'en comptait plus un seul sur le territoire européen. Ils l'étaient encore après que la France elle-même était hors de combat. L'union du gouvernement américain avec le dernier gouvernement français est une de ces alliances qui sont indépendantes de tout traité, de toute considération de circonstance particulière, parce qu'elles sont fondées sur des principes que n'altèrent point les révolutions des États : les hommes passent, les gouvernemens se détruisent, les principes restent. Ces principes défendus par les États-Unis sont ceux qu'invoque l'Europe entière, ceux que toutes les nations ont consacrés par cinquante traités entr'elles, ceux que l'Angleterre seule ose méconnaître et enfreindre. Assurément lors qu'aujourd'hui une paix, toujours heureuse, quelles qu'en soient les stipulations, laisse enfin respirer l'Europe, il est vivement à désirer que partout le même bienfait se répande, et que le sang cesse de couler également dans les autres parties du monde. Mais si nous avons un vœu à former, c'est que les États-Unis, en supposant qu'ils soient contraints, après une héroïque défense, de se soumettre à la nécessité, ne transigent point d'une manière irrévocable sur ces droits naturels des nations, dont l'abjuration serait celle de l'honneur et de l'existence. C'est une disposition fatale et bien dangereuse que celle des hommes qui mettent du personalisme jusque dans les faits politiques, qui les approuvent ou les blâment selon la nature de leur affection ou de leur haine individuelle pour les chefs des gouvernemens. Ainsi, parce que la France a eu le bonheur de recouvrer la famille de ses rois, nous voyons des hommes, prêts à condamner tout ce qui a été fait dans la dernière époque, uniquement à cause de sa date, méconnaître des principes que nos rois eux-mêmes ont été jadis les premiers à proclamer, et se faire les apologistes de l'Angleterre au préjudice des États-

Unis (1). Heureusement ce n'est pas de cette manière que raisonne un cabinet éclairé, et ces con-

(1) C'est un étrange abus de mots, ou plutôt un étrange abus de choses, que de mettre la passion du moment à la place de la raison qui, de sa nature, est indépendante des temps, des hommes et des circonstances. Un cri d'indignation s'est élevé à la nouvelle de l'incendie de Washington; et, pour la justification de la nation anglaise, ce cri s'est aussitôt fait entendre au milieu d'elle. Hé bien, il s'est trouvé ailleurs, il s'est trouvé en France des hommes qui ont voulu pallier ce qu'il y a de criminel dans cet acte du gouvernement anglais! Et par quelle excuse a-t-on cherché à le couvrir? Ce sont des accidens imprévus qui ont occasionné, dit-on, la ruine des maisons particulières; mais on reconnaît qu'il a été procédé méthodiquement à la destruction des édifices publics. Dans quel état, grand dieu! serait l'Europe entière, si la France s'était arrogé un tel droit, elle qui en a occupé tour à tour toutes les capitales? Et l'on prétend que l'urbanité qui distingue la nation française ne lui permet pas de peindre sous ses véritables traits une aussi odieuse violation des droits des peuples! Et la politesse doit s'opposer à ce que toutes les nations outragées dans l'une d'elles donnent aux crimes d'état les dénominations qui doivent en inspirer l'horreur! La politesse s'applique aux individus et non aux corps politiques. Ce n'est point seulement de la politesse, c'est du respect que l'on doit aux souverains, lorsqu'il s'agit de leurs personnes. Quant aux gouvernemens, on ne leur doit que la vérité, et les reproches faits aux actes répréhensibles qu'ils peuvent se permettre ne sont point une attaque dirigée contre le carac-

tradictions perpétuelles, inspirées par les passions du jour, que présentent trop souvent les ouvrages de nos écrivains, n'égareront point le jugement de l'autorité publique. Quoique ce fût Cromwel qui eût établi le fameux acte de navigation, qui a été d'une si grande importance pour le commerce britannique, Charles II s'empressa lui-même de le consacrer, et la nation anglaise l'a depuis constamment regardé comme la source de sa prospérité commerciale. Pour nous, ce n'est pas même une création du dernier gouvernement qu'il faut conserver. La grande question des droits des nations neutres est de tous les temps comme ces droits eux-mêmes. Nos monarques avaient toujours mis un grand zèle à les faire triompher. Si, pendant l'absence de nos rois, les gouvernemens temporaires de la France ont fait sans succès d'immenses efforts pour arriver au même but, ce n'est pas une raison pour cesser aujourd'hui de le poursuivre, et pour ne pas voir des amis dans les peuples que leur intérêt,

tère personnel des princes. Certes, la politesse a ses droits ; mais c'est vouloir en étendre trop loin les limites, que de placer sous sa sauve-garde des êtres collectifs, tels que les gouvernemens, et de sacrifier à ses droits prétendus des droits bien plus sacrés encore, ceux de la morale éternelle des nations.

surtout sous ce point de vue particulier, associe à notre système. De cette communauté d'intérêt qui nécessairement rapprochera toujours de la France la nation américaine, il résulte au contraire que les États-Unis sont, dans l'ordre actuel du monde, un allié important qui autrefois n'existait pas ; que la politique française doit les regarder désormais comme l'auxiliaire le plus utile qu'elle puisse avoir dans les guerres maritimes ; et que, comme de long-temps le gouvernement américain ne nous donnera les mêmes craintes que le gouvernement anglais, nous ne pouvons que désirer l'augmentation de sa puissance, par cela seul qu'elle amènerait une diminution proportionnelle dans l'exagération de l'ascendant de l'Angleterre.

CHAPITRE XII.

EMPIRE OTTOMAN.

Si, parmi nos anciens alliés, il en est quelques-uns dont l'amitié nous présente aujourd'hui moins d'avantages qu'autrefois, la Porte Ottomane n'est point de ce nombre ; son alliance, au contraire, serait plus que jamais d'une grande utilité pour la France; mais il ne faut pas nous dissimuler que le rétablissement de nos rapports antérieurs dans toute leur plénitude rencontrerait de grands obstacles. La France avait eu, à la fin du 18ᵉ siècle, plus d'un tort avec les Turcs, par suite de ses ménagemens pour les Cours de Pétersbourg et de Vienne. Dans les guerres avec la Russie, que terminèrent les traités de 1784 et de 1792, la Porte n'eut pas même à nous savoir gré d'une assistance bien active dans les négociations. L'époque qui vient de finir a été marquée, du côté de la Turquie, par deux actes éclatans dans un genre tout-à-fait opposé entr'eux. La vigoureuse défense de Constantinople en février 1807, et la conclusion intempestive de la paix signée à Bucharest en mai 1812, ont eu la plus grande influence sur le résultat de deux campagnes des armées françaises. Depuis le dernier traité de la Porte avec la Cour de Pétersbourg, le crédit de la France auprès du divan a baissé d'une manière sensible, tandis que celui des autres puissances s'est fortifié à notre préjudice. Cependant, comme le ministère ottoman est toujours ramené vers nous par une affection de préférence, il importe de profiter aujourd'hui des moyens nouveaux qui nous sont rendus pour réveiller ce vieux penchant qui attachait les Turcs à la maison de Bourbon. Le temps ne peut plus revenir sans doute, où le pavillon français flottait seul dans les États de la Porte; mais il existe toujours un principe d'utilité réciproque qui doit disposer le divan à préférer notre alliance à toute autre, lorsqu'il aura la certitude de trouver dans ses relations avec nous les secours qu'il a droit d'en attendre. L'intérêt mercantile et l'intérêt politique nous portent également à lui offrir de notre côté tous les genres d'avantages qui dépendent de nous. Il est permis d'espérer qu'en mettant de nouveau dans notre conduite avec la Porte cette bonne foi et cette droiture qui sont d'un si grand prix pour elle, nous parviendrons à regagner à Constantinople le terrain que nous avons perdu, et à reprendre au moins une partie de l'ascendant que nous y avions jadis sur toutes les nations européennes.

CHAPITRE XIII.

ÉTATS D'ITALIE.

La souveraineté sur l'Italie est désormais comme une sorte de domaine indivisible. Elle était tout entière dans les mains de la France; elle a passé tout entière dans celles de l'Autriche. Si, dans les jours de sa prospérité, le gouvernement militaire qui soumettait l'Europe à la puissance française eût porté ses regards vers l'avenir, il aurait vu que, dans un temps plus ou moins prochain, l'Italie devait inévitablement nous échapper. D'après cette conviction, pour empêcher que de Paris la couronne de fer fût transférée à Vienne, il aurait fondé un empire ou un royaume vraiment italien, dont le chef eût résidé à Milan ou à Rome, et la France eût trouvé plus d'avantages dans l'alliance d'un pays indépendant que ne lui en a offert la possession même du territoire. Dans le système qui a été suivi, en perdant la possession du territoire, nous y avons perdu toute espèce d'influence, et c'est nous qui, dans le nouvel ordre de choses, nous trouvons placés sous la main de puissances étrangères. Le Piémont, par un de ces mariages politiques dont la Cour de Vienne sait si bien tirer parti, étant appelé à être dans la dépendance absolue de cette Cour, ne laisse plus même entr'elle et nous la barrière des Alpes. Cependant on ne peut se dissimuler que la domination autrichienne sur les peuples d'Italie n'a pas aujourd'hui un caractère bien prononcé de durée et de permanence. Dans presque toutes les contrées qui ont recouvré leurs anciens souverains, ceux-ci ne paraissent pas vouloir adopter les principes introduits pendant l'interrègne, et l'on ne saurait disconvenir qu'en général il n'y ait peu d'accord entre les idées de ces souverains et celles de leurs sujets.

D'un autre côté, ceux des pays qui ont eu momentanément un gouvernement national, oubliant aujourd'hui tous les maux qui ont accompagné son existence, ne se voient pas sans regret réduits à l'état de province autrichienne.

Une étrange circonstance vient encore compliquer la question. Au fond de l'Italie existe un prince nouveau qui, n'ayant point sur son royaume des droits héréditaires, mais ceux seulement d'une possession toute récente, se trouve plus près de l'opinion actuelle des peuples, plus en harmonie avec elle, et plus en état d'exercer une action rapide, non-seulement sur les esprits de la population qu'il gouverne, mais aussi sur ceux de la population des États voisins. Il résulte de là, pour l'Autriche et pour les puissances qui sont d'accord avec elle dans un même plan à l'égard de l'Italie, une obligation et même une véritable nécessité de ménager un roi que peut-être on n'hésiterait pas à renverser si on croyait pouvoir le faire impunément. Celui-ci qui, de son côté, ne peut pas se méprendre sur le motif des égards qu'on lui témoigne, n'a qu'un moyen de les rendre durables, c'est de se maintenir envers la Cour de Vienne dans l'état où il se trouve; c'est-à-dire, de lui rendre sa haine dangereuse et son amitié nécessaire. Considérée sous ces différens aspects, la souveraineté sur l'Italie, quoique maintenant dévolue à l'Autriche, n'est pas pour cette puissance ce qu'elle était pour le gouvernement français. Sans doute il n'est pas à craindre que la France, dirigée aujourd'hui par une politique modérée et sage, se permette envers le cabinet autrichien des provocations contraires à ses engagemens; mais si jamais elle était provoquée elle-même par d'injustes attaques, il est infaillible qu'elle trouverait chez les diverses nations italiennes des partis prêts à la seconder, et surtout dans les contrées qui auraient l'espoir de reconquérir quelque ombre d'indépendance politique. Les autres États italiens suivraient naturellement le sort des armes et les décrets de la victoire.

CHAPITRE XIV.

CORPS HELVÉTIQUE.

C'est une circonstance fort remarquable que l'événement qui a rendu la paix à l'Europe ait, en même temps, rendu à divers pays les agitations dont, depuis dix ans, ils étaient délivrés. Telle est surtout la position particulière de la Suisse. Envahie par nos armes en 1798, livrée ensuite à des divisions intestines qui auraient pu se prolonger d'une manière funeste pour elle, une intervention puissante calma, en 1803, ses troubles intérieurs et condamna tous les partis au silence et au repos. Il faut être juste en tout et envers tous. Parmi les actes que le dernier gouvernement s'est permis au dehors de nos frontières, il n'en est aucun qui soit aussi facile à justifier que la médiation qui donna aux cantons helvétiques une nouvelle organisation. On ne saurait le nier : cette médiation fut alors un bienfait pour la Suisse. Depuis cette époque, le corps helvétique avait été, il est vrai, comme tous les autres États voisins, subordonné à la politique française ; mais il avait été respecté dans son indépendance intérieure, et son territoire n'avait été foulé par aucune troupe étrangère. A la fin de 1813, des circonstances extraordinaires y ont conduit les troupes des souverains alliés. La force de l'opinion n'a pu défendre ses frontières. Cette force, une fois détruite, est difficile à rétablir. Les grandes puissances ne reviendront qu'avec peine à un respect suranné dont il leur a été si utile de s'affranchir. Après la plus éclatante violation du territoire d'un pays neutre, comment rendre au mot *neutralité* son antique magie ? Peut-être la restitution de la principauté de Neuchâtel à la Prusse deviendra-t-elle un moyen de recomposer pour la Suisse une garantie propre à empêcher le renouvellement de semblables invasions. En ce sens, le rétablissement d'un tel ordre de choses, heureux pour ce pays, le serait également pour nous. Telle est la position de la France qu'aucun autre État ne peut trouver, autant qu'elle, son véritable intérêt dans tout ce qu'il y a de plus conforme à celui du corps helvétique.

Résumé. — De l'examen que nous venons de faire de la situation particulière de la France à l'égard des divers gouvernemens étrangers, il résulte que notre situation générale est beaucoup plus avantageuse qu'on ne pourrait le croire au premier coup d'œil ; que plus on la considère, plus on découvre de chances favorables, déjà existantes ou prêtes à éclore, qui peuvent nous conduire à ressaisir, même prochainement, tous ceux de nos avantages dont la possession est essentielle à notre prospérité domestique et à notre considération extérieure.

Il serait superflu de récapituler ici chacun des points de concordance et de dissentiment qui existent entre notre cabinet et les diverses puissances européennes. On a pu juger qu'ils sont multipliés dans une proportion immense, d'après le principe que chaque point de dissentiment avec un grand État est toujours un point de concordance avec la presque totalité des autres. Dans toute contestation, sur laquelle une grande puissance, prise séparément, a un intérêt contraire à ceux d'un État du second ordre, il devient d'une nécessité commune pour toutes les autres puissances principales de s'entendre, afin d'arrêter ses usurpations : il existe ainsi partout une disposition naturelle à défendre la justice contre les attaques d'un tiers, et à réprimer une ambition dont on ne profite pas. C'est en faisant servir cette disposition réciproque des grands États au maintien de l'intégrité des États inférieurs que la France parviendra, tout à la fois, à reprendre du crédit auprès des princes que couvrira sa protection, et à se faire respecter de ceux même dont elle aura momentanément contrarié les vues. En même temps que la France sera l'auxiliaire né de tous les gouvernemens dont une odieuse agression voudrait violer les droits, mais cependant sans hasarder des efforts qui soient de nature à compromettre sa propre sûreté, elle s'occupera à recomposer son système fédératif dans la double direction qui l'intéresse, c'est-à-dire, sous le point de vue de son indépendance continentale, et sous celui de son indépendance maritime.

J'ai établi précédemment que la politique d'un État tel que la France doit reposer sur des bases invariables, et ensuite, dans d'autres occasions, j'ai reproché à notre cabinet la constance de ses habitudes. Il semblerait que ces deux assertions dussent se contredire. La contradiction n'est qu'apparente et dans les termes. La persévérance dans les principes n'entraîne pas la persévérance dans un même mode d'application. Si c'est toujours dans un système de conservation que doit consister la politique de la France, on n'en doit pas conclure que les moyens à employer pour l'exécution de ce système ne doivent pas varier, et que l'on puisse constamment trouver dans les mêmes gouvernemens les auxiliaires dont le secours est le plus utile. Quoique les principes subsistent, l'action qui tend à les faire valoir doit s'adapter aux mutations qui ont eu lieu.

Le plus remarquable de tous ces changemens est, comme je l'ai fait observer, l'établissement à Londres de cette monarchie universelle, dont l'Europe effrayée voyait successivement le fantôme à Madrid, à Vienne et à Paris. Pendant l'élévation progressive de l'Angleterre à une domination sans limites, la supériorité purement continentale subissait aussi diverses variations, et, à la fin, transférait son siége de Paris à Pétersbourg.

Ce n'est plus aujourd'hui sur le continent la puissance autrichienne qui est le premier objet de nos craintes. Malgré l'augmentation de forces que lui fait obtenir le résultat de la dernière campagne, cette puissance est ellemême tenue en respect par un voisin plus formidable qu'elle. Lorsque la Cour de Vienne était à nos yeux le seul ennemi à redouter, nos alliés principaux, nos alliés de date ancienne, étaient la Suède et la Turquie. La voix de la France entière voulait alors y joindre la formation d'une alliance avec la Prusse. Cet état de choses est détruit. Notre politique doit s'ajuster à celui qui lui succède. La Russie étant aujourd'hui la puissance dominante sur le continent, l'Autriche, au lieu de se livrer à des vues agressives contre nous, doit songer à se défendre. Dès que nous cessons de la craindre, notre éloignement pour elle n'a plus de motif, et nos intérêts, qui se heurtaient jadis, peuvent se trouver d'accord.

Si, depuis près d'un demi-siècle, l'opinion nationale en France se prononçait pour l'alliance prussienne; si ce parti eût été le plus avantageux jusqu'à la guerre de 1806, il n'en est plus ainsi dans ce moment. La Cour de Berlin est liée pour long-temps à celle de Pétersbourg, aujourd'hui par l'affection mutuelle des deux souverains, et, pour l'avenir, par la nécessité. La Prusse d'ailleurs n'est plus pour nous un allié naturel. Sa position va être toute différente par suite de ses acquisitions sur la rive gauche du Rhin qui établiront un contact assez étendu entre sa frontière et la nôtre.

Par rapport à la Turquie et à la Suède, sans doute nous devons souhaiter que ces deux puissances, dont jadis l'action nous a été utile contre l'Autriche, fassent maintenant quelque diversion aux projets d'agrandissement qui pourraient amener la Russie au centre de l'Europe; mais les secours que nous pourrions attendre de Constantinople et de Stockholm ne suffiraient plus aujourd'hui contre un tel adversaire, et il n'y a que l'Autriche qui, menacée elle-même par un si redoutable voisin, puisse en effet opposer à ses usurpations un obstacle capable de les arrêter.

Tandis que nous devons voir à Vienne le principal rempart de l'Europe contre la Russie, ainsi qu'on y voyait antérieurement une barrière contre l'invasion des Turcs, il peut être utile à la France de chercher à Pétersbourg une association de garantie contre les empiétemens de l'Autriche et de la Prusse sur l'indépendance des États germaniques ; de manière que cette union de garantie devienne pour la Russie elle-même une sorte de lien qui, en lui imposant les devoirs du protectorat, la préserve de la tentation de saisir un tout autre rôle à l'égard de l'Allemagne.

Il ne faut pas oublier que le premier pas à faire pour l'établissement de l'indépendance continentale est l'évacuation des Pays-Bas, du Portugal et de la Sicile par les troupes étrangères qui s'y trouvent encore, puisque sans ce préalable il n'existe aucune ombre de liberté pour les souverains de ces pays, ni même pour quelques-uns des États limitrophes.

Sous le point de vue de l'indépendance maritime, le système de la France se rattache, comme autrefois, à l'intérêt de toutes les nations commerçantes; mais il a reçu de plus un auxiliaire extrêmement utile par l'adjonction de la force croissante des États-Unis. Quelle que soit l'issue de la lutte actuelle, le gouvernement américain est à jamais destiné à se trouver dans les rangs des ennemis de la Cour de Londres, toutes les fois que quelque autre puissance sera engagée dans une contestation avec cette Cour sur des questions relatives à la liberté des mers.

L'Espagne, dès qu'elle sera rendue au repos et libre de toute influence étrangère, ne pourra manquer de mettre un vif empressement à se replacer dans ses anciens rapports avec nous, puisque, s'il y a quelque voie de salut pour son existence maritime, ce n'est que dans l'alliance française qu'elle peut la trouver encore.

On a vu dans les détails de notre situation avec les diverses nations commerçantes la communauté d'intérêts qui se trouve entr'elles et nous. Ce sera sans doute un des principaux objets de notre attention que d'entretenir en elles une disposition énergique à défendre ceux de leurs droits dont elles n'ont pas fait le sacrifice et la volonté persévérante de recouvrer, dans une conjoncture favorable, ceux dont une injuste violence les a dépouillées.

La politique de la France en s'accommodant, à l'égard des moyens dont il convient de faire usage, aux mutations survenues dans la position respective des puissances, doit, à ce qu'il semble, se réduire aux termes suivans :

1°. Saisir tous les points de concordance qui existent entr'elle et les diverses autres nations pour mettre un terme au despotisme du gouvernement anglais, et amener ce gouvernement à se dessaisir, dans un temps plus ou moins prochain, de quelqu'une de ses usurpations tant sur des possessions matérielles que sur les droits naturels de tous les peuples à l'égard de la navigation et du commerce.

2°. Faire concourir toutes les puissances intéressées, notamment l'Autriche et même l'Angleterre, à repousser la domination russe qui menace d'envahir le continent européen, et porter ces diverses Cours à s'attacher avec nous au seul moyen qui puisse remplir cet objet, au rétablissement d'un royaume de Pologne, indépendant de toutes les puissances environnantes.

3°. Tâcher de restreindre les acquisitions de la Cour de Vienne, et surtout l'éloigner de nos frontières.

4°. S'opposer également à l'ambition de la Prusse, et faire en sorte de réprimer son extension sur la rive gauche du Rhin; mettre un vif intérêt à empêcher la destruction ou le démembrement du royaume de Saxe, dont la ruine menacerait d'un sort pareil les autres souverainetés germaniques.

5°. Favoriser la formation d'une quatrième puissance en Allemagne par la réunion de tous les États de second et de troisième ordre en un corps vraiment germanique, dont seraient exclus les princes qui auraient, comme grande puissance, d'autres intérêts que ceux de la confédération, tels que les souverains de l'Autriche, de la Prusse et du Hanover.

6°. Placer cette confédération germanique, non sous une garantie particulière qui la subordonnerait aux intérêts de la puissance garante, mais sous la garantie commune de deux grandes puissances étrangères à l'Allemagne, sous la protection de la France et de la Russie.

Tels paraissent être désormais les points fondamentaux vers lesquels se dirigera sans doute la politique de la France sur le continent. Peut-être le congrès de Vienne nous procurera-t-il une partie des résultats que l'on présente ici comme devant être l'objet de nos efforts ; mais quand même, à l'issue des négociations actuelles, nous serions encore bien loin du but, ce ne serait pas une raison pour suspendre notre marche. Si la fausse idée que les nations étrangères se forment de l'état intérieur du royaume peut nuire, pendant quelque temps, à notre influence au dehors, chaque jour doit, sous un monarque habile, en consolidant le bonheur des sujets, rendre à l'État sa force réelle et la considération qui en est la suite. L'affermissement de la France au premier rang des puissances est aussi important pour l'Europe que pour la France elle-même, et doit entrer comme partie essentielle et indispensable dans le rétablissement de l'équilibre général.

Peut-être dans l'instant où je termine le cours de mes observations sur l'état politique de la France, les faits ne sont-ils plus tels que je les voyais en commençant ce travail. La scène a pu changer ; des incidens nouveaux ont succédé à ceux qui avaient d'abord fixé mes regards ; quelques-unes des chances que j'ai indiquées ont fait place à d'autres chances. Au milieu de toutes ces variations de circonstances accessoires, les principes ne varient pas, les grands intérêts subsistent, la vérité est une, la nature des choses est immuable, la France est toujours la France. Forte de ce qui lui reste, elle l'est encore même de ce qu'elle a perdu : ce qui lui a été enlevé en territoire, lui est revenu ou lui reviendra en puissance d'opinion. Tous les autres États ont obtenu plus qu'ils ne devaient espérer : pour la France seule, la réalité est au-dessous de ses véritables droits; mais ces droits, on ne saurait les méconnaître. Quand la politique jalouse des gouvernemens rivaux les proscrit, la voix des nations les proclame; l'ambition arrache ce qui ne lui appartient pas; la modération attend avec calme ce qui lui est dû. Les affaires diplomatiques de la France sont à Vienne dans une main habile; à Paris le roi veille : il lit dans le cœur de son peuple, et le vœu de son peuple répond à ses royales pensées. Lorsque les sentimens du monarque et des sujets sont dans un aussi parfait accord, ce n'est pas à la France à douter de l'avenir.

QUATRIÈME PARTIE.

ÉTAT MORAL.

Le tableau de la situation morale de l'Europe se composera de trois parties distinctes ;

1°. L'état moral de la France, considérée par rapport à elle-même ;

2°. L'état moral de la France à l'égard des nations étrangères, et réciproquement ;

3°. L'état moral des nations étrangères, considérées dans leur existence intérieure.

TITRE PREMIER.

ÉTAT MORAL DE LA FRANCE CONSIDÉRÉE PAR RAPPORT A ELLE-MÊME.

D'après le but général de cet ouvrage, on concevra sans peine que, sous le titre d'État moral de la France et des autres nations, je ne me propose point de présenter une peinture de mœurs dans toute l'étendue de ce terme ; mais que je me borne à envisager le côté des mœurs qui se rapporte au grand intérêt des États, sous le double point de vue de leur bonheur domestique et de leur situation dans l'ordre des puissances. Ce côté des mœurs publiques est un composé de sentimens et d'opinions. La partie de ces sentimens et de ces opinions qui constitue l'état moral d'un peuple, dans l'acception que je lui donne, est celle dont se forme la disposition présente de ce peuple à l'égard de son gouvernement et de la famille de ses rois.

Le gouvernement, cette puissance qui est une attribution et une dépendance du monarque, mais qui en même temps existe par elle-même ; qui a ses droits et ses devoirs légalement déterminés dans une monarchie constitutionnelle, et qui cependant, même en agissant seule, couvre du nom sacré du roi les actes de son autorité, n'a point encore pris en France une marche assez ferme, une assiette assez solide, une consistance assez caractérisée pour que le jugement public, à son égard, ait pu se former et s'établir. Aujourd'hui l'état moral de la nation française consiste tout entier dans sa disposition à l'égard de la famille de ses rois ; et c'est dans ce sens seul que je vais le considérer.

Dans le cours de cet examen, les opinions et les sentimens viendront se confondre sans cesse, parce que sur de telles matières il est très-difficile de les séparer. Pour éviter tous les inconvéniens de cette confusion, nous commencerons par poser en fait (ce qui sera constaté plus tard) que, par rapport aux sentimens, il y a un fonds de concordance véritable que ne détruit point l'extrême différence des opinions.

Le rétablissement des Bourbons est un de ces événemens faits pour produire à la fois sur toutes les âmes et sur tous les esprits une impression nécessairement vive et profonde. Chacun des sujets de l'État en est frappé et comme citoyen et comme individu. On le considère, malgré soi, sous le double aspect de l'intérêt public et de l'intérêt particulier. Sans doute, en quelques personnes, l'intérêt particulier nuit à la rectitude du raisonnement; mais la masse de l'opinion est toujours saine, et la plus grande partie des intérêts privés s'accorde avec l'intérêt général. Il y a surtout union dans les âmes, quoiqu'il y ait dissidence dans les esprits. Il est aujourd'hui, par exemple, un point sur lequel tous les sentimens sont d'accord, c'est à l'égard de la personne du roi. Parmi les hommes mêmes, que leur conduite passée a pu condamner à craindre le retour des Bourbons, il n'en est pas un qui ne s'applaudisse du choix de celui des princes qu'il a plu au ciel de nous rendre pour souverain. On verra que cette unanimité qui existe dans les sentimens se retrouve, en grande partie, malgré les apparences contraires, même dans les opinions, quant à leur tendance et à leur but final.

Je vais parcourir successivement les diverses classes qui composent maintenant l'ordre social en France. Il ne se présente d'abord que deux grandes divisions, ce sont celles qui appartiennent essentiellement à la nature constitutionnelle de la monarchie, la classe noble et celle qui ne l'est pas. Cette division légale n'est point, dans l'état présent des choses, celle qu'il convient d'adopter. La classe noble renferme, selon le texte de la constitution, l'ancienne et la nouvelle noblesse. Le temps, sans doute, achèvera l'ouvrage de la législation. Il fondra les deux noblesses ensemble, et n'en formera qu'un tout régulier et homogène ; mais aujourd'hui ce sont des élémens trop opposés entre eux pour n'y voir qu'un corps auquel puisse s'appliquer un même jugement. La place de la noblesse nouvelle est encore au sein de cette généralité de la nation française, que l'on nommait autrefois le tiers-état. A peine sortie de ses rangs, elle n'a point perdu le souvenir de son origine que sa sœur aînée aurait, d'ailleurs, au besoin, l'attention de lui rappeler. C'est à l'ancien tiers-état qu'elle continue d'appartenir. C'est là que la ramènent et doivent l'attacher encore long-temps tous ses intérêts, et tous les liens d'affection et de famille. Ainsi, au lieu de la division de droit qui serait peu juste en une telle circonstance, nous adopterons la division de fait, qui, séparant la France en deux parts, range d'un côté la noblesse ancienne et de l'autre la masse de la nation dans laquelle la noblesse nouvelle est comprise.

Pour connaître l'ensemble des sentimens et des opinions, il faut les observer dans les diverses parties de chaque ordre. C'est d'après cette méthode que je vais procéder.

Dans la noblesse ancienne, je considérerai tour à tour :

Les émigrés (1);

(1) Un homme distingué a dit dernièrement, et plusieurs autres personnes ont répété après lui, que, pour faire disparaître toute trace du passé, il faut oublier jusqu'aux qualifications qui rappellent nos discordes civiles. On ne peut qu'applaudir à un esprit de conciliation aussi estimable; mais le moyen qu'il indique n'est-il pas une illusion, une subtilité de sentiment? Les mots sont une monnaie qui n'a que la valeur de l'empreinte qu'on lui donne. Ce ne sont pas

Les Vendéens ;

Les gentilshommes restés en France, employés ou non employés par le dernier gouvernement.

A l'égard de ce qu'on nommait autrefois le tiers-état, j'envisagerai cette classe dans la conduite qu'elle a tenue depuis 1789. Je prendrai la génération présente dans les trois âges de la vie : j'examinerai quelles sont les dispositions des hommes d'un âge avancé ; des hommes d'un âge mûr et des jeunes gens. Le résultat de cette recherche pourra bien être de présenter une lutte d'opinion entre l'ancienne noblesse et le reste de la France ; mais il offrira un accord parfait dans les sentimens de tous pour le roi et pour sa famille.

les mots qu'il faut proscrire, ce sont les idées haineuses attachées à ces mots. Quand on veut parler des Français qui ont quitté la France par suite des événemens que la révolution a fait naître, il serait fort indifférent d'esquiver le terme d'émigration, si l'on mettait de l'amertume dans les périphrases destinées à le remplacer. C'est dans le jugement, et non dans le langage, que la réforme est nécessaire. La véritable justice consiste, en faisant usage des expressions qui peignent le mieux les choses, à juger les choses elles-mêmes avec calme et impartialité, et à rendre justice à tout homme de bien, à tout bon Français, sous quelque désignation reçue que ses opinions et le parti qu'il a embrassé doivent porter à le comprendre.

Avant tout, il est une classification préalable très-importante à établir, et tous les ordres de la société y ont un égal intérêt, c'est celle qui existe dans tous les temps, et indépendamment de toutes révolutions politiques, entre l'honneur et la perversité. C'est dans un siècle, comme celui où nous sommes, qu'il importe surtout de placer la droiture et la probité personnelles au-dessus de toute autre considération. Chaque classe doit également désavouer l'homme pervers qui voudrait figurer dans ses rangs. Du moment qu'un membre de la société n'appartient plus à la famille des gens de bien, ce n'est plus ni un émigré, ni un jacobin, ni un ami de la constitution de 1791, ni un ami de la constitution de 1793, ni un serviteur du roi, ni un serviteur des divers pouvoirs qui ont gouverné la France, c'est un malhonnête homme, et rien de plus; puisqu'il porte la livrée du crime, ce n'est que ce caractère honteux qu'il faut voir en lui, et non celui de la classe dont il déshonore les couleurs : mais ici une carrière immense s'ouvre à l'arbitraire des jugemens particuliers ; chacun est aveuglé par ses propres préventions. La diversité d'opinions est un grief; et ces griefs d'opinions se changent en délits aux yeux des parties intéressées. Le champ de la révolution, qui devait être fermé pour toujours, s'ouvre de nouveau à tous les regards. On compte les pas que chacun y a faits ; on examine dans quel sens il a marché, et on ne voit plus de tous côtés que des gens qui s'observent, qui se mesurent des yeux, et se condamnent réciproquement au fond du cœur. Le moyen de faire cesser ces dissensions fatales, c'est de ne reconnaître que deux bannières, ou plutôt de n'en admettre qu'une seule, la bannière de l'honneur et de la probité. Cette bannière doit rassembler les hommes de toutes les classes, de tous les partis, qui ont suivi de bonne foi les lumières de leur raison, et qui ont cru, dans le parti qu'ils embrassaient, remplir leurs devoirs d'honnête homme et de citoyen. On doit y voir à côté l'un de l'autre, et celui qui combattait dans les murs, et celui qui combattait hors des murs, et le vainqueur et le vaincu, et l'opprimé et l'oppresseur. C'est sous ce dernier rapport d'oppression exercée et d'oppression soufferte, que l'impartialité est difficile, et cependant bien nécessaire. Il est malaisé d'indiquer à quel moment la part qu'un individu a prise aux écarts de la révolution a pu devenir criminelle; de poser la borne où les torts de l'esprit cèdent la place aux vices de l'âme; de prononcer enfin sur ce fanatisme de la liberté qui a eu ses Séides comme celui de la religion. Rome a sanctifié plus d'une fois des actions que l'humanité réprouve. Elle n'a vu que le principe pur qui les avait causées, et n'a point tenu compte des malheurs résultans de la fausse application donnée à ces principes. Ce n'est pas assurément un exemple à suivre ; mais peut-être là où on ne voit que l'égarement de la raison, la justice prescrit-elle d'étendre le voile de l'indulgence. Il faut surtout plaindre l'homme dont le cœur était pur, et que des circonstances malheureuses ont entraîné à des actions condamnables qui pèsent sur le reste de sa vie. Quelles règles existe-t-il pour déterminer le point où l'erreur finit, et où le crime commence ? Point d'autre que celles qui sont innées dans la conscience de l'homme de bien.

Après cette première remarque, il en est une autre encore qui n'est pas moins essentielle, parce qu'elle a pour objet de redresser des idées fausses, ou du moins de mieux faire ressortir des idées vraies. Les écarts de la révolution sont vulgairement attribués au tiers-état, et cependant on doit se souvenir que tous les ordres de l'Etat ont fourni leur part d'élémens inflammables à l'incendie. Si l'on devait établir sur de telles questions des démonstrations mathématiques, il serait facile de prouver que le clergé et la noblesse ont, en raison de l'importance attachée à leur classe même, au rang, à l'existence personnelle des membres de ces deux classes, exercé une influence proportionnellement plus étendue et plus dangereuse. Toute récrimination de ce genre serait déplacée. Les torts ont été communs. Tous les ordres doivent mutuellement s'absoudre et se pardonner leurs égaremens. Oublions ce qui a été, et voyons ce qui est. C'est la noblesse ancienne qui doit d'abord fixer notre attention.

L'ancienne noblesse n'est qu'une fraction extrêmement faible de la population française, et elle se divise elle-même en une foule de fractions infinies, qui ont leurs passions et leurs vues à part. Il n'y a pas deux coteries qui soient d'accord entre elles. Là où l'on devrait s'attendre à voir l'unité la plus parfaite, on trouve encore d'incroyables variétés : ce sont des nuances sans nombre, des partis dans des partis, des différences dans des différences. Cependant, au milieu de leur conflit intérieur, il est pour presque toutes un point de réunion, c'est leur opposition prononcée contre tout ce qui est d'une autre classe. Si l'on devait en croire l'imprudent langage d'un certain nombre de leurs membres, ce ne serait que parmi elles que le roi aurait ses véritables amis. Sans doute ce peut-être une estimable émulation qui les porte à se disputer ce titre les unes aux autres, et à faire valoir, à l'envi, les raisons qui les autorisent à s'en décorer ; mais, quelle que soit la noblesse de leurs motifs, on ne peut s'empêcher de trouver étrange qu'elles réclament pour elles seules un nom qui, comme le sentiment qu'il représente, doit être commun à tous les Français. Le nom d'amis du roi ne doit point former la propriété d'une classe ou d'une secte : il appartient à tous les honnêtes gens. Restreindre son application, ce serait faire supposer qu'il existe des ennemis du roi ; et grâces au ciel, cette supposition odieuse serait facile à démentir. Quels sont donc les titres particuliers que peuvent alléguer les différentes fractions de la noblesse ancienne pour prétendre seules à la faveur du monarque ? Je trouverai une satisfaction sincère à rendre en toute occasion une éclatante justice au mérite et à la vertu ; mais en même temps je ne me ferai point scrupule de combattre des prétentions exagérées et des usurpations illégitimes. L'ancienne noblesse, comme je l'ai dit plus haut, se présente sous trois formes particulières, ou, si l'on veut, se divise en trois fractions principales.

1°. Les émigrés : parmi eux j'aperçois d'abord les hommes qui, tenant de près à la personne du roi, ont redoublé de dévoûment en raison de ses infortunes. Qui pourrait vouloir jeter le moindre nuage sur la conduite de ces généreux serviteurs? Honneur en tout pays, en tout temps, à la fidélité! Mais ce ne sont pas ceux-là qui viennent en faire un fastueux étalage, et en demander le prix. C'est dans le cœur du roi qu'ils trouvent leur plus douce récompense. Parmi les autres fugitifs qui ont combattu sous les drapeaux de nos princes, ou qui ont erré dans les différens États de l'Europe, combien de distinctions à faire!

Les mêmes malheurs ont frappé la famille royale et la classe privilégiée. Le sort des hommes qui appartiennent à cette classe s'est trouvé lié à celui du roi; ils l'ont accompagné sur la terre de l'exil, c'en est assez pour qu'ils soient recommandables à nos yeux. Cependant nous n'en devons pas moins, dans une cause qui paraît être la même, apercevoir deux intérêts différens l'un de l'autre. Il est, sans contredit, un grand nombre d'hommes estimables qui n'aspiraient qu'à voir rétablir un trône qu'ils croyaient nécessaire au bonheur des Français; mais combien n'en est-il pas aussi qui, dans le rétablissement du trône, ne voyaient que celui de leurs priviléges? ils se qualifiaient du titre de défenseurs du roi, et c'était la destruction des droits féodaux qui leur avait mis les armes à la main.

Assurément, après tous les genres d'amertume dont les émigrés ont été abreuvés chez les nations étrangères, il n'est pas un cœur français qui n'ait répondu au cœur du roi pour leur faire retrouver sur le sol natal tous les adoucissemens à leurs maux que comportent l'organisation actuelle et le maintien de l'ordre existant; mais, sans blesser les droits sacrés du malheur, il est impossible, si l'on veut remonter au principe des choses, de ne pas séparer la cause d'une classe privilégiée de la cause générale de la monarchie.

2°. Les Vendéens. C'est là peut-être que la royauté a eu ses plus zélés partisans. Là aussi l'intérêt ecclésiastique et nobiliaire fut le principe des premiers mouvemens; mais les motifs originaires de la guerre s'épurèrent par la guerre même. D'un autre côté, des actes d'héroïsme honoraient l'armée républicaine. Un joug de fer pesait sur la France, et les fils de la France volaient au combat contre des Français au nom de la liberté et de la patrie. La fatalité des temps séparait ce qui aurait dû être toujours réuni. Le nom du roi retentissait dans un camp et le nom de la patrie dans l'autre : fatal effet des guerres civiles qui, en développant dans des partis contraires les passions les plus généreuses, offrent à la fois, des deux côtés, au milieu des excès d'une férocité aveugle, les plus éclatans prodiges de dévoûment et le saint enthousiasme de la vertu !

3°. Les gentilhommes restés en France. Si quitter la France pour la combattre, ou lever dans son sein l'étendard de la guerre civile, sont deux extrémités hasardeuses qui supposent dans ceux qui s'y jettent volontairement de l'audace et de l'énergie, rester calme dans ses foyers au milieu de périls sans cesse renaissans, était aussi un genre de courage qui, s'il avait été général, aurait pu avoir pour la royauté même un plus favorable résultat. Tandis que des hommes ardens ne connaissaient d'autre recours que la décision du glaive, on ne saurait blâmer ceux que plus de modération, des liens domestiques ou d'autres motifs honorables ont retenus dans leurs demeures. Ces derniers ne sont pas ceux qui ont eu à subir d'abord les moins cruelles épreuves. Cependant l'état intérieur de la France avait changé ; un trône nouveau avait voulu inscrire de vieux noms sur ses degrés ; presque tous étaient venus s'offrir. Depuis douze ans, de tous les coins de la France, et même ensuite de toutes les parties de l'Europe, on voyait s'empresser autour de la Cour nouvelle et l'émigré à qui une faveur particulière rendait quelques moyens d'existence, et le Vendéen, gagné par des bienfaits ou par des caresses, et tous ces gentilshommes casaniers qui, paisibles dans leurs châteaux, avaient eu le bonheur de sauver de tous les événemens et leur vie et leur fortune. Tout à coup l'autel tombe, et la divinité disparaît; et tous de désavouer aussitôt les hommages qu'ils lui ont rendus. Quel triomphe pour le petit nombre de ceux qui prétendent n'avoir pas profané leur encens! ici les chagrins de la veille deviennent les titres d'orgueil du lendemain. Telle personne qui a sollicité vingt fois sans obtenir, se vante aujourd'hui d'avoir refusé. Lorsque tout ce qui existe de familles de haute illustration a composé le cercle impérial, il est permis de croire que, s'il y en a eu quelques-unes qui ne s'y soient pas montrées, c'est que la route n'en était pas assez fleurie pour elles; la lenteur à s'y rendre a d'ailleurs été souvent une pratique adroite pour s'y mieux établir; l'affectation de peu d'empressement a été un art, et le délai, un calcul. Ce sacrifice à la puissance, ou si l'on veut, à la nécessité, a été si général, qu'en vérité les familles qui peuvent se vanter de n'avoir pas encouru ce reproche, n'ont guère à se glorifier que des circonstances accidentelles qui les ont mises dans le cas d'attendre. Après tout, à quoi se réduit le mérite d'hommes qui, étant appelés par leur rang, par leur fortune et leur éducation, à remplir de grandes fonctions dans l'état, ont livré leur existence à une orgueilleuse oisiveté ? cette inaction servait-elle la cause dont, au fond de leur cœur, ils désiraient le triomphe ? Il n'y aurait peut-être pas de mécompte à dire que ces royalistes vraiment *purs* sont, en grande partie, des royalistes vraiment *nuls*. Il est assurément d'honorables exceptions ; mais plus d'un exemple autorise à croire que chez la plupart de ces illustres fainéans, ce royalisme immaculé, dont aucun souffle napoléonien n'a terni la virginale pudeur, pourrait bien n'être, pour parler le langage du jour, que le mérite du désert et la vertu de la solitude. Si l'on peut, en sûreté de conscience, croire que c'est surtout cette précieuse *nullité*, dont les avait doués une fée bienfaisante, qui leur a conservé toute leur innocence ; ont-ils lieu d'être s vains de ce singulier privilége, et de traiter avec tant de dédain ceux de leur classe qu'une si merveilleuse sauve-garde ne protégeait pas ? Tous ne pouvaient pas, à leur naissance, avoir eu la même fée pour marraine.

Parmi ceux qui ont brigué les faveurs du chef du dernier gouvernement, il en est plusieurs qui, pour s'en disculper aujourd'hui, ont recours à d'étranges excuses. On en a vu qui ont été jusqu'à dire avec une jactancieuse naïveté qu'ils ne l'ont servi que pour mieux le perdre. Hasarder un tel langage, c'est compter beaucoup sur la crédulité publique, et faire gaiement les honneurs de sa personne. Ce propos rappelle celui d'un gentilhomme polonais qui, dans la diète de 1791, lorsqu'il était question d'exiger des membres de cette diète le serment qu'ils n'avaient jamais été pensionnés par la Russie, déclara franchement que, pour son compte, il avait reçu de l'impératrice Catherine une pension fort considérable; que non-seulement il n'en faisait point mystère, mais qu'il en tirait vanité, puisque c'était une œuvre patriotique pour tout bon Polonais de dépouiller son ennemi. La diète l'en crut sur sa parole, et le serment ne fut point exigé.

Les autres prétextes que l'on met en avant pour justifier une conduite qui, au fond n'a rien de répréhensible, sont tous également mauvais par cela seul qu'ils sont tous également faux. Le parti le plus simple serait celui de la vérité. On a cru à la durée du gouvernement établi en France; tous les souverains de l'Europe ont eu cette croyance. Le chef de la maison d'Autriche l'a consacrée, par l'acte le plus solennel, par le mariage de sa fille. Les peuples devaient-ils penser autrement? Avec d'autres désirs, pouvait-on nourrir d'autres espérances? et avec d'autres espérances pouvait-on croire à leur prochain accomplissement? En 1811, rêver ce qui a eu lieu en 1814, c'eût été concevoir l'impossible. La foi robuste, la foi qui transporte les montagnes, est la seule qui ne se soit point trompée. La raison humaine a été entièrement en défaut. On ne peut ainsi faire un crime à personne d'avoir, sous le dernier gouvernement, occupé des places dans l'administration ou même à la Cour. Cependant les héros du jour, les hommes qui, en ce moment, se présentent avec les plus orgueilleuses prétentions, sont ceux qui apportent comme titre de considération particulière, un brevet de vingt-cinq ans d'inutilité. Ces prétendus amis du roi ne seraient-ils pas, avant tout, passablement amis d'eux-mêmes? Nous ne voulons pas être injustes envers eux; mais, en vérité, comment permettre qu'ils s'arrogent des droits exclusifs aux grâces d'un monarque pour qui ils n'ont rien fait, et à des fonctions de gouvernement auxquelles ils sont devenus inhabiles en se faisant un mérite d'y rester étrangers? Qui le croirait? c'est le dernier âge de la vie que cette fièvre nouvelle a le plus violemment agité.

Le respect pour la vieillesse était, dans l'antiquité, ordonné par les lois. Il est consacré par les mœurs dans les temps modernes. Par bonheur, ce sentiment délicat a toujours régné dans les cœurs français : s'il n'en était pas ainsi, qui aurait pu supporter le bizarre spectacle que Paris a offert dans les derniers mois ? Jamais la gaieté naturelle à notre nation trouva-t-elle de plus riches sujets, et la caricature, des matériaux plus piquans ? Pas une gentilhommière qui n'envoie son seigneur à la Cour ! Pas une vieille épée qui ne descende du mur où elle était suspendue depuis vingt ans ! Tout s'achemine vers Paris : et quel est le but du voyage ? Sans doute il était noble et désintéressé dans quelques âmes généreuses; mais, ne le dissimulons pas, puisque les faits étaient visibles, toutes les têtes étaient tournées ; toutes les imaginations égarées dans de folles espérances. La sagesse a paru, un moment, être en sens inverse de l'âge. On a vu les hommes les plus raisonnables se laisser gagner eux-mêmes à la contagion générale. On a vu des fils respectueux réduits à faire de vains efforts pour tempérer l'exagération de leurs parens. Le souffle d'une ambition adolescente agitait toutes les barbes grises, et les démonstrations d'une vanité rajeunie venaient altérer l'honneur et la sainteté des cheveux blancs. La singularité du costume et l'antiquité de ses formes fit naître la folie d'un travestissement. Dans une verve d'hilarité indiscrète, quelques jeunes officiers empruntent la rondache et le pourpoint de leur grand-père. La fidélité de l'imitation produit d'abord de divertissantes méprises; mais bientôt les originaux se reconnaissent: l'alarme est au camp de l'armée octogénaire. L'amour-propre blessé fait entendre de bruyans éclats ; les oreilles du roi en sont frappées :

Et le roi, que dit-il? Le roi se prit à rire.

Sa prudence éclairée ne voulut pas voir un tort grave là où il n'y avait qu'une étourderie excusable, et son indulgence sentie a produit sur des cœurs bien nés une impression plus profonde et plus utile que ne l'eût fait une juste sévérité. Cette aventure avec ses circonstances, la cause, la plaisanterie et le pardon, est un trait qui n'est point déplacé ici, et qui donne seul une idée des mouvemens heurtés de l'opinion. Peut-être une aussi longue compression ne pouvait-elle cesser brusquement, sans détraquer tous les ressorts. Peut-être la vieillesse, surtout, n'est-elle plus en état de soutenir de semblables secousses. Peut-être, en général, est-il au-dessus des forces de l'esprit humain de se tenir dans de justes bornes à l'aspect de changemens aussi extraordinaires auxquels on n'était pas préparé.

En me voyant ainsi relever dans les diverses fractions de la noblesse ancienne, ou quelques torts ou quelques ridicules, on trouvera peut-être que ce chapitre à l'air d'un manifeste contre le corps entier. Telle n'est point assurément mon intention. Je n'accuse pas, je présente ce qui existe. Tracer un portrait n'est point une hostilité. Dira-t-on que c'est un éveil donné au tiers-état? C'est plutôt son cri d'alarme dont je suis l'écho, mais seulement contre cette partie de la noblesse qui, de fait, semble se constituer en état de guerre contre lui. Quant au corps dans son ensemble, j'y respecte ce qu'il renferme d'hommes éclairés, raisonnables et sages. Cette dernière portion qui, là, comme ailleurs, est la minorité, se compose indistinctement, et d'hommes qui avaient quitté la France, et d'hommes qui y sont restés; d'hommes qui ont eu une existence active, pendant la dernière époque, et d'hommes qui ont gardé une indépendance à laquelle ils étaient autorisés par l'avantage d'une grande fortune; mais ceux que l'opinion publique entoure particulièrement de ses suffrages et de son estime, ce sont ces jeunes et braves militaires, qui maintenant redevenus ducs, comtes ou marquis, n'oublient point qu'avant tout ils sont Français; qui, dans l'égalité des camps, n'ont rivalisé avec le plébéien, leur camarade ou leur chef, que de vaillance et de dévoûment pour la patrie. La France les honore parce que, jetés de bonne heure dans de grandes épreuves, ils ont désappris les préjugés de la naissance et appris l'estime que l'on doit au talent et au mérite supérieur; parce que, jaloux de notre gloire militaire et fiers des blessures qu'ils ont reçues pour la soutenir, ils s'honorent eux-mêmes par leur noble amitié pour leurs frères d'armes, et par leur respect pour les illustres chefs sous lesquels ils ont servi. Ces jeunes guerriers, heureusement en assez grand nombre, épars aujourd'hui dans les rangs de l'armée, forment pour l'ancienne noblesse un corps de réserve dont il peut s'enorgueillir. La libéralité de leurs sentimens ne pourra que se fortifier par la réflexion, et mûrir avec l'âge. Ceux d'entre eux qui sont destinés à entrer dans la chambre des pairs ne pourront manquer d'y être un jour, et les appuis du trône, et les défenseurs de la liberté publique.

Après les hommages légitimes que je me plais à rendre à cette brave jeunesse, et les autres exceptions que j'ai indiquées, n'est-il pas permis d'ajouter qu'il est pénible de voir ce qu'il y a de moins distingué dans l'ancienne noblesse vouloir encore, à l'époque où nous sommes, établir la suprématie d'une classe particulière sur tout ce qui n'en est pas? N'est-ce pas un spectacle choquant, que celui de tous ces hobereaux qui, sans avoir rien fait pour le roi ni pour leur pays, s'agitent maintenant autour des ministres, aspirent à toutes les places, et cherchent à faire prévaloir l'avantage d'un nom plus ou moins connu sur le talent, le mérite et les services? Et ces hommes si actifs pour demander, si remuans pour entraîner, si importuns pour obtenir, tous leurs titres sont d'appartenir à une classe qui ne forme pas la vingt-cinquième partie de la nation française! En leur laissant, dans leurs rivalités intestines, le soin de s'épurer entre eux, ce seront bientôt quelques centaines d'hommes seulement qui, sous le nom d'amis du roi dont ils se proclament seuls dignes, s'appropriant les titres, les honneurs, et l'administration du royaume, viendront se placer comme une barrière entre le monarque et les sujets! La sagesse du roi ne le souffrira pas.

Si tel est le tableau que présente aujourd'hui la noblesse ancienne; si, avec des vertus courageuses dans des hommes estimables, avec une vaillance héroïque dans une jeunesse brillante, elle offre encore, dans une foule de ses membres, un orgueil sans fondement, et une ambition ou une avidité que rien n'autorise, c'est malheureusement l'effet nécessaire de la nature de son ancienne existence. Les torts n'appartiennent point aux individus ; ils appartiennent à la classe. C'est la suite des vieux préjugés qui ont si long-temps pesé sur la nation entière, et qui ont, en grande partie, provoqué les premiers éclats de la révolution.

Je passe maintenant à l'examen des sentimens et des opinions de cette immense majorité du corps de la nation que l'on nommait autrefois le tiers-état.

Quel était, en 1789, l'objet de tous les vœux du tiers-état, le but de tous ses efforts ? L'adoption des principes que la charte constitutionnelle a consacrés en 1814. Les résistances qu'il rencontra augmentèrent la violence de ses attaques. Le choc des passions fit le reste. L'esprit philosophique, égaré par l'esprit d'intrigue, dirigea contre la royauté une force qui ne voulait agir que contre les classes privilégiées. C'était à leurs priviléges seuls que le tiers-état faisait la guerre : ce n'était point à la monarchie. Les membres du tiers-état ont, sur ce point, une excuse que n'avaient pas les membres du clergé et de la noblesse, qui ont concouru avec lui à la chute du trône. Le malheur des temps confondait les intérêts du clergé, de la noblesse et de la royauté. C'est cette confusion d'intérêts qui a fait envelopper dans une même proscription et les ordres privilégiés qui pesaient sur la France, et les rois qui depuis long-temps travaillaient à la délivrer de cette oppression. Quelle a été la suite de cet effroyable événement ? Après quelques années d'orages, la masse de la nation française, désabusée des chimères républicaines, sentit que l'autorité monarchique était la seule qui pût lui convenir. Si l'idée du rétablissement de la famille de nos rois avait pu se séparer de celle du retour des abus nobiliaires, tels qu'ils existaient avant 1789; si on avait jugé qu'il fût possible qu'un Bourbon vînt ressaisir la couronne, sans que les classes privilégiées voulussent reprendre également tous leurs anciens avantages, et si la nation française eût été libre d'émettre son vœu, qui peut douter qu'un cri unanime n'eût, dès long-temps, rappelé les descendans de Louis XII et de Henri IV ? Le principe de l'hérédité était redevenu un dogme national : il fallait un monarque à la France. La gloire d'un chef militaire a presque toujours fondé les dynasties. Toutes ont commencé par une occupation arbitraire du pouvoir que légalise ensuite l'assentiment des peuples ; mais c'est la durée seule qui en constitue la légitimité. Le trône de France était vacant. Un guerrier ose s'y asseoir. Le peuple applaudit à tout ce qui l'étonne : le peuple, depuis plusieurs années, admirait de grands faits d'armes : il admira l'ambitieuse témérité du soldat qui se plaçait sur le trône des rois. Il l'en crut digne à son audace : il le confirma par son suffrage. Sans doute des cœurs français ne purent s'empêcher de donner de vifs regrets au sang de leurs rois ; mais le retour des Bourbons était alors impossible : l'État avait besoin d'un chef, et on se réunissait autour de l'homme qui paraissait le plus digne de l'être. L'Europe, hors un seul gouvernement, rendit aussitôt au nouveau monarque ce qu'exigeait le titre dont il venait d'être revêtu. Quelques-unes des principales puissances l'avaient elles-mêmes engagé à cette démarche hardie, lorsqu'il n'était encore que magistrat temporaire, soit flatterie pour se faire auprès de lui le mérite d'un conseil dont elles jugeaient déjà qu'il n'avait pas besoin, soit raison politique afin de voir en France un gouvernement plus stable, et de n'avoir plus à craindre le contre-coup de nos perpétuelles agitations. Dès-lors, un premier trait qui les surprit leur donna l'éveil sur l'avenir. Elles se montraient prêtes à saluer un roi : ce ne fut pas sans crainte qu'elles virent paraître un empereur ! Si la légitimité des droits d'une famille à la puissance souveraine dépendait uniquement et de l'assentiment des peuples et de la reconnaissance qu'en font ensuite les autres États, quelle est celle des dynasties de l'Europe qui ait eu originairement sur le pays qu'elle gouverne des droits dont le principe soit plus légal? Les héritiers actuels des fondateurs de ces dynasties sont de légitimes souverains; mais en était-il de même de leurs aïeux? Cependant, avant que la légitimité existât, l'intérêt des peuples leur imposa le devoir de se soumettre à ces nouveaux princes et de respecter leur puissance. L'intérêt qui régla la conduite des Français en 1804 est particulièrement le même qui avait réglé celle des Anglais en 1689. La différence du dénoûment ne peut rendre criminel pour une nation ce qui a été un acte de sagesse de la part de l'autre. Si les princes de la maison d'Hanovre règnent aujourd'hui en Angleterre par les droits les plus saints, ces droits n'existaient point pour Guillaume III, qui, déjà en possession du trône par la fuite de Jacques II, eut encore tant de peine à se faire déférer l'autorité royale. On sait qu'un moment il fut question pour lui de ne mettre en avant aucun autre droit que celui de conquête : un parti nombreux voulait se borner à nommer un régent et tenait à respecter le droit de succession. Ce ne fut qu'avec de grands efforts que le parti contraire l'emporta, et ce parti n'eut que cinquante-une voix contre quarante-neuf; par conséquent, une majorité de deux voix. Aujourd'hui, le temps a consacré ce qui eut alors le caractère de l'usurpation. Ainsi, fille du temps, la légitimité ne s'établit véritablement que par la durée. D'après ce principe, si Napoléon a été pendant son règne l'administrateur, le régent légal de la France, il n'en était pas encore le souverain légitime : le souverain légitime en était toujours un Bourbon; et c'est d'après ce principe que Louis XVIII place, avec raison, la date du commencement de son règne au jour où lui échurent ses droits héréditaires. Mais, d'un autre côté, le peuple français étant soumis, dans cet intervalle, à un pouvoir régulièrement institué, n'était point en rebellion à l'égard de son Roi. Le Roi était un père absent dont la famille avait choisi un autre chef pour la conduire. A son retour, le père de famille regarde comme fait pour lui-même ce qui s'est fait sous les ordres de celui qui avait momentanément saisi ses attributions. Les enfans qui l'ont accompagné dans son voyage et ceux qu'il retrouve dans leurs foyers, sont égaux à ses yeux. Il sait que ce n'est pas être père que de n'aimer qu'une partie de ses enfans; que ce n'est pas être roi, que de ne régner que sur des classes particulières de son peuple : il connaît trop bien les hommes de tous les temps et les annales des temps passés pour ne pas savoir quels malheurs attendent les peuples et les souverains, lorsque le prince, s'isolant en faveur d'un cercle privilégié, cesse de voir d'un même œil la totalité de ses sujets. Cette conduite, qui est dans le Roi un mouvement de son cœur bien plus qu'un calcul de sa raison, doit avoir d'autant plus de prix à nos yeux qu'un souverain qui, après de longues agitations, remonte sur le trône de ses ancêtres, se trouvant presque exclusivement entouré par les hommes qui prétendent avoir seuls servi sa cause, et voyant de moins près ceux qui, pendant son absence, ont servi leur pays, a besoin d'une grande force de caractère pour se défendre de toute préférence, de toute partialité. Il est difficile que les services rendus à l'État parlent aussi haut que ceux rendus à la dynastie : il est difficile que les serviteurs de la dynastie n'enlèvent pas aux serviteurs de l'État ou les récompenses qui leur étaient dues ou les places qu'ils occupaient, et que, devenus maîtres des principales fonctions du gouvernement, ils ne veuillent étendre la prérogative royale et renverser les barrières nouvelles qui en restreignent les droits. Pour s'affranchir du danger d'une influence si naturelle et presque inévitable, il faut avoir à la fois, comme le souverain qui nous est rendu, et une volonté énergique et une âme supérieure. C'est un effort dont Charles II ne fut pas capable, et c'est là sans contredit l'une des premières causes de la perte des Stuart. Ce fut, en grande partie, la prédilection impolitique de ce prince pour les prétendus défenseurs de ses intérêts dynastiques qui donna un si dangereux essor aux factions des Wigs et des Torys. Encore ce monarque, d'un caractère aimable et facile, avait-il d'abord essayé de fondre et d'amalgamer ensemble le royalisme pur des cavaliers et les sévères principes des ardens défenseurs de la cause populaire ; mais bientôt, soit lassitude, soit penchant naturel pour les partisans du pouvoir absolu, il négligea les ménagemens que sa position exigeait, et il jeta dans le mécontentement de la grande masse du peuple ces germes funestes qui, développés encore par son maladroit successeur, consommèrent irrévocablement la chute de sa famille. Si de pareils dangers ne sont pas à craindre pour la France, c'est à la sagesse seule de son souverain qu'elle en a l'obligation. Aujourd'hui, parmi nous, comme en Angleterre à l'époque du retour de Charles II, il existe et il doit nécessairement exister un grand nombre d'hommes qui n'ont pu dépouiller leurs anciennes habitudes ; qui, accoutumés de vieille date aux maximes d'une monarchie illimitée, dont tous les avantages étaient pour leur classe, ne peuvent concevoir l'existence d'une monarchie constitutionnelle qui partage entre toutes les classes également, selon l'ordre des services et du mérite, ces honneurs et ces dignités qu'ils regardaient comme leur patrimoine, et dont les rois n'étaient pour eux que les dispensateurs.

S'il est impossible ainsi qu'il n'y ait pas toujours autour du trône un nombreux essaim d'hommes prompts à saisir le bienfait qui va sortir des mains royales, espérons que du moins ils ne nous enlèveront jamais le premier de nos trésors, le cœur de nos rois. Ah ! si ce crime est grand en tout pays, combien il le serait plus encore en France où un sentiment universel, entraînant toutes les affections vers le souverain, ne lui demande qu'un retour mérité de tendresse et d'amour !

Cette disposition naturelle des cœurs français n'a-t-elle pas été modifiée par les événemens, par l'adoption d'idées nouvelles, par la direction différente de l'éducation ? Il serait, j'en conviens, difficile d'établir la négative. Il est impossible que le caractère primitif le mieux formé ne s'altère un peu par l'action de tant de circonstances réunies. Voyons froidement jusqu'où ces modifications se sont étendues, et de quelle manière elles ont agi sur les différens âges de la génération présente, sur la vieillesse, l'âge mûr et les jeunes gens.

Parmi les hommes qui ont franchi déjà ou qui sont prêts à franchir le seuil de la vieillesse, se trouve la grande majorité des personnages qui ont acquis dans la révolution une déplorable célébrité. D'après la classification que j'ai établie au commencement de ce chapitre, il ne peut être question ici d'hommes pervers qui eussent été tels en tout temps et sous tout autre régime; mais seulement de ces hommes égarés que l'exaltation de principes bons en eux-mêmes a entraînés au-delà du devoir et rendus plus ou moins coupables. Il est en effet malheureusement prouvé qu'on peut avoir eu de grands torts en révolution et être, en même temps, fort estimable sous tous les autres rapports. Les hommes de cette trempe ont eu, depuis le moment de ce délire étrange, le loisir de porter leurs regards en arrière, de reconnaître leurs écarts, et de gémir ou de les réparer. La révolution elle-même, au milieu des attentats qu'elle a enfantés, a souvent pris soin d'en punir les auteurs, en moissonnant plusieurs de ses plus sanglans ministres, et quelquefois, pour la justification du ciel, d'intéressantes victimes ont eu la pénible consolation de voir leur assassin périr auprès d'elles sur le même échafaud. En général même, une grande partie de ce que la révolution avait produit de plus forcené a disparu dans quelques-uns de ces retours de justice où le crime trouvait son châtiment. Quelques-uns de ces hommes, dont les noms rappellent de douloureux souvenirs, ont depuis expié par une toute autre conduite les erreurs de cette fatale époque de leur vie. La voix publique en cite même qui par des services rendus à l'État, à la société, à un grand nombre d'individus, ont recouvré des droits à l'estime générale. Sans doute, ils ont pu ne pas désirer le rétablissement d'une dynastie qu'ils avaient persécutée; mais ce vœu contre elle n'était qu'un vœu défensif, un vœu de conservation pour eux-mêmes. Les événemens de notre révolution sont d'une nature qui était heureusement inouie dans notre histoire. Comme le régicide juridique est un acte dont nous ne trouvions d'exemple que dans des annales étrangères, ce n'est aussi que dans ces annales que les hommes, qui avaient pris part à la chute de la famille des Bourbons, ont pu s'instruire des suites de la restauration d'une dynastie détrônée. Ils ont frémi des scènes affreuses qu'offrit l'Angleterre à une époque semblable : ils ont vu le sang expié par le sang, les promesses enfreintes, les amnisties violées, l'égarement excusable puni comme le crime, et quelquefois même l'innocence immolée par les commissions royales comme elle l'avait été auparavant par les commissions populaires. Ce tableau, que depuis long-temps leur présente une conscience effrayée, a pu leur faire redouter le retour des Bourbons comme le comble du malheur pour eux; mais lorsqu'ils voient un prince magnanime, abjurant tout souvenir des maux qu'il a soufferts, signer avec la France un pacte nouveau, dans lequel sont consacrés ces mêmes droits dont la contestation fut la première cause de nos troubles intérieurs ; lorsqu'ils le voient prescrire lui-même l'oubli du passé pour ne songer qu'au bonheur de l'avenir, ils ne peuvent avoir qu'un vœu à former, et l'objet de ce vœu, c'est que le ministère soit exact à tenir la parole donnée par le roi. Sans doute il a dû paraître étrange d'entendre récemment la justification de maximes qui n'avaient pu être proclamées qu'au milieu des fureurs d'une révolution; mais si quelques-uns de ces hommes, qui ont eu le malheur de conformer autrefois leur conduite à ces effrayantes maximes, tentent de vains efforts pour atténuer le poids du passé, ne sont-ce pas des cris d'effroi qui leur échappent en croyant apercevoir, non chez le roi sans doute, mais peut-être chez les dépositaires de l'autorité, peut-être même seulement parmi les entours de la Cour et des ministres, un germe de disposition vindicative qu'ils voient se développer en un système réactionnaire dont la volonté du souverain ne pourrait elle-même réprimer la violence? Il est naturel qu'ils prétendent n'avoir pas besoin de pardon lorsqu'ils peuvent craindre que le pardon ne soit révoqué, ou que, sans révocation expresse, des actes de détail n'en modifient l'effet.

On trouve que leurs alarmes sont sans fondement, et M. de Chateaubriand assure qu'il n'est aucun français qui désire ni *réactions ni vengeances*. Je commence par déclarer que je regarde moi-même ces alarmes comme extrêmement exagérées; mais, si elles n'ont point de motifs très réels, les causes apparentes ne leur manquent pas, et l'imagination d'hommes déjà inquiets a pu leur montrer la menace d'une tempête là où l'imagination heureuse de M. de Chateaubriand contemple un ciel serein et sans nuage. La froide raison tâche de se défendre de tout prestige: elle s'attache aux choses positives; elle les examine et les juge. *Qui parle de réactions et de vengeances?* Qui? des insensés. Je ne dis pas des méchans, des hommes dangereux : je ne crois pas qu'ils le soient en effet, ni qu'ils le fussent le jour où ils en auraient le pouvoir ; mais ils existent ces insensés, et, quoiqu'ils soient en petit nombre, on les voit, on les rencontre partout. Et ne sont-ils pas en démence les hommes qui, en se proclamant les plus fidèles serviteurs du roi, osent, par d'odieuses interprétations, faire injure à la sainteté de sa parole, ou qui, par un autre blasphème, ne craignent pas de lui reprocher une popularité de principes qu'ils trouvent indigne de lui? M. de Chateaubriand ne croit pas à l'existence de ces maniaques dont le fanatisme nuit à la royauté en croyant la servir ; et voilà qu'ils le considèrent lui-même comme un faux frère, comme un renégat qui a trahi la bonne cause, comme un déserteur de l'ordre de la noblesse et de la monarchie pure qui a passé dans le camp ennemi. Ce camp ennemi qui au fond n'est l'ennemi de personne, ce camp constitutionnel qui excuse toutes les erreurs et qui tâche de rester impartial au milieu des scissions les plus prononcées, se félicite au reste d'une aussi belle conquête. Il est flatté de voir maintenant sous ses drapeaux un champion redoutable qu'il craignait d'avoir à combattre, et il s'en applaudit, surtout lorsqu'il lui est permis de croire que tout ce qu'il y a de plus persuasif et de plus touchant dans les *réflexions politiques* n'est que l'expression de la pensée royale. Et cependant, au milieu de l'hommage que la saine partie de la nation se plaît à rendre aux principes de cet estimable ouvrage, des murmures se sont fait entendre, et l'auteur a été accusé d'apostasie! Il ne faut que plaindre des Français égarés qui sont aujourd'hui assez malheureux pour penser autrement que leur roi; mais enfin il en existe de ces esprits faux, de ces hommes déraisonnables et incorrigibles : ils parlent, ils laissent échapper des paroles imprudentes, et c'en est assez sans doute pour que d'autres hommes que tourmente le passé soient inquiets sur l'avenir. On demandera si c'est un châtiment trop rigoureux pour de certaines personnes que la peur d'un ressentiment qui ne veut pas les poursuivre. Il est des circonstances où cette peur même a ses dangers; c'est alors un devoir pour le ministère, parce que c'est un intérêt pour le gouvernement de donner à tous ses actes un caractère qui tende à affermir partout cette sécurité, que ne doit altérer aucun nuage quand elle est fondée sur la promesse d'un roi de France.

S'il est vrai ainsi que, tranquille sur l'avenir,

la classe même des hommes dont la conduite n'a pas été sans reproche, ne puisse qu'être disposée à se dévouer sans réserve à des princes qui apportent avec eux et la paix étrangère et la paix domestique, combien ne doit pas être vive et sincère cette précieuse disposition dans la masse des gens de bien qui composent la presque universalité du royaume ? Combien ont dû se ranimer les cœurs de ces honnêtes vieillards qui aimaient jadis leur roi sans le connaître, qui en pleurant l'exil des Bourbons ne pleuraient point la perte de leurs titres ou de leurs priviléges, et qui ont prié le ciel pour le retour d'une dynastie qui leur était chère, sans avoir à espérer d'elle aucune récompense! C'est là surtout que le roi a de bons et de loyaux amis dans tous les états, dans tous les degrés de fortune, parmi les propriétaires, parmi ce peuple laboureur, commerçant, manufacturier, au sein de ces honnêtes familles où l'exercice des vertus domestiques est l'apprentissage des droits et des devoirs des monarques et des sujets.

Tout ce que je viens de dire à l'égard de la vieillesse peut s'appliquer également aux hommes d'un âge mûr, qui se sont trouvés dans des conjonctures à peu près pareilles. Ces derniers ont même une excuse de plus, puisque leurs passions plus ardentes ont dû les exposer davantage à l'exaltation ou à l'erreur. Élevés dans l'amour de leurs rois, les hommes que les discussions politiques vinrent assaillir peu après leur entrée dans le monde, ne se dépouillèrent qu'en partie de ces affections nées avec eux. Malgré toutes les vicissitudes du sort, le germe en est resté au fond de toutes les âmes. On s'étonne même de le voir se reproduire avec tant de force après une si longue compression. De prétendus raisonneurs, qui se connaissent mal eux-mêmes, croient ne plus considérer les familles royales que comme des instrumens politiques dont les peuples peuvent disposer à leur gré, selon leur intérêt et leur bon plaisir : la curiosité les conduit à l'une de ces réunions où la foule se livre à l'impulsion franche de son amour pour son souverain. Un instant tranquilles observateurs, la contagion sainte les gagne bientôt. Leur pensée rapide saisit, en une minute, le passé et le présent. L'intérêt du malheur, l'image de l'exil, le regret de l'injustice, la magie des souvenirs, mille impressions variées les frappent à la fois : leur âme est mollement agitée, l'attendrissement y pénètre, et bientôt le froid spectateur, électrisé par la joie et la tendresse communicative qui éclatent autour de lui, s'associe avec délices à l'ivresse générale, et s'abandonne à l'expansion d'un sentiment délicieux qu'il lui est doux de retrouver dans son cœur.

Peut-être, sous ce rapport, les jeunes gens nés depuis la révolution, ou qui, à son début, sortaient à peine de l'enfance, ne sentent-ils pas en eux le même attrait et le même penchant. Pendant quelques années, une éducation républicaine a enseigné la haine des rois. Sous un gouvernement, fondé ensuite pour être héréditaire, le dévouement au monarque a été présenté comme un devoir; mais ce devoir s'attachait à une race nouvelle et tendait à éloigner du sang des Bourbons les affections de la génération naissante. Au sortir de ces écoles où tout parlait à de jeunes imaginations de la grandeur et de la puissance du chef de l'Etat, ils étaient eux-mêmes appelés sous ses drapeaux, et de nouveaux genres d'illusion venaient les éblouir. C'est au milieu du prestige qui entourait encore le chef du dernier gouvernement, même quand la fortune l'avait déjà trahi, que s'est exécuté le grand œuvre de la restauration. Si un même jour voit la capitale envahie et le trône royal relevé dans ses murs, ce n'est point ce rétablissement du trône des Bourbons qui a produit l'invasion étrangère; c'est au contraire ce rétablissement qui doit adoucir les maux dont une pareille invasion est toujours accompagnée ; qui seul peut y mettre promptement un terme et procurer à la France des avantages qu'il ne lui était plus permis d'attendre du gouvernement qui a causé ses derniers malheurs.

Ce raisonnement n'échappe point à l'homme qui réfléchit ; mais l'orgueil national, ce sentiment si puissant sur l'âme d'une génération toute guerrière, la force actuelle de la patrie, souffrait de voir flotter les lis à côté des drapeaux contre lesquels la France est depuis si long-temps accoutumée à combattre. Pour saluer les lis avec une joie pure, on a eu besoin de voir s'éloigner les étendards ennemis dont l'aspect sur notre sol affligeait des regards français. On ne peut s'empêcher aussi de reconnaître combien il est difficile que les soldats de César, tant de fois guidés par lui à la victoire, ne soient pas frappés d'une sorte d'étourdissement au spectacle de sa chute, presque aussi inconcevable que celui de sa grandeur. A la place de l'empire qui tombe, on ne voit apparaître que l'antique royauté qui s'avance avec modestie. Livrée à un songe éblouissant, la jeunesse sait mal apprécier une puissance qui ne veut briller que d'une douce lumière : ses yeux ont été accoutumés à un autre éclat ; ses oreilles, à d'autres maximes ; son cœur, à des impressions différentes. L'homme même d'un âge mur, trompé souvent par un faux air de grandeur, sait à peine poser la borne où le gigantesque commence. Des esprits moins formés pouvaient-ils échapper à la séduction de l'éclat et du bruit ? Ils ont sans cesse entendu parler de gloire : ils ne savent pas ce que c'est que le repos et le bonheur.

D'après ces diverses circonstances, il est sensible qu'on ne doit pas trouver dans la jeunesse actuelle, dans cette génération qui a vu le jour ou commencé à faire usage de sa raison depuis une vingtaine d'années, cette manière de penser, cette manière d'être, qui formaient, antérieurement à 1789, la manière d'être, la manière de penser, générales; mais il ne serait peut-être pas difficile de prouver que la royauté elle-même n'a point perdu à ce changement. Cette assertion peut avoir l'air d'un paradoxe; je crois sa démonstration sans réplique.

On a dit que le gouvernement anglais est le plus étonnamment fort (1) qui ait existé : il serait non moins vrai de dire que, de toutes les dynasties actuelles, la mieux affermie est celle qui

(1) Discours de M. l'abbé de Montesquiou dans la discussion sur la liberté de la presse.

règne aujourd'hui en Angleterre. Pourquoi ? parce que le trône, sur lequel elle est assise, est un trône vraiment constitutionnel. Le peuple anglais est jaloux de sa liberté et de ses droits : pour les conserver, il tient à sa constitution ; pour conserver sa constitution, il tient à la royauté; et la royauté, il la veut dans la famille qui s'est comme incorporée à sa constitution. Les Stuart régneraient encore si, après la restauration, ils avaient voulu comprendre que leur rôle n'était plus le même qu'avant la mort de Charles Ier ; s'ils avaient senti que, reprenant le gouvernement d'une nation qui voulait à tout prix être libre, et qui s'était avancée dans une route où elle ne pouvait plus rétrograder, il n'y avait point d'autre parti que d'y marcher avec elle ; que, dans l'impossibilité de la ramener à leurs principes sur la question du pouvoir absolu, c'était à eux à céder aux siens, en se contentant d'un pouvoir limité ; si enfin ils avaient porté sur le trône, qui leur était rendu, cet esprit de modération, commandé par la nécessité des temps, qu'ont eu soin d'y porter, depuis, les maisons d'Orange et de Brunswick. Une dynastie qui recouvre un trône qu'elle avait perdu, est entourée d'un charme très-doux d'anciens souvenirs, et trouve dans ces souvenirs mêmes un gage de plus de son raffermissement ; mais dans l'interregne plus ou moins long, qui a eu lieu, les hommes et les mœurs ayant changé, il faut qu'elle change avec eux, qu'elle fasse sur ses premières habitudes quelques sacrifices indispensables, et qu'à tout ce qu'il y a de respectable dans l'antiquité de ses droits, elle joigne tout ce qui fait naître pour les races nouvelles les droits qu'elles n'avaient pas. A Dieu ne plaise que les Bourbons cessent d'être Bourbons ; mais avec cette douceur qui attire, cette affabilité qui séduit, cette bonté surtout qui forme le fonds de leur caractère, ils ne diront plus, comme pouvait le dire un de leurs aïeux : l'État, c'est moi ; ils diront en rois constitutionnels : l'État, c'est la nation et moi ; et en bons pères : c'est moi et ma famille. Ce serait ainsi que Louis XIV, que le souverain absolu du dix-septième siècle, aurait parlé dans le dix-neuvième.

De ce que la famille qui règne en Angleterre est celle dont le trône est le plus solidement établi, il n'en résulte pas que ce soit la famille la plus chérie de ses peuples. En Angleterre, c'est la royauté, c'est la constitution qu'on aime dans le souverain. Si le peuple anglais a montré pour le roi régnant un amour particulier, c'est sur sa personne, et non sur sa famille, que se porte cet attachement individuel. Il existe en France, et peut-être il n'existe qu'en France, un sentiment inné d'une affection indéfinissable pour nos rois et pour les princes du sang de nos rois. Ce sentiment ne se trouve nulle part tel qu'il nous est connu, tel que l'a eu dans son cœur tout Français né avant nos troubles civils. Vainement j'ai cherché un sentiment semblable dans les nations étrangères; il semble que ce soit une de ces plantes heureuses qui n'appartiennent qu'à un seul climat. Je n'entends point faire ici notre éloge aux dépens des autres peuples. Si c'est chez nous une vertu, c'est un présent du ciel, une propriété locale, et comme un attribut de notre organisation. L'attachement des Anglais pour la maison de Brunswick n'est point de cette nature : il est le résultat du raisonnement ; mais peut-être en politique un attachement, fondé sur un raisonnement sec et froid, sur un calcul de pur égoïsme, est-il un préservatif plus sûr contre les révolutions, une garantie plus forte contre le succès des soulèvemens populaires, que cette affection douce dont le Français a été, de tout temps, animé. Et quel plus grand exemple peut-il exister jamais de cette triste vérité? Quand une sentence cruelle prononça la mort d'un roi qui avait toutes les vertus, excepté l'énergie nécessaire à l'époque où il régnait, tous les cœurs étaient déchirés, nous avons gémi, nous avons pleuré tous, et nous l'avons laissé périr! Cette épouvantable catastrophe n'aurait point eu lieu dans une monarchie constitutionnelle, où la responsabilité des ministres présente au ressentiment juste ou même injuste du peuple, les victimes qu'il réclame, sans que sa fureur puisse s'attaquer au souverain. Ce penchant, aujourd'hui général, qui porte tous les esprits à un système quelconque de constitutionnalité, ne peut ainsi qu'être avantageux à la famille régnante, puisque c'est une barrière que la nation élève contre elle-même pour arrêter, au besoin, l'effet de ses propres égaremens. Cette manière d'être se trouve parfaitement d'accord avec le véritable intérêt de la royauté. Loin de moi, cependant, l'idée de vouloir affaiblir le sentiment précieux qui établit entre nos rois et nous une sorte de rapport de famille, sentiment qui forme une des belles parties de notre caractère, et qui nous distingue éminemment entre toutes les autres nations. Il subsiste toujours, il renaîtra là où il avait pu s'altérer, ce trait originel des habitans de la vieille France; mais ce sentiment sera plus éclairé sans être moins vif; dirigé par la raison, il ne donnera point dans ces écarts où l'excès d'un zèle mal entendu devient souvent plus dangereux pour les rois que l'inimitié et la haine. Telle est aujourd'hui la disposition et des jeunes gens et de la grande majorité des hommes d'un âge mûr ; et c'est dans cette disposition des esprits que la famille de nos rois trouvera désormais sa plus grande sûreté.

Parmi les hommes encore jeunes ou de moyen âge, sont presque tous ceux qui occupent des grades dans l'armée, ou des places dans les diverses parties du service public.

La gloire de l'armée est telle qu'il n'est pas une voix, même ennemie, qui n'ait été forcée de lui rendre hommage. La justice et la volonté royale conservent aux services militaires tous les avantages qui leur sont légitimement acquis.

Quant aux emplois civils, les services sont moins éclatans; les droits, moins fermement établis; la réaction, plus facile. C'est une suite nécessaire de toute grande mutation opérée dans le gouvernement d'un État. Le conflit des gens en place, artisans de leur propre fortune, qui désirent s'y maintenir, et de tant d'aspirans nouveaux qui croient, par le titre seul d'une noblesse ancienne, avoir le droit de les déposséder, produit dans l'opinion générale, ou, si l'on veut, dans l'opinion du tiers-état, un mouvement léger, mais cependant sensible. L'opinion du siècle veut que la lutte pour les emplois soit entre les talens et non entre les origines. Après tout, si dans la distribution des emplois sous le dernier gouvernement, il y a eu aussi le côté de l'abus, il est un vœu que doit former tout homme de bon sens et de bonne foi, c'est que la famille de nos rois soit aussi bien servie que l'a été, pendant treize années, le chef du dernier gouvernement.

Lorsque le peuple romain, après de longues querelles, eut obtenu pour les plébéiens le droit de parvenir au consulat, on vit ce même peuple, négligeant l'exercice d'un droit qu'il avait eu tant de peine à conquérir, n'appeler encore, pendant quelque temps, que des patriciens à cette magistrature; pour profiter des avantages de la loi qu'il avait portée, il fut obligé de s'imposer à lui-même, par une autre loi, l'obligation de choisir dans son sein au moins l'un des deux consuls. La charte constitutionnelle a consacré parmi nous l'admissibilité de tout Français aux emplois civils et militaires. Les sentimens personnels du roi, l'intérêt même de son autorité, et celui de l'État, tout garantit que cette clause ne doit pas être regardée comme une concession théorique et illusoire. C'est surtout à l'égard des fonctions d'État que l'intérêt public demande que les nominations royales en offrent une fréquente application. Les fonctions d'État ne peuvent pas être l'attribut d'un nom, le prix des services des ancêtres. Ce ne sont point des faveurs, des récompenses, ce sont des charges, ce sont des devoirs (*officia*), et ces charges, ces devoirs appartiennent à l'homme de tout rang, de toute naissance, qui est le plus capable de les remplir. Si l'on s'arrête ici sur des vérités reconnues, et qui sont maintenant hors de toute contestation, c'est que le patriciat français, comme autrefois le patriciat romain, a un intérêt tout contraire ; c'est que mille circonstances font craindre qu'il n'y ait de la part d'une classe intéressée un plan suivi, sinon d'attaquer le principe, du moins de le miner sourdement ; c'est que cette tendance n'est point un secret, et, comme elle n'est pas en harmonie avec le siècle où nous sommes, on doit la faire remarquer comme exerçant sur l'opinion une influence sensiblement défavorable.

Après avoir considéré successivement la manière respective de penser et d'être des diverses classes de la société, je trouve :

Que, s'il y a des gens qui prétendent avoir plus de droits que d'autres à s'attribuer le titre d'amis du roi, il n'y a réellement à l'égard de la famille des Bourbons, qu'un sentiment unanime et général en France, et que la prétention, bien ou mal fondée, des exclusifs, si elle ne forme pas un mérite de plus pour eux, ne détruit pas celui qu'ils peuvent avoir;

Que, d'un autre côté, si la masse de la nation se borne à aimer son souverain sans en faire parade, son affection, pour n'être point aussi bruyante, n'en est ni moins vive ni moins sincère;

Que la divergence d'opinion que l'on croit voir dans la société, n'est en effet qu'apparente, et qu'après s'être égarées dans des routes diverses, toutes ces variétés d'opinion finissent par aboutir à un centre commun, et tendent à un même but;

Que c'est précisément parce qu'il y a des diversités infinies d'intérêts, qu'il n'existe pas deux grands intérêts qui soient distincts; que tous également, soit ceux de l'ancienne noblesse, qui aspire à recouvrer ce qu'elle a perdu, soit ceux de la noblesse nouvelle, qui veut conserver ce qu'elle a acquis, soit ceux de la généralité des Français, étrangère à l'une et à l'autre, qui désire le maintien des principes de la charte constitutionnelle, se fondent en un seul et véritable intérêt national, le raffermissement du trône des Bourbons;

Que le penseur, livré à de vaines théories qui

a rêvé la république, que le démagogue insensé qui, dans son aveuglement, a cru pouvoir l'établir par la violence, et ce grand nombre d'hommes peu éclairés, qui ont constamment abjuré le système de la veille pour celui du lendemain, peuvent aujourd'hui devenir des défenseurs aussi zélés de la cause royale que ceux des émigrés ou Vendéens, qui voyaient dans le rétablissement de la monarchie le recouvrement de leurs priviléges honorifiques et pécuniaires;

Que l'armée, si elle n'a pu perdre en un instant des souvenirs qui tiennent aux jours brillans de sa gloire, n'en apprécie pas moins le bonheur de n'avoir désormais à combattre que pour le salut de la patrie, et non pour l'oppression des autres peuples; que, fidèle à l'honneur et au roi, elle mettra son orgueil à défendre la royauté comme à garantir notre indépendance;

Enfin, que les services rendus à l'État dans les diverses sortes de fonctions étant des services rendus au souverain légitime, les rivalités que l'on voit éclater entre le vieux et le nouveau serviteur sont un ressort de plus entre les mains du roi, pour donner au corps politique un mouvement plus assuré et plus ferme.

TITRE II.

ÉTAT MORAL DE LA FRANCE CONSIDÉRÉE PAR RAPPORT AUX PRINCIPALES NATIONS DE L'EUROPE, ET RÉCIPROQUEMENT.

OBSERVATIONS GÉNÉRALES.

Les relations morales des peuples entre eux se composent des sentimens réciproques que leur inspire l'accord ou le croisement de leurs intérêts. C'est la connaissance de ces intérêts et la constance à les poursuivre qui forment chez un peuple ce que nous appelons l'esprit national. Sous le nom d'intérêts, il faut aussi comprendre les prétentions de l'amour-propre et les diverses autres jalousies ou naturelles et permanentes, ou accidentelles et temporaires, qui divisent les États comme les individus. Il serait superflu de rappeler les admirables effets que l'esprit national a produits de tout temps dans les pays où on a su l'entretenir et lui donner une bonne direction.

Si les deux élémens principaux dont il se forme sont cet intérêt d'amour-propre qui enfante les rivalités de gloire et les querelles de prééminence, et cet intérêt de profit, cet intérêt mercantile qui s'exerce sur les avantages et les bénéfices offerts à la concurrence générale, pourquoi ces élémens n'ont-ils pas reçu en France un aussi haut degré de développement que chez d'autres peuples?

L'amour-propre, tel que l'exige la formation d'un bon esprit national, doit avoir un fonds de consistance fixe et invariable; il faut que non-seulement un peuple ait une haute opinion de lui-même, mais que l'orgueil qui en est la suite ne varie jamais. Cette permanence, cette unité de manière d'être, n'a point été jusqu'à ce jour un attribut dont nous puissions nous enorgueillir. Si nous montrons quelquefois un amour-propre qui peut paraître excessif, nous y joignons bientôt, par un bizarre assemblage, la contradiction d'une incroyable modestie. Cependant nous sentons notre valeur réelle; nous connaissons nos droits; nous savons élever nos prétentions aussi haut que la justice l'autorise; mais lorsqu'une lutte violente s'est engagée, nous n'y portons point la persévérance nécessaire, et, par une sorte de refroidissement pour l'objet de la contestation, nous nous laissons bientôt aller à une dangereuse condescendance. Cette disposition, qui tient à un principe peut-être louable en lui-même, n'en a pas moins un effet défavorable en ôtant à l'esprit national un des ressorts qui lui donnent le plus d'énergie.

Sous le rapport de l'intérêt mercantile, il est dans le caractère français un principe originel qui en restreint l'activité. Pour que cet intérêt reçoive tout le mouvement dont il est susceptible, il faut qu'il soit dominant et exclusif; il faut que la fureur d'acquérir ne connaisse point de bornes; c'est ce qui se voit en Angleterre et en Hollande. Il n'en est point de même en France où, en général, on n'amasse que pour jouir et où, au moment d'un grand effort, on en assigne d'avance le terme. De cette différence du caractère des nations, résulte celle que l'on remarque dans leur conduite. Tandis que la France ne prétend qu'au partage des bénéfices qui appartiennent à tous, les Hollandais, et surtout les Anglais ne respirent que l'accaparement et le monopole; pour eux le plaisir du succès s'augmente du plaisir de nuire, et la soif du gain leur présente l'attrait d'un acte d'hostilité.

Une autre circonstance tourne encore à notre désavantage, et cette circonstance tient aussi à un principe qui n'a rien que d'honorable pour nous. Les progrès de la civilisation ont fait disparaître à nos yeux toutes les limites des États, toutes les différences des peuples. Les idées philantropiques, répandues en France jusque dans les dernières classes de la société, y généralisent un cosmopolisme qui ailleurs n'appartient qu'à une classe choisie. L'Anglais, l'Allemand, voient en nous des Français; en eux nous voyons des hommes. Les vertus lacédémoniennes ne sont point notre partage, et notre amour pour notre pays n'est pas la haine de l'humanité.

Telles sont les principales causes qui avaient antérieurement empêché l'esprit national de prendre en France un essor aussi élevé que chez d'autres nations. Ces causes qui tenaient, en partie, à notre caractère primitif, tenaient aussi surtout à nos mœurs et à nos habitudes, qui dérivaient elles-mêmes de la forme de notre gouvernement. L'esprit national, de quelques couleurs qu'on l'embellisse, n'est au fond qu'un égoïsme éclairé, et cet égoïsme emporte forcément avec lui la haine des autres peuples. Ce levier si puissant, qui manquait à la France, faisait la force de nos rivaux. Quoique haïr un peuple ne soit pas haïr les individus, ce sentiment, même ainsi conçu, était encore trop pénible pour une nation portée aux affections douces, et facilement oublieuse du mal qu'on a pu lui faire. Le caractère anglais, plus sombre, plus atrabilaire, plus capable d'un long ressentiment, est au-dessus de ces délicatesses et de ces sortes de scrupules. C'est à sa haine bien prononcée contre la France que le gouvernement britannique a dû, en mille occasions, l'opiniâtreté d'efforts qui finissait par le faire triompher dans ses querelles avec nous. Cette haine, nourrie avec soin pendant la paix, s'accroissait par la durée même de la guerre; tandis qu'en France, si le commencement des hostilités annonçait de notre part une violente irritation, bientôt ce premier feu se calmait pour ne plus jeter à la fin que de faibles étincelles. Nous étions rendus à notre état naturel de modération, lorsque notre ennemi arrivait au plus haut point d'acharnement, et la paix, qui pour nous effaçait toute trace du passé, laissait au fond du cœur des Anglais, ce ferment d'animosité et d'antipathie que semble y avoir déposé la nature, et que les lois mettent tant d'art à entretenir.

Nous ne prétendrons pas qu'il soit nécessaire que l'esprit national aille en France jusqu'à cette austérité farouche qui, en séparant les nations, élèverait une sorte de barrière entre les individus. Ce serait faire rétrograder l'ordre social. Mais n'est-il pas possible de concilier ce que l'esprit national bien dirigé a d'utile avec ce que la justice prescrit, et ce que l'humanité réclame ? La position de la France à cet égard paraît s'être améliorée d'une manière sensible.

Les événemens de la révolution, notre lutte prolongée avec l'Europe entière, et le dénoûment inattendu qui l'a suivie, ont fait éprouver à tous les peuples des impressions nouvelles, des passions inconnues, et ont nécessairement laissé l'esprit de chaque peuple dans un autre état que celui où il était avant cette orageuse époque.

L'état présent de l'esprit national en France s'étant formé du choc plus ou moins violent qui a eu lieu entre elle et les autres peuples, pour le bien apprécier, il faut considérer aussi quelle a été et quelle est la situation de ces autres peuples envers nous. Il est sensible qu'il y a action et réaction réciproques. Il est ainsi indispensable de jeter un coup d'œil sur les positions variées où les diverses nations se sont trouvées avec la France, puisque c'est de ce conflit, et de ces variations récentes, qu'est résulté l'état actuel

CHAPITRE PREMIER.

ANGLETERRE.

Si l'on devait juger des dispositions populaires par le langage du gouvernement, sans doute d'après la violence des déclamations auxquelles, depuis un certain nombre d'années, l'autorité publique s'est livrée en France contre le ministère et la nation britanniques, nous n'avons point à leur faire le reproche d'une injuste animosité contre nous. Nous leur avons rendu haine pour haine, injures pour injures, et fureurs pour fureurs. Cette exaspération du gouvernement français, en dépassant toutes les bornes, a aussi dépassé le but, et l'effet a été manqué en partie. Cependant il serait impossible que la contrariété de trouver dans l'Angleterre le seul ennemi qui n'ait point plié sous notre joug; que l'habitude de la voir rallier autour d'elle les peuples que nous avions vaincus, les ramener sans cesse sur le champ de bataille, et payer de son or leurs immenses armemens; il serait, dis-je, impossible que cette lutte des deux nations corps à corps, que ce choc prolongé, quelle qu'en soit la cause, n'eussent pas donné à l'opinion, en France, une forme, une couleur, et une consistance nouvelle.

Ce nouveau caractère de l'opinion subsistera parce qu'il a pour principe un juste sentiment d'intérêt public; sentiment qui a pu paraître se dénaturer par l'exagération, mais qu'il importe de maintenir dans toute sa pureté et dans toute sa force.

Sans doute nous avons vu précédemment beaucoup de prétendus penseurs qui voulaient paraître haïr les Anglais beaucoup plus qu'ils ne les haïssaient en réalité; mais n'aurait-on point passé trop légèrement d'une opinion extrême à une extrémité contraire? Après avoir mis de l'hyperbole dans les démonstrations d'inimitié, ne mettrait-on pas maintenant dans les démonstrations apologétiques un peu d'hypocrisie? Le gouvernement anglais, que naguère nous représentions comme sacrifiant les droits les plus sacrés au seul calcul de son intérêt, est devenu tout d'un coup, selon quelques-uns de nos écrivains, le vengeur de la morale, le champion de la vertu, le redresseur de tous les torts! C'est pour notre bien que depuis vingt-cinq ans il n'a cessé de nous faire la guerre la plus acharnée! C'est pour notre bien qu'il nous a réduits à signer une paix qui nous replace à peu près au même point qu'en 1789, tandis que la position de toutes les grandes puissances a changé, tandis que toutes, et lui-même, s'agrandissent dans une effrayante proportion sur le continent, tandis qu'il retient une partie de nos colonies, et de celles de quelques autres États encore ! et ce n'est là qu'une juste indemnité des sacrifices qu'il a faits pour notre bien ! Voir proclamer en France, à la fin de 1814, la générosité et le désintéressement de l'Angleterre est un de ces traits auxquels assurément il est difficile de s'attendre. Si c'est sérieusement que l'on rend au gouvernement anglais cet étrange hommage, dont sans doute il ne s'était guère flatté, une si confiante simplicité décèle un grand fonds de bonnefoi, mais en même temps un aveuglement bien fatal. Pour l'excuse d'une telle croyance, il faut se persuader qu'elle est l'effet d'illusions respectables, qui, en agissant sur l'âme, troublent le raisonnement. Cette explication est la seule qui puisse honorablement justifier un semblable égarement d'opinion. Le ciel a fait sortir pour nous le plus grand des bienfaits du sein même de nos malheurs. Mais ce n'était point pour nous procurer ce bienfait que l'Angleterre avait soulevé le monde, c'était pour abattre la puissance gigantesque dont elle était jalouse. Si un dénoûment extraordinaire, qu'elle n'avait pu elle-même prévoir, nous a rendu le bonheur, ce dénoûment n'appartient point à l'influence humaine. Les Anglais sont plus francs à cet égard; ils ne s'enorgueillissent point d'un mérite qu'ils n'ont pas eu, et n'attendent point de nous une reconnaissance qu'ils savent bien que nous ne leur devons pas. Nous avons entendu l'aveu solennel qu'en a fait au parlement le négociateur britannique. Un mois, un instant avant le prodige qui a rendu les Bourbons à la France, toutes les puissances de l'Europe, l'Angleterre comprise, ont été encore sur le point de prononcer un nouvel arrêt contre les descendans d'Henri IV, et de sanctionner le maintien de la famille qui était en possession de leurs droits. Ce n'est donc point aux hommes, c'est à un enchaînement de circonstances indépendantes des volontés humaines que nous devons le retour de la dynastie de nos rois, et nous n'avons à en remercier aucun souverain, parce qu'il y en a pas un seul qui n'eût transigé sur ce point, s'il eût trouvé plus d'avantages dans une détermination contraire.

Si nous sommes libres envers le monde entier de toute obligation, sous le rapport du rétablissement de la famille de nos rois sur le trône, peut-être ne le sommes-nous pas sous la considération de l'accueil hospitalier qu'elle a reçu chez les nations étrangères. Loin de nous l'idée de l'ingratitude ; mais ne confondons pas ici les princes et les gouvernemens.

A l'aspect des effroyables événemens qui frappaient la plus ancienne des dynasties de l'Europe, quel est le monarque qui ne dût se sentir comme frappé lui-même, et dont le cœur n'ait volé au-devant de ces augustes fugitifs? Est-ce un mérite de leur avoir offert un refuge, lorsqu'il y aurait eu une inconcevable barbarie à le leur refuser ? Une telle barbarie ne peut avoir d'excuse que quand elle est commandée à des princes faibles, par une force majeure, ou un danger imminent. Elle n'en aurait point pour un souverain puissant, qui peut toujours être généreux sans compromettre son existence. Le seul mérite qui puisse exister alors, consiste dans la délicatesse des procédés du souverain qui a le bonheur d'offrir quelques soulagemens à la grandeur abattue, et à la majesté dans le deuil. Ce rapport sacré peut devenir un lien pour le cœur du prince qui souffre, et de celui qui sait adoucir ses souffrances ; mais le lien n'existe que pour les personnes, et s'il peut servir à préparer pour d'autres temps des relations étroites entre les États, ce ne peut être qu'autant que l'intérêt respectif des peuples, rigoureusement balancé, se trouvera en réclamer lui-même la formation.

Ce rapport particulier, qui associe les souverains, comme hommes et comme princes, aux malheurs d'une famille détrônée, n'agit pas sur eux de la même manière dans leur existence comme gouvernement. L'intérêt d'État et l'intérêt de dynastie ne sont pas toujours d'accord. Il importe à toute famille souveraine que les autres dynasties co-existantes subsistent et se maintiennent. La chute de l'une d'elles est une cause d'inquiétude et comme une menace pour toutes. Cependant, l'intérêt d'État se trouve quelquefois en contradiction avec cet intérêt commun aux maisons régnantes, et il arrive qu'entraîné par la politique, un gouvernement travaille à renverser un trône voisin, quoique le prince gémisse des maux de la famille dont il cause la chute. La terrible véracité de l'histoire a malheureusement constaté que le ministère de France ne fut point étranger aux agitations intestines dont l'horrible résultat fut de conduire Charles Ier à l'échafaud. Est-il bien sûr aujourd'hui, que le ministère britannique n'ait pas à craindre d'être convaincu, un jour, d'avoir exercé sur la France de trop cruelles représailles?

Cet intérêt d'État se retrouve encore même

dans les secours qu'un souverain accorde à la royauté malheureuse. Il croit ne suivre qu'un mouvement de générosité, et sa générosité n'est qu'un calcul. Qui aurait plus de droits que nous à dissimuler ces vérités fatales? Nous avons pu dire avec orgueil :

... La Cour de Louis est l'asile des rois.

Mais tandis que la magnanimité de Louis XIV éclate dans ses nobles égards pour Jacques II et sa famille, la politique du cabinet français, en cherchant à replacer sur le trône un prince injustement chassé par son gendre et par sa fille, ne travaille-t-elle pas, en effet, à affaiblir une nation rivale; et, dans l'hypothèse du succès, n'a-t-elle pas pour but principal d'assurer son influence sur une Cour qui lui devra son rétablissement? Certes, si le monarque le plus distingué par l'élévation de son âme n'a pu empêcher la raison d'État de mêler ses combinaisons aux intentions les plus généreuses, est-il injuste de supposer qu'il en ait été à peu près de même en Angleterre, où la volonté du souverain a, d'ailleurs, tant de peine à s'affranchir de l'ascendant de son cabinet? Ce qu'il y aura eu de soins délicats et attentifs de la part des princes d'Angleterre pour la famille de nos Rois, peut motiver des hommages personnels; mais, ni la France ni les Bourbons ne doivent rien au gouvernement britannique, puisque ce gouvernement n'a ni agi ni dû agir que dans sa seule convenance; puisque l'exil de la Maison de France, les efforts faits pour la rétablir, les mouvemens fomentés dans nos provinces, les guerres excitées sur le continent et les guinées prodiguées pour ces divers usages ont été des occasions, des moyens, des instrumens pour porter coup à la puissance française, et élever la grandeur de l'Angleterre sur les ruines de la nôtre. La raison, la justice et le devoir s'accordent pour nous interdire une dangereuse prévention en faveur d'une puissance qui, si elle veut bien être l'amie de la France épuisée et affaiblie, ne le sera jamais de la France redevenue heureuse et florissante. Soyons faibles, brûlons ce qui nous reste de vaisseaux (1); subordonnons notre commerce, notre industrie aux comptoirs de la cité de Londres, et les Anglais seront nos amis. Toute

(1) « Point de paix, disait lord Chatam dans la chambre des pairs, que la France ne signe la destruction de sa marine. C'est bien assez qu'on lui permette le cabotage. L'Angleterre doit se réserver la souveraineté exclusive de l'Océan. » Le gouvernement britannique agit-il maintenant d'après d'autres principes?

dissimulation ici serait inutile; ce n'est qu'à ce prix que cette nation marchande peut nous vendre sa désastreuse amitié. Relisons le dernier traité de paix et nous connaîtrons l'Angleterre : nous pourrons juger à la fois et son esprit actuel, et ses vues pour l'avenir. Des consciences timides en France ont craint le reproche d'ingratitude; qu'elles se rassurent. Haïr les Anglais, ce n'est point être ingrats, puisqu'ils n'ont rien fait pour la France, rien fait pour les Bourbons : c'est répondre à l'exemple qu'ils nous donnent; c'est être pour eux ce qu'ils sont pour nous (1). Et pourquoi nous assujettir à des ménagemens dont on se dispense à notre égard? La paix existe : fasse le ciel qu'elle puisse être de longue durée. Jouissons-en; offrons aux Anglais, comme individus, les charmes d'un accueil bienveillant et les agrémens d'une société facile, quoique nous ne trouvions pas en Angleterre le juste retour auquel nous pourrions nous attendre. Conser-

(1) « Je me flatte que les flammes de notre inimitié contre la France se maintiendront, et que nous conserverons éternellement l'horreur de cette nation et du nom de ce peuple.» (Discours de M. Canning.) Il ne faut qu'ouvrir les débats du parlement pour trouver mille traits semblables. Les expressions commencent à manquer aux Anglais pour exprimer leur haine contre la nation française.

vous les avantages de notre caractère, soyons Français par la douceur de nos mœurs, mais sans laisser s'affaiblir en nous le sentiment de l'amour de la patrie. En nous montrant ainsi accommodans et même généreux dans les relations particulières, ne nous affligeons pas de voir nos compatriotes nourrir contre les Anglais, en les considérant comme nation, une aversion franche, une cordiale inimitié (1).

(1) Il vient de me tomber entre les mains un ouvrage récemment publié par un général anglais, lord Blayney. Je parcours quelques pages. Ce sont des invectives contre la France; et quelles invectives! Selon M. le général major, il n'y a que la langue française qui ait un terme vraiment propre à bien caractériser notre nation. Ce terme heureux que notre langue a seule l'avantage de lui fournir, est le mot *canaille*, et c'est du titre de *peuple canaille*, dûment articulé en français, que l'illustre auteur nous honore. La grossièreté de l'injure en est elle-même le correctif. Je jette les yeux sur une autre feuille du même écrit. J'apprends que lord Blayney a été fait prisonnier par nos troupes en Espagne : j'apprends qu'au moment où il fut conduit au quartier-général français, un de nos généraux voyant qu'il avait perdu son épée, eut la courtoisie de lui offrir la sienne. Je remarque que lord Blayney trouve dans les expressions dont cette offre obligeante fut accompagnée un acte de vanité française. Je poursuis. J'apprends encore que le commandant en chef du corps d'armée au pouvoir duquel lord Blayney s'est trouvé, l'a comblé de bontés et d'égards. C'est

Il existe maintenant en France ce premier germe d'un bon esprit national, et il ne pourra

le noble lord lui-même qui le raconte. La table du général français est la sienne. Argent, chevaux, rien ne lui manque. Tous les officiers de l'état-major lui prodiguent les soins les plus empressés. Voilà une dette sacrée, une dette d'honneur qu'un militaire malheureux contracte envers de nobles ennemis. Comment l'acquittera-t-il? C'est par des personnalités offensantes, par une dénigration gratuite, que le prisonnier reconnaissant paie les services de son bienfaiteur. Et ce sont donc là les Anglais! *Ab uno disce omnes.* Après avoir jeté le livre avec indignation, je le reprends; je veux voir si je ne trouverai pas quelque part la justification d'une semblable conduite. Mes yeux tombent sur une phrase qui m'explique tout. Lord Blayney n'est point ingrat : il faut lui faire amende honorable : *est-il d'ingratitude où le bienfait n'est pas?* Les attentions qu'on a eues pour lui, les égards qu'on lui a témoignés sont un tribut que la nation française, dans le sentiment de son infériorité, paie malgré elle à tout ce qui est anglais. Pour les Français bien élevés, il y a dans tout Anglais quelque chose d'extraordinaire qui les force à l'admiration. Voici le texte exactement. *I must observe that I have always found the well educated french extremely attentive to, and apparently interested in an English man, as if there was something extraordinary in him that called forth their admiration.* Ainsi les Anglais s'arment contre nous de la délicatesse même de nos procédés envers eux! La politesse qui nous est naturelle, et dont ils sont l'objet est un hommage forcé que l'admiration nous arrache pour des êtres supérieurs! En bonne conscience, le trait est un que se développer chaque jour davantage. Déjà notre ancien engouement pour les produits de l'industrie anglaise est à peu près disparu ; déjà on voit une sorte d'instinct général repousser les fabrications sorties de ses ateliers. Si notre population plus civilisée ne porte pas, comme la population anglaise, le patriotisme manufacturier et industriel jusqu'à la brutalité de l'insulte, l'opi-

peu fort ; mais, par bonheur, ni les outrages de l'insolence anglaise contre notre nation en général, ni les insultes de l'ingratitude individuelle, n'altéreront point la noblesse de notre caractère, et ne nous corrigeront point de notre générosité. Je ne suis pas aussi tranquille sur la durée de l'admiration à laquelle tout Anglais, tel que lord Blayney, par exemple, a droit de s'attendre en France. Si cet honorable général, si cet écrivain poli revient nous visiter, il n'est pas certain que le *peuple canaille* puisse rien voir de bien *extraordinaire* dans un homme comme lui.

Cependant, d'un autre côté, il faut éviter d'être injuste ; et, pour cela, juger les hommes d'après leur position. Le fait examiné sous un autre point de vue porte avec lui une sorte d'excuse. L'orgueil qui nous révolte dans lord Blayney, cet orgueil absurde, stupide et impertinent dans un individu, est par son universalité un instrument utile en politique. Il est, en Angleterre, un des principes les plus actifs de l'esprit national, et l'esprit national l'entretient à son tour. Pour que l'esprit national arrivât en France à un tel point (*quod Deus avertat*), nous aurions beaucoup de chemin à faire.

nion a pris son essor, et tend, de toute l'activité de ses forces, à l'affermissement de notre indépendance commerciale : le gouvernement n'a plus besoin que de l'entretenir dans cette précieuse direction.

CHAPITRE II.

RUSSIE.

L'Angleterre exceptée, il n'y a peut-être pas en Europe une seule puissance qui, depuis quinze ans, n'ait eu quelques raisons de se plaindre de l'ambition, de l'exigeance ou de la hauteur du gouvernement français. Si dans les diverses guerres qui ont éclaté, nous n'avons pas été toujours les agresseurs en ce sens, que plus d'une fois le premier acte d'hostilité n'a pas été commis par nous, c'est presque toujours ou du ressentiment de l'outrage passé ou de la crainte de l'outrage à venir, qu'une politique ennemie a tiré parti pour déterminer, tour à tour, les diverses puissances à descendre dans l'arène, et à tenter des efforts qui, jusqu'aux dernières campagnes, avaient constamment tourné à leur perte. La France, en guerroyant contre tel ou tel peuple du continent, n'y portait point d'animosité nationale. Quelquefois même notre raison, cherchant à se rendre compte des premières causes de la guerre, croyait voir la justice du côté de nos ennemis. Cependant l'habitude de nous mesurer avec eux, l'orgueil de la supériorité, ou le mécontentement de la résistance, l'entraînement des intérêts bien ou mal entendus auxquels nous attachait l'autorité existante, ont dû agir sur les âmes, et altérer la rectitude de nos dispositions antérieures.

Avant que la Russie parût sur le champ de bataille contre nous, la France révolutionnaire n'avait eu à combattre, si l'on met de côté l'expédition des Prussiens en 1792, que l'Autriche, aidée des peuples de l'Allemagne méridionale, et de ceux d'Italie soumis à son influence. Les succès qu'obtenaient alors les armées françaises étaient attribués au fanatisme de la liberté, autant qu'à l'habileté de nos généraux, et les revers de l'Autriche n'inquiétaient que faiblement les cabinets de Berlin et de Pétersbourg. Comme les troubles intérieurs auxquels la France était livrée, donnaient l'espoir que tôt ou tard elle se détruirait elle-même, on mettait moins d'importance à des triomphes dont on ne supposait pas que les suites pussent être durables, et on regardait avec indifférence, peut-être même avec un secret plaisir, les coups portés à la Cour de Vienne.

Lorsque plus tard on vit en France le pouvoir se concentrer en une seule main, lorsque l'armée française se montra dans toute sa grandeur sous un chef unique qui parut vouloir réunir sur elle seule tous les rayons de la gloire militaire, une fermentation jalouse se fit remarquer dans les cabinets, dans les Cours, dans les armées, et jusque dans les dernières classes de la population des pays étrangers. Ce sentiment, mis à profit par la politique, amena le premier choc entre la Russie et la France. Il subsista même pendant l'union intime des deux souverains; il prit naturellement le caractère d'une haine violente, lors de l'invasion de Moscou, et ne s'est calmé que par l'occupation de Paris. La conduite modérée et délicate de l'empereur Alexandre, ses égards pour les militaires français, son respect pour les monumens de nos victoires, la courtoisie de ses officiers pour les nôtres, n'ont pu être sans effet sur des cœurs français. Nos préventions se sont dissipées d'une manière visible : une sorte de rapprochement s'est opérée entre les deux nations. On a senti de part et d'autre que les Russes et les Français ne sont point destinés par la nature à se chercher si loin pour se combattre. Si pendant une époque inexplicable les distances ont disparu, si les espaces ont été franchis, et si les extrémités du globe se sont heurtées entre elles, cet horrible phénomène est heureusement de ceux qui ne doivent pas se reproduire. Placées sur les flancs opposés de l'Europe, la France et la Russie ne peuvent que courir des risques inutiles à se détacher de leur propre sol, pour s'élancer l'une contre l'autre. Nous ne pouvons plus avoir ensemble des guerres directes, et dont nous soyons les parties principales. Les démêlés, que toute notre prudence ne saurait éviter, ne tiendraient qu'aux intérêts de gouvernemens intermédiaires. Quelle raison, dans cet état, aurions-nous de nourrir une injuste aversion pour un ennemi qui ne l'est devenu que parce que nous l'avons forcé à l'être? Ces idées si simples se sont répandues partout, et peut-être plus encore depuis l'éloignement des troupes étrangères, que pendant leur séjour. Aujourd'hui la Russie est la nation contre laquelle il nous reste le moins d'irritation et de ressentiment.

CHAPITRE III.

AUTRICHE.

L'Autriche est la puissance contre laquelle nous avons été le plus constamment en guerre depuis 1792, si même on peut dire que nous ayons cessé, un seul moment, d'être en guerre avec elle. C'est cette puissance qui a été à la tête de la première coalition; et tandis que conjointement avec l'Angleterre, elle agitait l'Europe pour la précipiter sur la France, les Français, alors dans la fermentation des idées révolutionnaires, voyaient à la fois en elle le despotisme qui voulait détruire toute idée de liberté, et une avidité plus odieuse encore qui nous menaçait du démembrement de nos plus belles provinces. Cette manière d'envisager l'Autriche, n'avait rien que de naturel à cette époque, et notre haine contre elle a été légitime jusqu'au moment où, revenue de ses premières illusions, et guérie par nos victoires de l'idée de nous imposer des lois, elle n'a plus aspiré qu'à conserver ses possessions et à se défendre à son tour des entreprises de la France.

Cependant, soit que nos guerres successives avec elle aient été l'effet de l'ambition toujours croissante du chef du gouvernement français ou d'un retour périodique d'espoir qui montrait sans cesse au cabinet autrichien des chances moins douteuses, la date de ses diverses levées de boucliers contre nous, semble elle-même avoir été choisie pour jeter dans les esprits français des semences plus vives d'inimitié et d'aigreur. Lorsqu'un peuple est soumis à une autorité régulière, il est nécessairement asservi à l'influence de cette autorité, et même, sans approuver sa conduite, il en adopte toujours, plus ou moins, les sentimens à l'égard des puissances étrangères. Ainsi, quoique l'Autriche s'armât autant contre le chef du gouvernement français que contre la France même, la masse du peuple parmi nous ne faisait pas cette différence, et sa haine allait croissant contre la nation que nous avions le plus souvent à combattre.

En 1805, nous rêvions une descente en Angleterre. Le projet pouvait être chimérique; les préparatifs, quant à la marine, insuffisans pour l'exécution; mais l'espoir n'en était pas moins exalté en France, et l'alarme très-vive à Londres. Tout d'un coup il faut partir en hâte pour aller à la rencontre d'une armée menaçante qui arrive à grands pas sur nos frontières.

Le patriotisme espagnol offrait aux armées françaises, en 1809, une résistance jusqu'alors inconnue pour elles, et semblait demander la réunion de toutes nos forces. C'est le moment où on nous oblige à les partager.

Enfin, en 1813, lorsque la France, déjà fatiguée, avait acheté si chèrement les avantages de la campagne du printemps, et rentrait dans la carrière pour une lutte nouvelle, la monarchie autrichienne se soulève tout entière, et fait tourner, en même temps, contre nous les troupes allemandes qui, jusqu'alors, avaient combattu dans nos rangs. Que la Cour de Vienne ait obéi à son intérêt ou à la nécessité, c'est une question que le peuple n'examine pas; il n'a vu en elle qu'un allié infidèle à ses promesses qui, après nous avoir mal secondés dans la campagne de Russie, changeait de parti suivant le changement de position des puissances, et qui, s'il avait paru souple aux volontés du lion dans sa vigueur, n'avait pas demandé mieux que de s'associer aux ennemis du lion affaibli et blessé. Peut-être aussi la masse du peuple, qui ne s'élève point à la hauteur des considérations d'État, voyant surtout dans l'empereur d'Autriche le père d'une princesse qui régnait sur la France, l'aïeul d'un enfant qui devait y régner, et connaissant mieux les sentimens de la nature que les devoirs de la souveraineté et les droits de la politique, a-t-il été par cela même porté à concevoir pour les Autrichiens une aversion plus prononcée que pour les autres nations amenées par la guerre sur notre territoire. De ces diverses raisons qui lui avaient inspiré ce sentiment, plusieurs sont très-mal fondées sans doute; mais il en est une, et c'est la principale, qui nous montre justement l'Autriche sous un point de vue plus offensif qu'aucune autre puissance : c'est particulièrement en ses mains que doivent passer les conquêtes qui nous échappent. Cette domination sur l'Italie et sur l'Allemagne, devenue notre domaine, c'est l'Autriche qui en recueille l'héritage, et si nous avons eu même à craindre de voir entamer le vieux et saint territoire, le sol classique de la France, c'est à l'Autriche surtout que nous avons pu supposer ces prétentions, qui blessent le cœur français dans sa partie la plus délicate et la plus sensible. Cette succession de faits et de circonstances d'une nature particulière indique quel doit en avoir été le résultat sur l'opinion, non pas précisément sur celle des hommes qui réfléchissent, mais sur celle du plus grand nombre, qui croit et juge selon le premier mouvement qu'il éprouve. Si on devait établir une échelle de nos dispositions envers les divers peuples, à l'article des sentimens d'animosité, d'éloignement ou d'antipathie qui forment la haine nationale, et où tous nos intérêts veulent que nous placions l'Angleterre en première ligne, l'Autriche occuperait le second rang.

CHAPITRE IV.

PRUSSE.

C'est surtout en Prusse que le mouvement de la politique a été le plus étroitement lié à celui de l'opinion. Si le gouvernement était resté immobile, comme puissance, jusqu'en 1806, l'intérieur de l'État était depuis long-temps dans la fermentation la plus violente; tout respirait la guerre contre la France. Nourris du souvenir des triomphes de Frédéric II, les militaires prussiens se croyaient encore les vainqueurs de Lissa, de Freyberg et de Rosbach. Des chants de guerre retentissaient dans les salons et sur les théâtres;

la mode y mêla ses dangereuses excitations : c'était une croisade prêchée par les femmes. Cependant un roi sage résistait aux accès du délire général; l'irritation des esprits l'entraîna malgré lui, et la guerre fut décidée. Le jour où le mot fatal fut prononcé, une effrayante métamorphose parut s'opérer de toutes parts; un silence morne succéda aux bruyans éclats de la fureur; la confiance fit place à la crainte, et l'armée prussienne se croyait battue avant d'avoir soutenu un premier choc. Un jeune prince, son espoir et son honneur, ne vit, dès le début de la campagne, rien de plus beau que de donner le premier l'exemple d'une mort glorieuse. Jamais l'orgueil humain n'avait reçu un plus terrible châtiment. Les Prussiens, pour rabaisser la gloire de l'armée française, avaient affecté de couvrir de leur mépris les peuples vaincus par elle. Jéna vengea l'Autriche encore plus que la France, et ne laissa plus au monde de puissance militaire qui, en combattant contre nous, eut le droit de se croire invincible.

Il est facile de juger si la brusque dissolution de la plus magnifique armée, si les suites qui en résultèrent pour la Prusse, si la conquête et l'épuisement de ses provinces désolées par une occupation de plus de deux ans, si enfin le démembrement de la monarchie et sa réduction à la moitié de son territoire, laissèrent dans les âmes un profond ressentiment contre l'adversaire qui les avait battus, et surtout humiliés. Ici l'on ne doit point confondre le monarque prussien et sa nation. Malgré la rigueur de sa destinée, ce prince regarda comme un devoir de sacrifier l'amertume de ses souvenirs au bien-être des peuples qui lui restaient et à la conservation de sa famille. Il lui sembla que la nécessité l'attachait au char de la France, et il se soumit à cette impérieuse loi. Le joug lui en parut sans doute pénible, lorsqu'il lui fallut agir contre un souverain dont l'amitié lui était chère. L'union momentanée d'un corps de troupes prussiennes aux troupes françaises, en ramenant les unes et les autres à un sentiment de considération mutuelle, inspira peut-être aux premiers un désir secret de se mesurer bientôt contre l'armée où elles ne figuraient que comme auxiliaires et dépendantes. C'est dans ce court moment d'union qu'elles reconquirent une partie de leur ancienne renommée, et lorsqu'ensuite, subjugué par les événemens, le roi fut obligé de se déclarer contre la France, nous dûmes prévoir que le gouvernement prussien, redevenu notre ennemi, serait plus redoutable dans l'état de misère où l'avaient réduit six années d'une oppression sans exemple, qu'il ne l'avait été à la suite d'une longue paix, et dans l'éclat de son artificielle grandeur. Quoique le succès soit en politique le principal juge de la justice des causes, quoique la sentence du glaive, une fois portée, n'admette guère d'appel, et que l'infraction des engagemens les plus saints soit légitimée par l'avantage du résultat, ne craignons pas de dire, à la louange du monarque prussien, que cette justification ne lui est pas nécessaire ; qu'appelé par toutes ses affections, par le cri unanime de ses peuples à joindre ses armes à celles de l'empereur Alexandre, le lien des traités qui l'attachaient à la France était toujours sacré pour lui, et qu'il ne le rompit que par l'entraînement d'une force supérieure à laquelle il ne lui était plus permis de résister.

Par un contre-coup tout naturel, la violence de la haine des Prussiens pour tout ce qui était français avait porté dans les âmes françaises une haine non moins vive pour tout ce qui était prussien ; mais lorsqu'un nouvel ordre de choses est venu en France calmer les passions et modifier nos jugemens, nous avons dû ne plus voir du même œil, ce qui, du côté de la Prusse, nous avait paru si odieux et si condamnable : en nous rappelant l'énormité du fardeau dont nous avons accablé cette nation malheureuse, soit comme ennemis, soit même comme alliés, nous ne pouvons méconnaître que ses ressentimens n'ont eu que de trop justes motifs. Au moment de sa chute, peut-être notre intérêt bien entendu eût été de la rétablir. Après l'avoir réduite au point où la plaça la paix de Tilsit, nous n'avons pas droit de nous plaindre qu'elle ait nourri contre nous le poison d'une haine profonde et la soif d'une éclatante vengeance. Aujourd'hui que cette vengeance a été satisfaite, ces mêmes Prussiens se sentent déjà dans une position nouvelle, et, comme ce n'est plus nous qu'ils ont à craindre, ce n'est déjà plus nous qu'ils sont disposés à haïr le plus. D'après le même principe, s'il peut être convenable en France de maintenir l'esprit public dans une certaine exaltation contre les États destinés à être éternellement nos ennemis, ce sentiment doit cesser là où les mêmes raisons n'existent pas. La disposition des peuples est presque toujours juste, même sans être raisonnée. Notre éloignement pour les Prussiens a déjà perdu de sa vivacité : il subsiste avec plus de force contre eux que contre les Russes, mais peut-être avec moins de force que contre les Autrichiens.

CHAPITRE V.

ÉTATS QUI COMPOSAIENT LA CONFÉDÉRATION DU RHIN.

La Confédération du Rhin était composée d'États qui, à la suite des pertes que leur avaient causées les quinze premières années de la révolution française, avaient trouvé dans le partage des indemnités d'Empire une augmentation plus ou moins considérable de territoire. Plusieurs souverains avaient reçu des titres nouveaux. La dignité royale ou grand-ducale flattait l'amour-propre des princes que leurs qualifications précédentes tenaient dans des rapports d'une infériorité pénible avec les grandes puissances. Leurs sujets avaient joui, comme eux, de ce changement. Des troupes qui, depuis long-temps, ne s'étaient point fait remarquer dans le champ de l'honneur militaire, avaient déployé, sous les drapeaux français, une vaillance à laquelle nous nous plaisions à applaudir. Associés ainsi à notre gloire, les États germaniques avaient, pendant plusieurs années, contribué, en général, avec un zèle sincère à l'affermissement de notre puissance. Cependant l'esprit de la population allemande n'était pas entièrement calme. La supériorité française blessait toutes les vanités nationales, et nous n'étions pas assez modestes pour faire oublier nos avantages. Au milieu même de nos succès, il existait contre nous un parti d'opposition assez fort. Grossi par nos premiers revers, il l'emporta tout-à-fait, lorsqu'on nous vit abandonnés par la fortune. Au reste les princes et les peuples de la confédération n'avaient guère eu, en effet, de motifs de mécontentement que contre le chef du gouvernement français, dont l'exigeance avait pesé trop rigoureusement sur eux. Comme ils n'ont point été réellement les ennemis de la France, nous ne pouvons leur faire un crime ni de leur faiblesse ni du désir de s'affranchir du joug que nous leur avions imposé. Nous devons beaucoup moins les blâmer que les plaindre. Tel est aussi en effet le sentiment à peu près général envers eux. A la vérité, quelques-uns de ces peuples ont abusé, plus ou moins, de l'avantage momentané qui les a conduits sur notre territoire ; mais nos armées ont si souvent foulé leurs provinces, que nous devons, en échange, leur pardonner l'ivresse de quelques instans de succès, et les écarts d'un triomphe d'un jour.

Leurs torts sont les nôtres : ils n'en auraient point eu envers nous, si nous n'avions cessé d'être les plus forts. Reprenons dans l'ordre politique le rang qui nous appartient, et nous les verrons s'empresser de nous offrir de nouveau l'hommage que la faiblesse rend toujours à la puissance.

CHAPITRE VI.

DANEMARCK ET SUÈDE.

Ces deux nations, par suite de leur position topographique, n'ayant eu à souffrir du contact de la France que dans des parties peu intéressantes de leur territoire, il n'a pas dû exister chez elles, par rapport à nous, un sentiment d'animosité aussi vif ni aussi unanime que chez les nations germaniques, écrasées depuis si long-temps par nos guerres, nos marches et nos exactions. Les Cours de Copenhague et de Stockholm ont pu être plus d'une fois blessées par les hauteurs de notre cabinet; mais, dans l'intérieur du pays, les habitans n'ont ressenti qu'indirectement nos atteintes; et si on y a vu les esprits s'irriter aussi contre nous, il faut l'attribuer à l'affinité des peuples du nord avec ceux de l'Allemagne, à l'influence de la Russie et de l'Angleterre, et surtout encore peut-être à ce sentiment d'une inexplicable envie qui agit sur les nations comme sur les individus. On se lasse d'entendre sans cesse retentir le nom d'un peuple qui s'élève au-dessus de toute rivalité. On est blessé d'une grandeur qui dépasse les proportions connues, et, sans avoir rien à y gagner, on forme, malgré soi, un vœu intérieur pour sa chute. Ce sont ces causes morales plus que quelques débats politiques qui ont, sinon détruit, du moins altéré les dispositions du Danemarck et de la Suéde à l'égard de la France. Ici notre position est toute différente. Comme il n'existe de leur part aucun grief dont nous ayons à nous plaindre, nous ne pouvons qu'être affligés nous-mêmes de leur en avoir fourni de légitimes contre nous. Ce sentiment de torts que nous nous plaisons à reconnaître ne pourra que favoriser le rétablissement de nos relations amicales avec les habitans de ces deux États dans tout ce qu'elles avaient de bienveillant et d'utile.

CHAPITRE VII.

ESPAGNE ET PORTUGAL.

Notre position est à peu près la même à l'égard de ces deux nations qu'envers le Danemarck et la Suède, en ce sens que toutes deux ont aussi à nous reprocher une odieuse agression, mais avec cette principale différence que l'Espagne et le Portugal ont mille fois plus de raisons d'avoir en horreur et le dernier gouvernement de la France, et presque la France elle-même qui en a été le redoutable instrument. Il ne reste plus rien à dire sur l'injustice de la guerre que nous avons portée dans la péninsule, guerre qui a fait éclater la plus étonnante résistance dont jamais peuple ait donné l'exemple. L'effet de cette résistance est admirable, puisqu'il a été d'affranchir les Espagnes d'une domination étrangère. Madrid a revu les fils de Philippe V le même jour où, par un prodige non moins surprenant, le ciel ramenait dans Paris la branche aînée des Bourbons. Puisse l'Espagne, heureuse comme la France, puisse surtout cette portion éclairée du peuple espagnol qui, en se sacrifiant pour son roi, a espéré de lui le bienfait d'une liberté sage et modérée, trouver sous le sceptre de ce prince, rappelé par ses vœux et par ses efforts, le repos, le bonheur et l'indépendance!

A la suite de la guerre meurtrière qui vient de cesser, le Français qui n'a été, dans cette guerre fatale, que le bras de son gouvernement, oubliera sans peine jusqu'aux cruautés inutiles dont l'Espagnol accompagnait sa défense. Il n'en est pas de même de celui-ci. Le souvenir de notre invasion et des maux qui en ont été la suite est profondément imprimé dans sa mémoire. Il n'y a que le temps et l'intimité des souverains des deux nations qui puissent insensiblement en adoucir l'amertume et en effacer la trace.

La destinée du Portugal ayant été à peu près la même que celle de l'Espagne, ces deux nations ont entre elles une grande identité sur un point capital, c'est dans la profondeur de leur haine contre nous et dans la probabilité de la durée de leur ressentiment.

Je m'abstiens d'étendre cet examen aux autres nations de l'Europe. Le tableau que je vais présenter dans le titre troisième, de la situation de toutes à l'égard de leurs propres gouvernemens, donnera, relativement à celles que j'omets ici, une idée suffisante de l'état de leurs relations morales avec la France.

En réunissant le résumé des articles précédens, on trouve :

Que comme de tout temps, et aujourd'hui encore, la nation française est celle que le peuple anglais a honorée et honore de sa haine la plus profonde et la plus soutenue, c'est aussi contre l'Angleterre que la France nourrit, à son tour, l'animosité la plus franche et la plus prononcée ;

Que la conduite noble et généreuse de l'Empereur Alexandre à Paris, et la presque certitude où l'on est aujourd'hui que, de long-temps, des bataillons français et russes ne se heurteront ensemble, ont déjà préparé les esprits des deux nations à une réconciliation facile ;

Que l'Autriche étant la puissance continentale qui a le plus souvent compromis ou du moins menacé nos plus chers intérêts, et cette nation elle-même ayant été, depuis 25 ans, constamment animée contre nous par les excitations de son propre gouvernement et par les événemens de la guerre, l'opinion populaire de la France, soumise de son côté à une impulsion semblable, voit dans le gouvernement et le peuple autrichien son premier ennemi, après l'Angleterre.

Que l'excès d'exaltation de la nation prussienne contre tout ce qui était français, quoique justifié en partie par la rigueur de nos procédés, n'a pu manquer de produire parmi nous une réciprocité naturelle d'irritation, et que si cette irritation n'est pas tout-à-fait aussi vive que celle que nous conservons contre les Autrichiens, c'est seulement peut-être parce que, malgré l'éclat de ses menaces, Berlin était, après tout, moins à craindre que Vienne;

Que les États germaniques, que le Danemarck, la Suède, l'Espagne et le Portugal devant accuser de leurs malheurs le chef du dernier gouvernement français; bien plutôt que la France même, si leurs ressentimens contre nous ne peuvent cesser tout-à-fait avec la cause qui les a fait naître, il est à espérer du moins qu'ils vont s'amortir, aujourd'hui que ramenée par son souverain à de meilleurs sentimens, la France se reproche à elle-même les torts et les injustices dont elle a été l'instrument envers eux, en même temps qu'elle en était la victime.

Quoique les dispositions présentes de la France à l'égard de ces divers peuples, et celles de ces divers peuples à l'égard de la France, résultent d'un conflit violent dans lequel la France a été entraînée aux plus condamnables écarts, c'est un fait remarquable que nos affections ou nos haines ont néanmoins si bien suivi la juste proportion de nos véritables intérêts, que la plus saine politique n'aurait pu en diriger mieux le développement et la gradation. Ce mouvement qui a été imprimé à l'esprit public, et la direction qui lui a été donnée par les événemens mêmes, ont formé un excellent fonds d'esprit national qui n'a besoin aujourd'hui que d'être entretenu par le gouvernement pour devenir entre ses mains un de ses plus précieux moyens de prospérité et de puissance.

TITRE III.

ÉTAT MORAL DES DIVERSES NATIONS DE L'EUROPE CONSIDÉRÉES PAR RAPPORT A ELLES-MÊMES.

CHAPITRE PREMIER.

ANGLETERRE.

Nous n'entrerons pas, à l'égard des nations étrangères, dans les détails auxquels nous nous sommes livrés en parlant de la France; nous nous bornerons aux observations les plus frappantes, et nous ne prendrons chez chaque peuple que les traits principaux nécessaires pour composer la physionomie générale de l'Europe.

En traçant dans la première partie de ce chapitre le penchant originel, l'affection innée qui, en France, entraîne tous les cœurs vers la famille de nos rois, j'ai fait remarquer que l'attachement des Anglais pour la maison de Brunswick, partant d'un autre principe, a aussi un autre caractère. La dignité et la personne du roi sont en Angleterre deux êtres distincts auxquels on ne rend point le même hommage : dans la personne on ne voit que le monarque, et l'homme disparaît sous la dignité. Le monarque, quel qu'il soit, est entouré du respect public; ce respect est un tribut que l'on paie à la royauté et non à la famille royale. Si l'on porte de la considération aux princes de la maison de Brunswick, c'est une considération fondée sur l'union des intérêts de ces princes et de ceux de la nation anglaise; c'est la suite du contrat formé entre la nation et eux; c'est parce qu'ils se sont associés à la révolution qui a proscrit le catholicisme, qu'ils ont souscrit le pacte qui a consacré la liberté publique, et que, liés depuis aux destinées de l'État, ils sont devenus partie intégrante de la constitution; mais point d'illusion, point de magie autour d'eux : on les voit tels qu'ils sont, et on les juge sans indulgence. En France, une sorte de tendresse religieuse environne d'un voile saint le roi et la famille royale tout entière. En Angleterre, le monarque jouit seul de la vénération attachée à la haute magistrature dont il est revêtu; il semble même que les Anglais se plaisent à se venger sur les autres membres de la dynastie des honneurs qu'ils rendent à son chef. Souvent notre délicatesse a été offensée des outrages publics faits au sang royal dans les fils même du roi. C'est pour les Anglais un des priviléges dont ils sont le plus jaloux; ils aiment à soumettre à leur jugement la vie et les actions de tout ce qu'il y a de plus distingué autour du trône, et leur orgueil jouit avec avidité d'un illustre scandale. Si nous trouvons chez eux plus d'un exemple digne d'être imité, ce n'est pas dans leur conduite à l'égard des princes de la maison régnante que nous devons nous les proposer pour modèles. Laissons-leur le triste avantage de pouvoir impunément manquer à tous les égards, braver toutes les bienséances, et répandre une diffamation légale sur les noms les plus augustes et les plus respectables; nous pouvons être aussi libres qu'eux sans que notre liberté se manifeste par le cynisme d'une semblable licence. Tandis que le peuple anglais se livre au plaisir de rendre justiciables de sa censure et de ses sarcasmes les princes du sang royal, il se laisse insensiblement enlacer dans les filets ministériels. L'autorité ministérielle s'accroît en effet chaque jour, et le parti qui, sous le nom du roi, tient les rênes du gouvernement, affermit sa domination sur la nation entière. De loin en loin l'opposition, comme un volcan long-temps muet, s'agite, bouillonne et gronde ; mais le ministère, assuré de sa force, laisse cette fureur passagère s'exhaler en flammes impuissantes et en vains mugissemens. Une indignation sainte a paru saisir quelques personnages distingués à la nouvelle des attentats politiques auxquels le ministère passe pour donner sa sanction, si même il n'en est le promoteur. Quel a été ou quel sera l'effet de ces murmures? Rien n'autorise à croire qu'ils doivent avoir une grande influence sur la conduite des ministres. Il est pour la France une plus belle route à suivre ; il est pour l'opinion un plus noble triomphe à obtenir ; c'est, en continuant à porter au plus haut point la vénération pour la famille royale, d'exercer un plus honorable, un plus utile ascendant sur le ministère.

CHAPITRE II.

RUSSIE.

Ce n'est que du règne de Pierre-le-Grand que date pour la politique de l'Europe l'existence de la Russie, qui maintenant y joue un si grand rôle. L'autorité arbitraire dont ce prince avait reçu l'héritage, et dont il fit un si terrible emploi, ne pouvait produire que des effets conformes à sa nature. Pierre Ier croyait qu'il avait besoin surtout de se faire craindre : il ne songea point à se faire aimer. Ce n'était point en rompant toutes les habitudes de sa nation, en violentant ses mœurs, en faisant sauter les têtes obstinées à garder leur barbe, que ce sanglant législateur pouvait jeter dans l'âme de ses sujets le germe des affections douces qui attachent un peuple à son souverain. Ses successeurs ont, comme lui, marché vers la puissance, et le peuple n'a été pour eux qu'un instrument de leur ambition. Le règne de plusieurs femmes a cependant adouci les mœurs; mais seulement dans la classe qui entoure le trône, et tout au plus dans la partie de la nation qui habite les deux capitales. Ce commencement de civilisation conservait encore une teinte de l'état antérieur. La galanterie des impératrices, en faisant désirer le rôle de favori, n'inspirait point autour d'elles ce besoin universel de plaire, qui chez d'autres nations a fait éclore tous les genres d'agrémens et tous les plaisirs de la vie sociale. L'amour même à Pétersbourg avait une couleur locale, et le titre de favori était une charge qui avait ses droits et ses devoirs. Peut-être, sous le règne de Catherine II, la supériorité de génie de cette princesse était elle-même la cause de cette bizarrerie. L'autocratie la suivait jusque dans son boudoir. Si, dans l'ivresse d'une gaieté philosophique, elle a parfois déposé pour quelques grands ou pour quelques beaux esprits l'orgueil de la grandeur impériale ; si, dans les amusemens d'une spirituelle familiarité, elle a permis la liberté de la conversation jusqu'au badinage du tutoiement, la masse du peuple, accoutumée à la servitude, voyait toujours dans sa souveraine un être surnaturel, maître de ses biens et de sa vie. Il n'entrait guère dans l'esprit des Russes que deux idées, Dieu et Catherine, et toutes deux étaient accompagnées d'une impression de terreur bien plutôt que d'amour. Ce n'était pas sous Paul Ier que cette disposition pouvait changer. Une longue contrainte avait dénaturé la belle âme de ce prince. Aigri par l'injustice, plein de haine et de mépris pour les courtisans de sa mère, il porta sur le trône, pour règle de conduite, le principe d'une inflexible sévérité. Il croyait, c'est son expression, que pour tenir les Russes dans le devoir, il fallait *une main de fer couverte d'un gant de velours*. Dans les premiers temps, sa rigueur tâcha en effet de se déguiser; mais bientôt le gant de velours tomba, et la main de fer ne se cacha plus. La mort de Paul Ier montre de nouveau le caractère russe dans son antique férocité. Un jeune prince arrive au trône sous d'effrayans auspices. L'Europe entière tremble quelque temps sur son sort. Quinze ans après, adoré de ses peuples, il préside au réglement des destinées de l'Europe. Si l'empire russe était assez heureux pour avoir plusieurs monarques, tels que celui qui le gouverne en ce moment, il s'y formerait sans doute un sentiment pareil à celui qui existe en France, et qui naît de la confiance des peuples dans la bonté héréditaire de leurs rois. Ce sentiment commence à se développer en Russie; mais ce n'est qu'après une suite de quelques générations et de quelques règnes doux et modérés qu'il peut devenir naturel et général.

CHAPITRE III.

ALLEMAGNE EN GÉNÉRAL.

Les diverses populations qui composent l'Allemagne ayant un fonds commun de traits identiques; avant de nous occuper des nuances particulières à chacune d'elles, nous allons considérer les teintes dominantes qui s'appliquent plus ou moins à toutes.

Le chef-lieu de l'empire, Vienne, semblerait devoir exercer sur toutes les nations germaniques l'influence qu'ont partout ailleurs de grandes capitales. La nature du gouvernement qui y réside a empêché cette ville d'obtenir un pareil genre de puissance, et ne lui a laissé que la puissance négative qui gêne l'action et entrave le mouvement. C'était la capitale du Brandebourg qui était destinée à saisir le sceptre de l'opinion et à régner par elle sur l'Allemagne presque tout entière. L'impulsion donnée par Frédéric II a généralisé dans ses états et dans les états voisins l'étude des belles-lettres et de la philosophie. Presque tous les princes du second et du troisième ordre ont mis leur gloire à marcher sur les pas de ce monarque. Son exemple a eu à Vienne même un imitateur illustre; mais les essais imprudens et trop brusques de Joseph II n'ont que faiblement concouru à la propagation des lumières. C'est dans le nord de l'Allemagne que l'instruction, que les lettres et les sciences sont devenues un besoin et une passion générale : c'est là surtout que la philosophie a eu ses oracles les plus fameux. Le titre d'oracles appartient sous un double rapport aux sages de Berlin, de Weimar et de Kœnigsberg. S'il leur est dû pour la profondeur de leurs connaissances, ils y ont droit aussi par l'obscurité de leurs dogmes. L'obscurité mystérieuse qui enveloppe la philosophie s'étend jusqu'à la littérature. Vainement Frédéric avait frayé à ses compatriotes les sentiers de l'école française : ces sentiers leur ont paru trop étroits; ils n'ont pu se soumettre aux sévères lois que le dieu du goût nous impose, et, se repliant sur leurs propres domaines, ils se sont créé un culte et des autels à part. Ce n'est pas une architecture exacte qu'il faut chercher dans le temple où ils ont placé la sagesse; mais on s'y perd dans un sanctuaire auguste dont on ne peut qu'admirer l'étendue. Ce n'est pas un accord parfait de proportions qu'il faut demander à l'Apollon germanique ; mais dans ses formes athlétiques et irrégulières on voit des échantillons du beau idéal. Tout est lié dans les mœurs des nations. En Allemagne plus qu'ailleurs, les âmes portent l'empreinte de la philosophie et de la littérature nationales. C'est l'effet qui réagit sur son principe. Les traits caractéristiques de la physionomie morale des Allemands ont été récemment trop bien saisis et trop habilement dessinés par une plume ingénieuse et délicate, pour qu'on essaie de les reproduire ici. Nous les rappelons seulement pour qu'on en fasse l'application à la manière d'être qui doit en résulter de la part des peuples à l'égard de leurs gouvernemens. Dans un siècle tranquille, des imaginations rêveuses se livrent en paix à de douces extases. La contemplation mélancolique se suffit à elle-même et se nourrit de ses propres chimères; mais s'il survient une époque où les objets d'une longue méditation se rattachent au monde réel, à la société existante, à l'organisation politique des peuples, alors toutes les forces de l'esprit, toutes les facultés de l'âme, se dégageant des abstractions qui les avaient absorbées, se répandent au dehors, et entrent, pour ainsi dire, en circulation.

On connaît le penchant des peuples de l'Allemagne pour l'étude des sciences abstraites, pour la scrutation des secrets de la nature, et pour la recherche de la vérité. De là, d'un côté, ces sectes estimables qui, s'attachant à la pratique de quelques maximes salutaires, offrent, en de certains cantons, l'exemple de toutes les vertus religieuses et domestiques : de là, d'une autre part, ces associations cachées, ces affiliations clandestines qui forment, au milieu de tant de nations diverses, comme une nation particulière, qui a plus ou moins d'influence sur toutes, et qui agit d'une manière inaperçue sur la politique même des cabinets; de là ces initiés de tant de classes différentes qui sont liés les uns aux autres par un fil invisible et qui s'entendent des bords du lac de Constance à ceux de la mer Baltique. On a vu sous Frédéric-Guillaume II, un charlatanisme adroit se jouer de ce prince, l'enrôler lui-même sous les drapeaux des illuminés, et faire servir sa crédulité aux vues ambitieuses de quelques-uns de ses courtisans. Plus habile et plus sage, son fils n'a point imité ses erreurs; mais le goût de la nation pour les sociétés secrètes est resté toujours le même, et les événemens politiques n'ont fait que lui donner une nouvelle direction.

Pendant la durée de l'existence d'une république en France, il y avait quelques-unes des associations secrètes de l'Allemagne, dont les principes avaient beaucoup d'affinité avec ceux qui étaient proclamés à Paris; mais, moins imprudens que nous, les membres de ces sociétés ne tendaient pas à en faire immédiatement l'application; ils aimaient mieux laisser à d'autres les périls d'un semblable essai. La composition de ces sociétés était d'ailleurs elle-même le correctif de leur doctrine. Les principaux initiés appartenaient à l'ordre de la noblesse. Si, comme hommes, ils admettaient dans leurs raisonnemens la plus parfaite égalité, leur intérêt, comme gentilshommes, s'opposait à la mise en pratique de leurs systèmes. Tout se bornait ainsi à des discussions ou à des rêveries philosophiques, sans que l'ordre social eût aucune explosion à en redouter.

Cependant la face de l'Europe était changée : les événemens politiques avaient pris un cours nouveau. La puissance française, dans les mains d'un empereur, faisait trembler les peuples et les rois. L'orgueil allemand frémissait sous le joug qui lui était imposé. Tout à coup il conçoit l'espoir de s'en affranchir. Les esprits livrés à d'oiseuses méditations renoncent à ces frivolités mystiques pour s'élancer dans une nouvelle carrière : l'intérêt public, les questions d'État deviennent l'objet exclusif de leur activité. Les associations secrètes reprennent le caractère de ces tribunaux, de ces confédérations de chevaliers, qui, sous tant de différens titres, avaient pour but de représenter la justice divine sur la terre, de lutter contre l'oppression, et de punir les crimes qui échappaient aux lois humaines. Ce goût, qui est comme inné aux Allemands, avait été fortifié par un grand nombre d'ouvrages propres à échauffer surtout des imaginations jeunes et ardentes. Aussi, indépendamment de ces grandes sociétés que dirigent des chefs dont l'enthousiasme ou l'ambition ont l'expérience de l'âge, il existe pour la jeunesse même des sociétés particulières qui ont leurs secrets, leurs dogmes, leur but marqué. Il est peu d'universités en Allemagne dans lesquelles on ait pu parvenir à empêcher la formation de sociétés de cette espèce. Les efforts faits pour les dissoudre n'ont servi qu'à faire connaître l'étonnant degré d'énergie que donnent à toutes les âmes des engagemens contractés dans l'ombre du secret et sur l'autel du mystère.

L'indépendance de l'Allemagne était depuis long-temps l'objet principal qui fixait l'attention des diverses associations secrètes; mais elles n'avaient pas toujours été d'accord entre elles sur le sens qu'elles donnaient à cette indépendance. A de certaines époques, il aurait été au pouvoir du gouvernement français de faire servir quelques-unes de ces sociétés à ses desseins. La marche des événemens corrigea ensuite cette tendance erronée, et ramena tous les intérêts à un principe de conservation contre la puissance étrangère. Alors le premier serment fut un serment de haine contre le chef du gouvernement français, et tous les efforts se réunirent contre lui. La levée en masse de l'Allemagne est, en grande partie, leur ouvrage : si toutes ces sociétés ont rendu de grands services par l'énergie qu'elles ont donnée à l'opinion, aujourd'hui que l'ennemi étranger est abattu, elles ne seront peut-être pas sans danger pour les princes, pour les gouvernemens, et en général pour le repos public. Avant le dix-neuvième siècle, le feu brûlait sous la cendre. Un aliment lui a été donné, qui l'a fait éclater au dehors. Quand cet aliment n'existe plus, la flamme, devenue plus active, n'en cherchera-t-elle pas un autre, ou bien ira-t-elle se concentrer de nouveau dans l'obscur foyer du monde idéal et invisible ? C'est là le point de la question pour l'Allemagne. Un seul sentiment absorbait toute la chaleur des passions; ce sentiment était celui de la liberté nationale ; quand la liberté nationale est reconquise, une pente naturelle conduit les peuples à la liberté civile et politique. Il est de l'intérêt des souverains, de l'intérêt de la noblesse, de prêter à ce mouvement, d'ailleurs irrésistible, l'appui d'un concours volontaire. S'il s'élevait sans nécessité de dangereuses résistances, si les maisons régnantes ou la noblesse se refusaient à quelques concessions en faveur de cette partie des peuples que son éducation et ses lumières en rendent dignes, il serait fort à craindre que le refus de quelques légers sacrifices n'amenât des malheurs bien plus grands que l'abandon même de tous les priviléges.

CHAPITRE IV.

AUTRICHE.

De toutes les populations allemandes, celle qui compose la monarchie autrichienne est en général la plus calme, la plus débonnaire, et en même temps la moins éclairée. Le gouvernement, peu jaloux, il est vrai, de favoriser le progrès des lumières, n'a point d'ailleurs été indifférent au bonheur des peuples. Le règne heureux et les vertus de Marie-Thérèse, noble récompense des témoignages éclatans de dévouement que lui avaient donnés toutes les provinces de la monarchie, avaient formé un bel héritage d'amour pour ses successeurs. Cet héritage, légèrement altéré sous Joseph II, existe encore aujourd'hui; mais les événemens extraordinaires des dernières années ont, en Autriche, comme ailleurs, produit dans l'esprit des sujets une agitation qui leur était inconnue. Le mariage qui, en 1810, plaça en France une Archiduchesse, n'obtint pas l'assentiment d'une grande partie de la classe supérieure de la société. Ce principe d'opposition s'accrut lorsqu'on vit, en 1812, une armée autrichienne marcher sous les drapeaux français. Au commencement de 1813, des murmures publics reprochaient à la Cour de manquer l'occasion qui lui était offerte d'accabler la puissance française, et surtout l'homme qui deux fois avait fait sentir à Vienne soumise tout le poids de la conquête. Ce moment est remarquable : il fera époque dans l'histoire des nations. Le flegme allemand avait fait place à une ardeur toute nouvelle qui, pour la première fois, pénétrait dans les derniers rangs de la population. Insensiblement l'irritation, qui n'avait été d'abord dirigée que contre la France, se portait dans l'intérieur sur le souverain lui-même, à qui l'on supposait une dangereuse prévention en faveur de l'époux de sa fille. Un langage tout-à-fait inouï se faisait entendre à Vienne et jusque dans les villages les plus écartés de la Bohême. Le vertige était universel. Cette témérité dans les propos, cette audace dans la pensée, offraient un singulier contraste avec le vieux respect qu'avait constamment montré cette nation pour la famille régnante. Cette rebellion morale s'était répandue même dans l'armée, et s'étendait depuis les chefs jusqu'aux soldats. Ce n'est pas sans inquiétude que les princes doivent avoir reconnu qu'il est des époques où c'est une nécessité pour eux de fléchir sous l'ascendant de la volonté de leurs sujets. Cette espèce de violence faite à l'autorité suprême a été justifiée par les plus brillans résultats: mais peut-être le succès même d'une entreprise ainsi provoquée est-il un danger de plus sous le point de vue de subordination et d'ordre. A la vérité, la masse de la nation et surtout les classes subalternes sont essentiellement soumises et pacifiques. Elles étaient accoutumées à un état de repos et de bien-être, où, après un moment d'effort, il leur aura été doux de pouvoir rentrer : mais il n'en sera pas ainsi de toutes les classes. La fermentation qui a eu lieu parmi les militaires, dans l'ordre de la noblesse, parmi les hommes de lettres et un grand nombre d'habitans qui ont un commencement d'instruction, laissera encore après elle des traces moins faciles à effacer. L'état de la nation a cessé d'être le même. Son obéissance n'est plus silencieuse et passive. La confiance aveugle, qui ne voyait que par les yeux du prince, est remplacée par une dangereuse manie de vouloir juger les opérations du cabinet. Après s'être exercée sur la grande question de la guerre, et après avoir réussi dans ce coup d'essai, l'opinion assurée de sa force ne peut manquer maintenant de se porter aussi sur les actes de l'administration, sur les démarches du ministère, sur les abus et les vices du gouvernement. C'est pour celui-ci une époque nouvelle qui va lui présenter de nouvelles chances et lui imposer de nouveaux devoirs. Lorsque tel est l'état de l'Autriche, même après les événemens les plus favorables qu'il fût permis d'espérer, il n'est pas démontré que la nouvelle puissance qui s'est emparée de la politique des États, la puissance de l'opinion publique, qui, à peine introduite en Allemagne, y a régné sous les formes de la tyrannie la plus absolue, ne doive pas y donner quelque inquiétude aux maisons souveraines.

CHAPITRE V.

PRUSSE.

Si tel est le spectacle qu'a offert, dans les trois ou quatre années qui ont précédé la coalition de 1813, la population la plus paisible et la moins raisonneuse de l'Allemagne, on peut juger quel a dû être le mouvement de l'opinion dans un pays où depuis long-temps elle a, comme en Prusse, secoué toute espèce d'entraves. Quoique par sa position géographique, par sa langue et par ses habitudes, la Prusse appartienne à l'Allemagne, c'est une nation que l'on peut regarder comme ayant des nuances qui ne sont qu'à elle, et qui la distinguent des autres peuples germaniques. Tandis que l'habitant de la Souabe, de la Bavière ou de l'Autriche, abondamment pourvu de tout ce qui constitue le bien-être et l'aisance, consomme dans une singulière paresse d'esprit, les riches produits de son sol, le Prussien moins favorisé par la nature, ne trouve de compensation à la stérilité du terrain que dans un plus grand développement d'activité et d'industrie. La charge plus pesante des impôts l'oblige à de plus grands efforts, et l'avancement de la civilisation, en multipliant ses besoins, lui impose la nécessité de multiplier les moyens d'y satisfaire. Ses besoins ne sont pas bornés comme ceux du paysan de la Forêt-Noire aux objets d'une nourriture ou d'un vêtement solides. Lorsque le nécessaire lui manque, il lui faut encore le superflu. C'est dans les villes surtout qu'une indigence orgueilleuse s'entoure d'un faux éclat. Aucune nation ne vit autant en dehors, et ne sacrifie davantage à l'apparence. Ce tort, si c'en est un, vient aussi de Frédéric II, à qui la nation doit d'ailleurs tant de précieux avantages. Ce prince donnait aux maisons de belles façades, et laissait au temps à en meubler l'intérieur. Il suivait ce système au moral comme au physique. Ses vues étaient justes, et le temps avait commencé à les accomplir, quand des circonstances extraordinaires sont venues interrompre son ouvrage. Dans cette monarchie, c'est Frédéric II que l'on voit, que l'on rencontre partout. On ne saurait faire un pas sans trouver quelque création de son génie. Il n'est pas un établissement que sa main n'ait fondé ou agrandi. Les villes, les canaux, les manufactures, les colonisations, tout a été commencé ou perfectionné par ses soins. Cependant parmi beaucoup de semences, heureuses, il a jeté aussi quelques semences funestes. L'indépendance de l'opinion des peuples à l'égard de la religion, amène plus ou moins une pareille indépendance à l'égard de la royauté. Il faut au trône un appui religieux, surtout là où il n'a pas un appui constitutionnel. Si l'un et l'autre lui manquent à la fois, la position des princes n'est pas sans danger, ou du moins le respect qui leur est dû souffre de violentes atteintes. Ce n'était pas pour Frédéric que le péril pouvait exister, mais il n'en a pas été de même de son successeur. Il a fallu depuis toutes les nobles qualités du roi régnant pour regagner dans l'opinion le terrain que la royauté avait perdu. A peine monté sur le trône, ce prince s'est efforcé de reconquérir cette belle partie de son domaine. Un puissant auxiliaire a secondé ses généreux efforts. Les grâces pures de son épouse ont rendu au diadème toute sa splendeur. Le peuple n'a point été ingrat. Si l'on vit jamais dans quelque pays un sentiment pareil à celui que la nation française éprouve pour ses rois, ce fut à Berlin, dans cette vive tendresse que portait la population entière à cette reine intéressante qu'une mort prématurée ravit à l'amour du roi et de ses sujets dans tout l'éclat des vertus, de la jeunesse et de la beauté. Son souvenir a encore une douce magie, et son ombre protectrice plane autour du trône de son époux. Cependant malgré tout ce qui devrait attacher la Prusse à son souverain, l'effet de l'absolue indépendance d'esprit est de produire une sorte d'irrévérence pour les objets les plus respectables, et c'est là un des traits du caractère prussien. On ne peut disconvenir que, surtout depuis dix ans, la royauté n'ait eu à supporter plus d'une fois les écarts d'une licence répréhensible. Nulle part les associations secrètes, dont j'ai fait mention précédemment, n'ont eu un effet tour à tour aussi utile et aussi funeste. Le but en était patriotique; mais le patriostime mal dirigé est lui-même dangereux quand il brise les justes barrières que le respect doit élever entre le peuple et le souverain. La plus influente de toutes ces associations est sans contredit celle qui a été connue sous le nom de *tugends-brüder-bund*, société des amis de la vertu. Cette société avait des affiliés dans les premières fonctions de la monarchie, dans les départemens ministériels et jusque sur les marches du trône. Dans l'intervalle de la paix de Tilsit à la guerre de 1813, la conduite trop peu mesurée des chefs de cette association, en affichant des sentimens contraires à ceux qui devaient régler la conduite du roi, avait été pour ce prince un sujet de chagrins, et lui faisait perdre le mérite des sacrifices auxquels il s'était résolu pour le bien de ses peuples.

C'est toujours une époque malheureuse pour les gouvernemens et les souverains que celle où des volontés différentes de la leur prétendent les dominer ; où des associations particulières veulent, même dans les intentions les plus pures, faire prévaloir leur jugement sur celui du prince ; où des officiers de l'État croient devoir désobéir aux ordres du monarque pour mieux le servir. Ce tiraillement intérieur, ces entreprises audacieuses de volontés individuelles sur celles du cabinet, ces espèces d'assaut livrés à l'autorité royale elle-même par ses agens ou ses sujets, ont été, en quelque sorte, sanctifiés par le bonheur prodigieux de l'issue ; et sans doute le souverain ne peut voir qu'une faute heureuse dans une apparente rebellion qui a fini par rendre à la nation son indépendance, et à lui-même la moitié de son royaume. Cependant si la raison doit, en cette circonstance, sanctionner les arrêts de la fortune, une telle révolte de l'opinion dans l'intérieur d'un État, n'en est pas moins à craindre. Quelquefois le souverain y trouve son salut, mais plus souvent il peut y trouver sa perte. La Prusse elle-même a fait cette double épreuve. Si c'est la déférence du monarque à l'opinion qui a sauvé la monarchie en 1813, c'était en 1806 cette même déférence qui l'avait perdue. Comme, pour arriver au dernier miracle dont nous sommes témoins, il a fallu une suite d'événemens, qui rarement se renouvellent, l'exemple n'est pas de ceux que doivent encourager les princes ni que les peuples doivent imiter. De quel côté va se diriger maintenant cette incroyable activité des esprits de la population prussienne? Nous ne hasarderons point ici d'imprudentes prédictions. Cette activité ne pouvant pas s'anéantir en un instant, on mettra sans doute un soin particulier à lui ouvrir un champ où son essor plus ou moins hardi ne puisse altérer la paix de l'État; mais à supposer qu'il fût difficile de lui interdire les spéculations politiques et la discussion des actes intérieurs ou extérieurs du gouvernement, la sagesse commanderait de lui faire les concessions justes qu'elle pourrait réclamer.

CHAPITRE VI.

SAXE.

Malgré les vaines déclamations auxquelles de sombres satiriques se plaisent à se livrer contre les mœurs de notre siècle, c'est encore même dans ce siècle, que l'on accuse de tant de perversité, une bien grande puissance que celle de la vertu : elle triomphe de tous les préjugés des peuples. Puisse-t-elle triompher de même de l'ambition des gouvernemens! Ce vœu est le premier qui doive se présenter à l'âme de l'homme de bien, dès que l'on entend prononcer le nom du roi de Saxe. La nation saxonne s'est, en grande partie, associée au reste de l'Allemagne contre la France; mais la nation saxonne, en voyant son roi lié à la cause de la France par des engagemens qu'il ne pouvait rompre, n'a imputé ses malheurs qu'à la fatalité des temps ; et, au milieu de ses plaintes sur ses propres souffrances, elle a plaint surtout celles de son souverain. Le jour même où les Saxons lui sont devenus infidèles, et ont désobéi à ses ordres, ils croyaient encore le servir, et leurs cœurs, depuis, n'ont point cessé de le rappeler. C'est un prince catholique qui a obtenu et conservé ainsi l'affection de sujets protestans ! Cette remarque n'est point indifférente. Malgré la liberté qui règne en Allemagne à l'égard des opinions religieuses, quelque intolérance s'y fait sentir encore ; et cette intolérance, c'est dans le protestantisme qu'elle s'est réfugiée. Mais est-il quelque prévention qui tienne contre cinquante années de bienfaits ! Il n'est dans toute la population de la Saxe qu'un seul désir, et dans les diverses sectes qu'une seule prière, c'est pour le retour du roi. Pourquoi craindrions-nous d'ajouter que ce sentiment est de même unanime en France ? Lorsque tous les princes de la Confédération du Rhin, consultant l'intérêt de leurs peuples, la première loi des souverains, venaient offrir à Paris un tribut de soumission à la puissance, quel est celui de tous ces princes que notre vénération et nos respects entourèrent du plus sincère hommage ? Celui qui ne brillait que de l'éclat de ses vertus, le roi de Saxe. Cette circonstance fait assez d'honneur à notre caractère pour en garder le souvenir.

CHAPITRE VII.

BAVIÈRE.

L'une des contrées de l'Allemagne où la franc-maçonnerie, et les autres associations de même nature avaient eu le plus de consistance à la fin du dernier siècle, était la Bavière. Des découvertes importantes fournirent alors la preuve que les directeurs principaux de ces associations ne tendaient à rien moins qu'à envahir l'autorité à Munich, et dans plusieurs autres résidences, sous le prétexte spécieux de faire servir le pouvoir à l'amélioration du sort de l'espèce humaine. La sévérité des lois ne détruit jamais entièrement de pareilles associations. C'est une longue chaîne dont on peut rompre la continuité, mais les anneaux subsistent séparément; ils se rapprochent et se rattachent sans cesse les uns aux autres. Le renouvellement périodique de sentences de proscription ne fait qu'obliger les chefs à plus de réserve, et irriter le fanatisme des adeptes. Il n'est pas douteux que, dans les derniers temps, les hommes qui avaient saisi le gouvernail de l'opinion en Bavière n'aient été unis par une alliance secrette avec ceux qui jouaient le même rôle en Prusse. Un autre germe de mécontentement fermentait en outre dans quelques parties du territoire bavarois. L'esprit philosophique a porté dans cet État des coups un peu brusques à quelques institutions religieuses. La suppression des ordres monastiques dans des cantons peu éclairés, était par elle-même une opération délicate qu'il eût été nécessaire de n'opérer qu'avec beaucoup de prudence. Peut-être n'y a-t-on pas mis le degré de ménagement nécessaire pour adoucir la rigueur de cette mesure, sans qu'il y ait toutefois rien à reprocher au gouvernement qu'un peu de précipitation dans les réformes qu'il jugeait utiles et salutaires. Il est peu de souverains sans doute qui, plus que le roi de Bavière, aient des droits à l'amour de leurs sujets et à leur confiance; mais l'époque qui vient de finir à offert une si étrange complication d'événemens; la volonté des cabinets a si souvent été maîtrisée par les circonstances, et en contradiction avec celle des peuples, que, même dans les États de ce prince, on ne doit pas s'étonner d'entendre aussi des plaintes et des murmures.

CHAPITRE VIII.

WURTEMBERG.

Lorsque le roi de Bavière, malgré tous les efforts de sa popularité, voit les esprits de ses peuples eux-mêmes livrés à une sorte d'agitation qui appelle des changemens dans les principes ou dans les formes de l'administration, il doit naturellement en être à peu près de même dans les autres pays d'Allemagne, et surtout dans ceux où l'action de l'autorité suprême était plus vivement sentie. Ce n'est qu'à la suite d'une longue lutte avec les États de son duché que le souverain régnant de Wurtemberg était parvenu à faire prévaloir ses droits sur ceux que lui opposaient les États. Les titres d'électeur et de roi, conférés depuis à ce prince, sont venus consacrer l'accroissement de son pouvoir. Sa fermeté l'a fait respecter à la fois de ses sujets et des puissances étrangères ; mais la dernière secousse qui, en arrachant l'Allemagne à la domination française, a ébranlé tous les rapports des peuples germaniques avec leurs princes, a donné partout à l'opinion un mouvement qu'elle n'avait pas eu encore, ou lui a fait reprendre celui qu'elle avait perdu. Dans le Wurtemberg, comme en Bavière, et, en général, dans les autres États d'un ordre inférieur, comme parmi les sujets des grandes puissances, il existe une tendance prononcée à l'établissement de systêmes de gouvernement et d'administration, fondés sur les droits éternels des peuples, sur ces droits que, dans les pays éclairés, les maisons régnantes ne leur contestent plus. L'Allemagne est à son tour, comme l'a été la France, un volcan dans le sein duquel bouillonnent des feux auxquels il importe d'ouvrir une facile issue : il y aurait de l'imprudence à leur interdire tout passage.

CHAPITRE IX.

SUÈDE.

Quoique l'on ait donné aux Suédois le nom de Français du Nord, les habitans de ce royaume, divisés d'ailleurs en diverses populations qui ne se ressemblent pas parfaitement entre elles, ont beaucoup plus d'analogie avec les nations germaniques qu'avec la nation française. Une circonstance particulière à la Suède, ou plutôt à la royauté en Suède, est la multiplicité de ses vicissitudes. Nulle part le trône n'est aussi glissant et les révolutions aussi fréquentes. Sans aller bien loin en chercher des preuves, deux fois déjà, depuis que la constitution de l'État, changée par la force en 1772, ne laissait plus à la nation le moyen de mettre un frein aux écarts de ses rois, on a vu le fatal recours des conspirations suppléer les lois qui n'existaient plus. L'abdication de Gustave Adolphe IV, sa déchéance prononcée par la diète assemblée à Stockholm, l'exclusion donnée à la descendance de ce prince, le droit de succession au trône transféré d'abord au prince de Holstein Augustembourg, le nouvel acte d'élection qui, après la mort de ce prince, appela au même droit, en 1810, un maréchal de France, un de ces guerriers qui n'ont dû qu'à eux-mêmes leur illustration ; ces divers événemens, qui autrefois eussent paru si étranges, semblent aujourd'hui n'être plus que la mise en pratique des droits des peuples à l'égard de leurs souverains. L'intérêt des dynasties est blessé par de pareils changemens, surtout dans les résultats qui placent des familles nouvelles à côté des dynasties anciennes ; mais l'intérêt des peuples n'a pas toujours à s'en plaindre. En Suède, le chef d'une famille nouvelle procure l'acquisition de la Norwège, tandis que le dernier roi avait fait perdre la Finlande. L'élévation du prince de Ponte-Corvo a, en outre, un caractère qui, en le rendant plus honorable, porte avec elle de plus grandes garanties. Exempt de reproches envers le monarque malheureux dont le détrônement lui a ouvert une brillante carrière, il n'a fait que répondre à un noble appel, et accepter un trône qui lui était solennellement offert. Certes, le titre d'usurpateur ne peut être donné à un prince que le choix d'un peuple assemblé en diète va chercher à 400 lieues du siége de ses délibérations pour lui déférer la couronne. D'un autre côté, l'abdication forcée de Gustave IV a-t-elle anéanti ses droits, a-t-elle surtout anéanti ceux de son fils? Ces sortes de questions ne se décident point par des raisonnemens; le temps et la fortune en sont les seuls juges. Les droits ou les prétentions que conservent les descendans d'un prince détrôné sont une leçon vivante pour la famille qui a été appelée à prendre sa place. Aujourd'hui tout annonce en Suède la durée de ce qui existe; la nation est calme; le gouvernement, modéré; la constitution, respectée. Si l'avenir renferme des événemens d'une autre nature, nous laissons à des yeux plus perçans le soin de pénétrer ses secrets.

CHAPITRE X.

DANEMARCK.

S'il existait un pays dont l'exemple parlât en faveur du despotisme, ce serait le Danemarck. Jamais le peuple danois n'a été plus tranquille, et on peut dire plus heureux, que depuis le jour où il se dépouilla lui-même de ses droits pour les mettre entre les mains de son Roi. Cet acte qui, vu sous un certain côté, semblerait devoir déshonorer une nation, fut, à l'époque où il eut lieu, un parti dicté par la sagesse même. Dans la lutte sans cesse renouvelée à l'occasion de l'élection des Rois, de l'établissement des impôts et des affaires de religion, le peuple était tour à tour écrasé par les deux ordres supérieurs. Enfin, en 1660, fatigué des vexations de la noblesse, il jugea qu'il n'y avait point d'autre moyen d'y mettre un terme que d'armer le monarque d'une autorité sans borne, et il chercha son salut dans la dictature royale la plus étendue qu'il fût possible de concevoir. Aidé par le clergé, qui souffrait aussi impatiemment les violences des nobles, il plaça le monarque au-dessus de toutes les lois humaines, et lui conféra une puissance illimitée qui ne reconnaissait que Dieu au-dessus d'elle. L'attente du peuple ne fut point trompée. C'est ainsi qu'en France l'autorité royale, en s'augmentant de celle qu'elle enlevait aux grands vassaux, avait graduellement soustrait la nation à la plus oppressive tyrannie. Investis d'un si étrange pouvoir, les rois de Danemarck en furent eux-mêmes effrayés, et sentirent que c'était à eux d'y mettre des limites. Ils établirent des lois sages; et, depuis cette époque jusqu'à nos jours, ce gouvernement a été, en général, un des plus modérés de l'Europe. Cependant, par un effet tout naturel des progrès du temps et de l'exemple des autres pays, la nation danoise se trouve aussi entraînée à mêler sa voix au cri de liberté et de constitution qui se fait entendre de toutes parts. Sans doute une organisation nouvelle viendra bientôt y fonder sur des lois les avantages que le peuple n'a dus jusqu'à présent qu'à la sagesse de ses souverains : mais tout autorise à croire que ce changement, s'il a lieu, s'opérera sans qu'aucun trouble altère la tranquillité publique. Là où le peuple a eu à s'applaudir d'avoir abdiqué sa souveraineté, le monarque n'aura pas à se plaindre d'avoir abdiqué le despotisme.

CHAPITRE XI.

ESPAGNE.

Si des rapports multipliés ne nous informaient pas, chaque jour, des agitations intérieures de l'Espagne, les publications officielles du ministère de cette monarchie suffiraient seules pour nous faire connaître la nature de ces troubles, leurs causes et les malheurs qui peuvent en résulter. Un grand spectacle a été donné au monde, celui d'une nation intrépide qui, privée de ses princes, a livré pour eux les plus nobles combats, et a fini par les replacer sur le trône. Pour prix de tant de preuves de son dévouement, cette nation s'est flattée d'obtenir la jouissance des droits civils et politiques que réclament maintenant tous les peuples, et dont la conquête a coûté si cher à plusieurs d'entr'eux. Malheureusement, en Espagne comme ailleurs, on a commencé par aller au-delà des bornes. En voulant donner trop d'extension à la liberté du peuple, on a porté atteinte aux droits de la royauté, et, par l'excès des prétentions qu'on a formées, on a exposé le monarque à repousser les demandes les plus légitimes. Sans doute il aura été pénible pour l'âme de ce prince de ne pouvoir admettre les vœux d'une assemblée courageuse qui avait tant de titres à sa reconnaissance; mais on ne peut se dispenser de convenir qu'il lui était difficile d'accepter une constitution dans laquelle il n'aurait pas eu l'autorité que l'intérêt de la nation même doit attacher à la dignité royale. Alors il aurait dû s'ouvrir, comme en France, une communication heureuse entre le monarque et ses peuples; et, par une condescendance mutuelle, on aurait pu arriver à un système de gouvernement dans lequel tous les pouvoirs eussent été convenablement balancés. Il est à regretter que ces moyens de conciliation n'aient pas été employés par le ministère, et qu'au lieu de suivre la pente douce et unie des accommodemens, il se soit engagé dans la route escarpée et raboteuse de la violence et de la coaction.

Ce n'est plus qu'au milieu des précipices que marche aujourd'hui ce gouvernement; chaque jour il est obligé de sévir contre des hommes qui, s'il avait su se les attacher par des concessions légitimes, auraient été son appui le plus solide. Par la nécessité où il s'est mis de combattre, dans des esprits un peu exaltés peut-être, l'exagération d'idées nobles et généreuses, il a été réduit à s'adjoindre comme auxiliaires le fanatisme et l'ignorance. Si la cause du patriotisme espagnol avait pu être déshonorée, ce serait l'ignorance et le fanatisme qui l'auraient flétrie, en lui prêtant l'odieux concours de crimes sans but et de gratuites atrocités. Aujourd'hui ces deux mortels ennemis des peuples et des rois assiégent le trône, et de là leurs fureurs se répandent sur la nation entière. Armés du glaive des lois, ils frappent dans les rangs de l'armée, du clergé ou de la magistrature, et dans toutes les autres classes indistinctement, quiconque a le courage de vouloir les démasquer, et se soustraire à leur puissance. Quelle sera l'issue de cette lutte meurtrière? De quelque façon qu'elle se décide, les résultats n'en seront jamais que funestes : le mal est déjà très-grave et très-envenimé; mais comme il s'aigrit sans cesse, comme l'orage qui se forme ne peut manquer d'éclater sur les défenseurs du despotisme, aussi bien que sur ceux de la liberté de la nation, il faut gémir à la fois des erreurs de l'autorité royale et de l'exigence des

Cortès, des écarts de la religion et de ceux de la philosophie; il faut enfin plaindre également le monarque et les sujets (1).

CHAPITRE XII.

PIÉMONT ET ÉTATS ROMAINS.

Ce n'est pas seulement en Espagne que le gouvernement se croit assez fort pour faire rétrograder la raison du peuple, et pour subjuguer l'esprit et la pensée : le même spectacle nous est offert dans quelques États d'Italie, particulièrement à Turin et à Rome. L'autorité légitime peut sans doute porter bien loin son action sur des sujets naturellement disposés à une soumission respectueuse; mais il est un point où l'obéissance, cessant d'être volontaire, cesse d'être assurée ; c'est le point où ce qui est commandé se trouve en contradiction avec l'opinion publique. Les usurpations du gouvernement français en Italie y avaient introduit, au milieu d'une foule d'abus, un principe d'une grande importance pour les

(1) Je m'abstiendrai de faire mention du Portugal qui, par le fait, n'existe pas tant qu'il est au pouvoir de troupes étrangères.

sujets, l'uniformité de législation et l'égalité des droits. C'était, si l'on veut, l'uniformité de joug, l'égalité de misère ; mais on se plaisait à en attendre pour l'avenir des effets plus heureux, et cette espérance aidait à supporter le mal présent. Vouloir aujourd'hui, chez des peuples, qui ont plus ou moins goûté ces avantages, rétablir toutes les bigarrures des anciennes administrations, toutes les coutumes, toutes les distinctions dont les classes inférieures se félicitaient d'être délivrées, c'est mal à propos exciter leur mécontement ; c'est, pour la satisfaction de quelques intérêts privés, compromettre, sans nécessité, le repos et le bien-être de l'Etat. Si, pour le bonheur de la France, une manie semblable de tout rétablir sur l'ancien pied ne vient point causer parmi nous ces désordres dont souffrent des pays voisins, ce n'est pas que des passions particulières ne s'agitent aussi autour du trône, et n'aspirent à nous ramener au point où nous étions en 1788 ; mais, outre que la nation française est trop avancée pour reculer ainsi, la sagesse de son roi suffit seule pour l'en préserver. La raison supérieure du roi présente aux autres souverains qui, comme lui, ont recouvré leurs États, un noble et glorieux exemple, dont il serait désirable qu'ils sussent mieux profiter.

CHAPITRE XIII.

TOSCANE.

A côté de ces États où un attachement excessif à d'anciennes habitudes, soit de la part des princes, soit de celle de leurs ministres, peut devenir une source de malheurs pour les sujets comme pour l'autorité elle-même, il est un pays qui n'a rien à demander à ses souverains que le rétablissement de ses anciennes lois, parce que ses anciennes lois étaient arrivées à un tel point de perfection que le peuple ne pouvait que désirer leur maintien. Ce pays, c'est la Toscane. Destiné à être partout chéri de ses peuples, un prince dont la fortune a déjà déplacé plusieurs fois la souveraineté, rentre enfin dans ce premier séjour où il avait laissé, et dont il gardait un si cher souvenir. Puisse l'exemple de cette union du prince et du peuple n'être point perdu pour les États auxquels la leçon peut être utile !

CHAPITRE XIV.

NAPLES.

Parmi les titres qui légitiment la possession, l'intérêt des peuples les a forcés d'admettre le droit de conquête. La conquête avait mis le royaume de Naples à la disposition de la France. Le chef du gouvernement français en a disposé en faveur de l'un de ses lieutenans, qui était en même temps son beau-frère. Cette disposition a été reconnue par la presque totalité des souverains de l'Europe. Un grand revers vient frapper l'homme qui distribuait ainsi des trônes à ses parens. Une partie de ces trônes est tombée avec le fondateur. La famille établie à Naples échappera-t-elle à cette nouvelle révolution? Tel est le doute que l'on élève aujourd'hui de toutes parts. Le parti le plus simple serait d'en laisser la solution au temps, et d'attendre son arrêt. Cependant l'esprit humain se débat sans cesse contre l'avenir, et cherche à lever les voiles qui couvrent ses profonds abîmes. Sans hasarder de téméraires prophéties, nous considérerons l'état présent des choses. La branche de la famille des Bourbons, retirée en Sicile, conserve sans contredit, ses droits héréditaires sur le royaume de Naples; mais ces droits, que la force ne protége pas, ne détruisent point ceux en vertu desquels règne Joachim I*er*. Quelle puissance est en état de décider la question entre les deux prétendans? Le titulaire actuel refusant de se dessaisir de ce qu'il possède, quel moyen existe-t-il pour faire prévaloir les droits de la famille ancienne sur ceux de la race nouvelle? Deux seulement, la puissance du glaive ou celle d'une révolution intérieure.

Il est naturel que les anciennes dynasties tendent à repousser toute admission de nouvelles familles dans le catalogue des souverains. Nous n'examinerons point si la justice permet de punir, en le renversant du trône, un prince dont on a recherché et accepté les secours, et dont les secours ont été d'une importance si décisive pour la grande alliance. Ces considérations de reconnaissance, ne sont jamais un lien pour les rois, et on voit, chaque jour, les souverains entr'eux payer d'ingratitude les services qu'ils ont pu mutuellement se rendre. Les services eux-mêmes n'étant qu'un calcul, il est reçu qu'on a eu tort de les rendre si on n'était pas assuré d'en obtenir le prix. Quand le roi de Naples a quitté l'alliance française pour lier ses intérêts à ceux des monarques confédérés, c'est qu'il a cru y voir plus de sûreté et plus d'avantages pour lui-même. L'avenir prouvera si son raisonnement a été juste: il paraît l'être jusqu'à ce jour; mais en admettant un retour à d'autres dispositions à l'égard de ce prince, en admettant même que les alliés fussent d'accord pour désirer sa chute, la question ne serait pas encore décidée entièrement. Cette résolution prise, réuniront-ils leurs forces pour l'exécuter? D'abord l'Autriche doit mettre quelqu'importance à ne point laisser entrer en Italie d'autres troupes que les siennes, et c'est là un trop grand intérêt à ses yeux pour qu'elle puisse y renoncer. Dira-t-on qu'elle pourra se charger seule de cette expédition? Il serait téméraire de croire l'entreprise trop facile. Outre que le roi de Naples dispose d'une assez belle armée, ce n'est pas là peut-être que serait sa plus grande force. Que l'on réfléchisse un peu à l'état de l'opinion en Italie. On haïssait l'oppression française; mais notre législation, nos principes ont eu et devaient avoir un nombre infini de partisans. On souffrait avec peine le joug présent, mais on voyait dans l'avenir le moment où on en serait délivré. Aujourd'hui c'est contre la domination autrichienne que l'opinion se soulève, et déjà on commence à oublier les torts de la France. L'un des principaux effets qu'a eus pour les peuples de l'Italie leur réunion sous une législation uniforme, a été d'opérer ce que n'avait pu faire une longue suite de siècles, d'abolir ces démarcations nombreuses qui divisaient en tant de parties une même nation, d'effacer ces haines d'un peuple contre un autre peuple, d'une ville contre une autre ville, et de fondre tous les habitans de la péninsule en un seul corps qui n'a plus qu'un esprit, comme il n'a qu'un langage. Avant l'entrée des Français en Italie, avant l'époque qui soumit les diverses nations de cette belle contrée à des lois communes, toutes les barrières des vieux temps subsistaient encore : on retrouvait même des Guelfes et des Gibelins; aujourd'hui il n'y a plus que des Italiens. Cette remarque doit mériter l'attention de l'Autriche; et en supposant qu'il existât une volonté hostile contre le roi de Naples actuel, il faudrait en conclure que l'exécution ne serait pas sans obstacles.

Si la politique étrangère ne croit point devoir attaquer ce prince, n'a-t-il rien à craindre de ses propres sujets ? Les diverses révolutions dont Naples a été le théâtre depuis quinze ans doivent en faire craindre de nouvelles, et c'est surtout la classe supérieure de la nation, c'est la noblesse, c'est le clergé même, qui sont, en grande partie, liés à l'ordre de choses existant. Jusqu'à présent tout annonce que les classes inférieures du peuple ne montrent pas non plus de disposition contraire. Cependant il y existe aussi, sans doute, des germes ennemis qu'il importe au gouvernement de surveiller et de détruire; mais on ne saurait nier qu'il n'y ait en sa faveur de puissans moyens de consolidation et d'affermissement. Au milieu des débris du gigantesque édifice de l'empire français, le roi Joachim semble être une de ces colonnes échappées à un tremblement de terre, et qui restent seules debout parmi les ruines du colosse dont elles faisaient partie.

Je bornerai là le cours de mes observations sur l'état des diverses nations de l'Europe à l'égard de leurs gouvernemens et de leurs souverains; je me suis abstenu de leur donner toute l'étendue dont un sujet aussi fécond aurait été susceptible, mais le peu que j'ai dit a dû suffire pour convaincre tout homme sensé qu'en rapprochant notre situation sous ce point de vue, de celle des autres peuples, nous ne pouvons que rendre grâces au ciel de notre partage.

L'examen que nous avons fait auparavant, de la disposition présente de la nation française à l'égard de la famille de ses rois, et de l'état de ses relations morales avec les nations étrangères ne nous ayant aussi offert que des données satisfaisantes, il résulte de l'ensemble de la situation morale de l'Europe que le grand mobile de l'opinion est disposé partout de la manière la plus conforme aux intérêts de la France, et qu'il est au pouvoir de son gouvernement d'en tirer le parti le plus avantageux pour le succès de tout ce qui nous touche le plus, pour le raffermissement du trône, le maintien de la dignité du nom français, et la conservation de l'honneur national.

CONCLUSION GÉNÉRALE.

Par les résultats auxquels nous a conduits l'examen successif de chacune des parties de cet ouvrage, on a vu

Que notre situation financière, quelque désavantageuse qu'elle paraisse, l'est beaucoup moins encore que celle de toutes les autres grandes puissances;

Que l'État militaire de la France (sauf la terrible exception relative à la marine) conserve sur celui des diverses nations, prises séparément, la plénitude de sa supériorité;

Que le contraste de la modération actuelle du gouvernement français avec l'ambition déréglée de quelques autres puissances, en offrant aux États faibles un recours contre l'oppression, prépare la voie à la formation d'un bon système fédératif, et ouvre à la politique de notre cabinet un champ immense où ses succès, conformes au vœu de la plus grande partie des peuples, seront avoués par la raison et consacrés par la justice;

Qu'enfin les opinions et les sentimens de la nation française et des diverses nations étrangères ont déjà pris, dans toutes les combinaisons qu'il est possible de concevoir, la direction la plus favorable à nos intérêts, ou peuvent être aisément amenés à prendre une telle direction.

Ainsi, la France, malgré l'immensité de ses pertes, possède encore, à un haut degré, tout ce qui compose les quatre sortes de puissance dont l'ensemble constitue le bien-être et la grandeur d'un État de premier ordre. Tous les élémens de force et de prospérité existent : il ne faut que savoir les développer et leur imprimer un mouvement fixe et durable.

Il manquait à la France un gouvernement constitutionnel et la famille de ses Rois. L'un et l'autre lui sont donnés en même-temps. Que lui faut-il de plus? Un ministère qui trouve dans son respect pour les droits de la nation la plus noble voie pour bien servir le monarque.

On a dit que, dans le mécanisme d'un gouvernement comme dans celui d'une montre, ce sont des roues de cuivre qui font mouvoir une aiguille d'or. C'est surtout à l'égard de notre gouvernement, dans son organisation actuelle, que cette expression est parfaitement juste. Lorsque les sujets ont la conviction que l'aiguille d'or est toujours prête à marquer l'instant de leur bonheur, il ne faut pas, si leur attente n'est pas complètement remplie, qu'ils puissent s'en prendre à l'imperfection des rouages ministériels. Quelles sont les qualités indispensables que doit avoir le ministère pour être jugé digne de sa haute destination? Deux seulement, pureté et force; pureté pour ne vouloir que ce qui est juste; force, pour être capable de l'exécuter.

Il faut que le ministère soit pur. Un ministère pur est celui qui n'a qu'un but, l'intérêt public; qui ne connaît, pour y arriver, qu'une seule route, celle que trace la constitution. Il a ainsi deux écueils principaux à éviter, celui de ne voir l'intérêt public qu'à travers les nuages des intérêts particuliers; et celui de s'égarer dans de fausses voies, au lieu de suivre la ligne constitutionnelle. L'un de ces écueils conduit presque toujours à l'autre.

Le premier écueil est de ne voir l'intérêt public qu'à travers les nuages des intérêts particuliers : ce danger est celui auquel il est le plus difficile d'échapper. Avec les intentions les plus droites, on peut se laisser aller à de trompeuses préventions : on cède à un mouvement dont on croit le principe légitime, et en portant trop loin les conséquences d'une idée juste en elle-même, on arrive à des résultats contraires à ceux qu'on avait en vue. Je n'hésiterai pas à indiquer ici quelques-uns de ces écarts, dont il est important que le ministère sache se préserver.

Lorsqu'après des vacillations réitérées, qui, en bouleversant tout, laissaient sans cesse l'espoir de voir tout se rétablir, il s'opère dans le gouvernement d'un État un mouvement qui doit être le dernier, il est impossible qu'il n'y ait pas, du côté même des hommes auxquels ce mouvement est le plus favorable, une foule d'espérances trompées, parce que leurs espérances ne connaissaient point de bornes : il est difficile que, forcés de s'arrêter devant l'obstacle légal qu'ils rencontrent, ils ne se bercent pas de l'idée de reconquérir graduellement par le fait, ce qui a été perdu en principe. Ce sentiment est naturel ; comme il se fonde sur des prétentions chimériques que l'on prend pour des droits réels, il n'a rien de coupable en soi ; mais le devoir du ministère ne lui prescrit pas moins d'en réprimer l'essor et d'en arrêter l'action. Il est des hommes qui, nourris dans les maximes du pouvoir absolu, ne peuvent s'accoutumer à celles d'un pouvoir divisé et réglé par des lois ; qui, en admirant la générosité qu'a eue le souverain de travailler lui-même à déterminer ce partage, se persuadent que la politique lui conseille de reprendre insensiblement ce qu'il a cédé et de renverser, pierre à pierre, l'édifice élevé par ses propres mains. Quelques-uns même ne se résignent qu'avec peine à une marche aussi lente ; et, s'ils en étaient crus, ce serait par un coup d'éclat qu'il faudrait détruire un ouvrage auquel ils ne conçoivent pas que le roi ait voulu assurer une longue existence. Il en est beaucoup qui, prenant leurs propres intérêts pour ceux de la royauté, s'imaginent que la royauté n'est pas complétement rétablie, parce qu'ils n'ont pas recouvré tout ce qui pour eux en constituait l'essence. Les uns et les autres se trouvent dans les classes qui entourent de plus près et le trône et les principaux membres du gouvernement. Le souffle de leur influence est ainsi toujours à craindre pour le ministère. C'est un danger de chaque jour, de chaque heure, dont il doit être très-attentif à se défendre.

Un autre danger plus grand peut-être, parce que le principe en est respectable, est celui d'un zèle mal entendu qui, par un excès de prudence manquant à la prudence même, pourrait faire naître le mal qu'il veut prévenir. Ce danger peut tenir à une erreur de jugement, et l'homme le plus irréprochable a besoin de se surveiller lui-même sur ce point. Il peut arriver que des esprits sages, mais timides, par suite de l'attachement le plus vrai pour la famille royale, croient voir des fantômes qui n'existent pas, et regardent comme nécessaire un système de précautions qui, en annonçant la défiance, trouble la sécurité publique, et fait partager les craintes dont il révèle l'existence. Il est important pour le ministère de s'abstenir de toute démarche et de toute mesure qui puissent fortifier de pareilles suppositions. En général, il ne faut pas pour la royauté ni pour le peuple, que l'on distingue deux intérêts dans l'État : il faut que l'intérêt de dynastie se fonde dans l'intérêt de constitution, et que cette identité d'intérêts soit le caractère distinctif de tous les actes du ministère.

C'est une circonstance malheureuse, inévitablement attachée à l'époque du rétablissement d'une dynastie détrônée, qu'un long séjour sur des terres étrangères ne puisse pas avoir été sans effet sur l'esprit, la manière de penser et les habitudes des hommes qui ont suivi sa cause par dévouement, par intérêt, par nécessité ou par cette espèce de fatalité inexplicable qui, dans les troubles civils, jette, au hasard, en des partis contraires, les amis, les frères, les pères et les enfans. Repoussé du sol natal, le proscrit s'attache au sol nouveau qui lui a donné un asile. Persécuté par des concitoyens, par des parens et par des frères qu'entraîne la fureur des discordes intestines, forcé de se séparer d'eux, il ne voit plus de concitoyens, de frères et de parens, que parmi les peuples hospitaliers chez lesquels il a trouvé l'accueil de la bienveillance et un abri contre l'injustice. Par une reconnaissance toute naturelle, il adopte, sans y penser, leurs mœurs et leurs sentimens ; il a, en quelque sorte, deux patries : heureux encore quand le souvenir des maux qu'il a éprouvés de la part de la première ne lui fait pas préférer la seconde ! Lorsqu'ensuite un juste retour de fortune rend aux princes malheureux le trône de leurs ancêtres, tous les compagnons de leur exil se livrent avec transport à un bonheur qu'ils n'osaient plus espérer. Leurs cœurs palpitent d'une douce joie en touchant de nouveau la terre qui les vit naître. Sans doute ils voudraient oublier jusqu'au souvenir de leurs peines : mais est-il en leur pouvoir de revenir tels qu'ils étaient avant les déplorables querelles dont ils ont eu tant à souffrir ? Jamais un roi n'a pu haïr son peuple ; un roi plaint ses sujets égarés, et ne saurait les maudire. Ce mouvement d'une joie patriotique qui échappa à Jacques II, en voyant triompher la flotte anglaise dont la victoire (1) lui enlevait ses dernières espérances est un des plus beaux sentimens que la nature puisse mettre dans le cœur des rois; mais les sujets qui se combattent entre eux ne peuvent pas avoir la même générosité.

Lorsqu'un miracle inattendu fait tomber la barrière qui les séparait, lorsque les rois rendus à leurs peuples embrassent dans leur commune affection toutes les classes de leurs sujets, ceux-ci, en rivalisant d'amour pour leur roi, n'oublient point en un jour les longues dissensions

(1) L'auteur du *Siècle de Louis XIV* met ce fait en doute. Si ce noble sentiment n'était pas dans le cœur de Jacques, tout nous prouve aujourd'hui qu'il n'a jamais cessé d'être dans le cœur d'un monarque plus sage et plus généreux, dans le cœur de **Louis XVIII**.

qui les ont divisés. La différence du pays qu'on a habité vingt ans, la différence du point de vue sous lequel on a, pendant vingt ans, considéré les événemens politiques, la différence de l'opinion qu'on s'est formée de telle ou telle nation étrangère sont des occasions d'un conflit fréquent et dangereux. Sans doute il est juste de conserver un doux souvenir à la nation qui nous a recueillis; mais en lui gardant un sentiment de reconnaissance, il faut lui laisser ses opinions; il faut se dépouiller, sur la rive que l'on quitte, de toute impression qui ne convienne pas à la rive opposée. Lorsque Charles II remonta sur le trône, que devaient faire ceux de ses partisans qui avaient cherché un refuge parmi nous? Ils devaient, en s'embarquant pour l'Angleterre, déposer sur les côtes de France toutes les idées françaises, et se retrouver vraiment Anglais en arrivant à Londres. Consultons l'histoire, ouvrons les correspondances des ambassadeurs de Louis XIV (1), et nous verrons le terrible résultat *d'un long séjour sur des terres étrangères.* Loin de moi l'idée de toute imputation inju-

(1) Il suffit, pour établir un jugement à cet égard, de jeter un coup d'œil sur quelques dépêches imprimées de l'ambassadeur Barillon.

rieuse; mais la vertu n'est pas elle-même exempte d'erreurs. Le gentilhomme qui vient de passer vingt ans en Angleterre; qui, malgré lui, a plus ou moins cédé à l'impression locale, ne se trouve plus en harmonie avec l'homme qui est resté en France; et cependant la première chose en France, c'est d'être Français. Ce sentiment de préférence, que l'on rapporte nécessairement avec soi pour une nation dont on a reçu des bienfaits personnels, est une disposition qu'il serait funeste de voir éclater ou dans les hommes qui occupent les premiers postes de l'État, ou dans les hommes qui les entourent.

Il y a ainsi trois sortes principales d'influence dont il est vivement à désirer que le ministère se garantisse : l'influence des hommes qui sont partisans du pouvoir absolu par système, ou qui, dans le rétablissement du pouvoir absolu, cherchent celui de leurs priviléges; l'influence d'un zèle plus actif qu'éclairé, qui conduirait, même sans le vouloir, à séparer l'intérêt du roi de celui de la nation; enfin, l'influence étrangère ou l'influence des préventions rapportées de l'étranger.

Le second écueil que le ministère doit mettre ses soins à éviter, est la dangereuse tentation de s'écarter de la ligne constitutionnelle. Comme il est dans le devoir du Corps législatif de veiller à empêcher tout empiétement de la part du ministère sur les droits du peuple, il est dans l'essence de l'autorité ministérielle de tâcher d'étendre, autant qu'il dépend d'elle, le cercle de son indépendance, soit pour pouvoir marcher plus librement vers ce qu'elle croit utile à l'État, soit pour s'approprier l'honneur d'une administration heureuse, et ne pas paraître un instrument passif sous la main de la représentation nationale. Je m'abstiens, comme on le voit, de supposer au ministère aucun motif qui ne soit noble et élevé; mais même, avec les intentions les moins suspectes, toute tendance à une émancipation qui le placerait au-dessus des principes constitutionnels n'en serait pas moins une atteinte portée à la liberté publique. C'est en se préservant des deux écueils qui viennent d'être signalés, que le ministère pourra être regardé comme un ministère pur, tel que le veulent également l'intérêt du roi et l'intérêt de la nation.

Il faut que le ministère soit fort. La force du ministère ne consiste point dans cette audace d'entreprises qui, au dehors, inquiète les nations étrangères, et qui, au dedans, menace les droits des peuples. La démonstration d'une telle force n'est que la faiblesse qui se déguise ou qui se fait illusion à elle-même. Le caractère distinctif de la véritable force est de faire tout ce que veut l'intérêt public, qui, s'il est bien entendu, ne peut vouloir que ce qui est juste.

La force du ministère, *sous le rapport de l'état financier*, consiste à tenir dans un parfait équilibre la recette et la dépense ; à ne contracter d'obligations que celles qu'il a la certitude de remplir ; à ranimer et à maintenir la confiance par une inviolable fidélité à ses engagemens ; à perfectionner, d'année en année, le système toujours imparfait des impositions, et à découvrir enfin le mode qui, en pesant le moins sur le peuple, est le plus productif pour le gouvernement.

La force du ministère, *sous le rapport de l'état militaire*, consiste à conserver l'armée, toujours digne de la gloire dont elle s'est couverte ; à y entretenir les sentimens d'honneur dont elle est animée ; à n'y accorder les grades qu'au mérite et aux services ; à régler sa force effective sur un pied convenable à la grandeur de la France, et dans une juste proportion avec les armemens des autres grandes puissances continentales ; à trouver un mode de recrutement qui, sans être vexatoire, assure pour toujours à l'armée française son noble caractère d'armée nationale, caractère qui a enfanté tous ses brillans faits d'armes et tous ses prodiges ; enfin à n'employer le glaive des braves que pour la défense du territoire et de l'honneur de la nation, sans en faire jamais un instrument d'oppression pour la liberté publique.

La force du ministère, *sous le rapport de l'état politique*, consiste à profiter de tous les avantages que fait naître pour nous, d'un côté la modération connue de notre gouvernement actuel, et de l'autre l'ambition immodérée des puissances rivales; à ramener vers la France les nations qu'en avaient éloignées l'exigeance et les hauteurs d'une autorité qui n'est plus; à couvrir de notre appui les États faibles, dont les intérêts ne peuvent que s'accorder avec les nôtres; à regagner en valeur d'opinion ce que nous avons perdu en territoire; à faire sortir des ruines d'un agrandissement excentrique qui ne pouvait se maintenir, un système fédératif bien combiné qui nous rende, comme force auxiliaire, ce que nous n'avons pu conserver comme force intégrante; à éviter toute occasion de guerre, mais en même temps à faire respecter nos droits, et à soutenir la dignité de la couronne.

La force du ministère consiste, *sous le rapport de l'état moral*, à s'élever au-dessus de toutes les considérations de partis, de sectes, de classes et de coteries; à laisser un libre cours à l'opinion publique qui, livrée à elle-même, ne peut avoir de base que les principes de la charte constitutionnelle; à n'exiger d'autre titre de préférence pour le choix des coopérateurs qui doivent seconder ses efforts que la recommandation de la probité et du talent; à chercher indistinctement le mérite dans toutes les classes, et à ne point craindre d'employer à la fois pour un même but des hommes également loyaux et respectables, quoique, depuis vingt-cinq ans, ils aient pu servir sous des bannières différentes.

Un ministère capable d'éviter les écueils qui ont été signalés plus haut et de marcher d'un pas ferme vers le but qui vient d'être indiqué, sera un ministère à la fois *énergique et pur*. C'est une grande et noble tâche que celle qui est imposée en ce moment au ministère français. Tous les élémens de la félicité du peuple et de la grandeur de l'État sont remis entre ses mains. La mission est belle: mais quelle immense responsabilité! Je ne parle point de cette responsabilité juridique qu'un homme d'honneur n'a jamais à craindre et à laquelle la perversité parvient souvent à se soustraire; je parle de cette responsabilité morale qui atteint le ministère faible ou inhabile, comme le ministère prévaricateur. C'est l'opinion publique qui citera les ministres actuels à son tribunal. C'est là qu'ils auront à répondre du précieux trésor dont ils sont comptables à la nation entière. Puisse la confiance du roi et l'attente de la France n'être point trompées ! Puisse le dépôt sacré de l'honneur national rester intact dans leurs mains ! et, tandis que leur fermeté fera respecter au dehors notre indépendance et nos droits, puisse la sagesse de leur administration ouvrir dans l'intérieur toutes les sources de la richesse et multiplier pour la nation, comme pour son souverain, tous les moyens de bonheur. Après de longues souffrances, le ciel nous doit quelques beaux jours. Un juste espoir nous est permis : nous avons pour nous l'expérience du passé, toutes les données de l'avenir, un roi constitutionnel et un Bourbon pour roi.

FIN.

TABLE DES CHAPITRES.

Avant-propos.   Pag. v
Introduction.   1

PREMIÈRE PARTIE.
ÉTAT FINANCIER.

Observations générales.		14
Chap. Ier.	*Finances de la France.*	27
Chap. II.	*Finances de l'Angleterre.*	35
Chap. III.	*Finances de l'Autriche.*	62
Chap. IV.	*Finances de la Prusse.*	81
Chap. V.	*Finances de la Russie.*	103
Résumé de la première partie.		109

DEUXIÈME PARTIE.
ÉTAT MILITAIRE.

État militaire de la France et des principales puissances de l'Europe.   115

PREMIÈRE SECTION.
FORCES DE TERRE.

Force numérique.   117

Force morale. 122
Matériel. 141

DEUXIÈME SECTION.

FORCES DE MER.

Marine. 143

TROISIÈME PARTIE.

ÉTAT POLITIQUE.

INTRODUCTION.		149
CHAP. Ier.	*Angleterre.*	163
CHAP. II.	*Russie.*	193
CHAP. III.	*Autriche.*	234
CHAP. IV.	*Prusse.*	268
CHAP. V.	*Danemarck.*	275
CHAP. VI.	*Suède.*	282
CHAP. VII.	*Hollande.*	292
CHAP. VIII.	*États qui composaient la confédération du Rhin.*	295
CHAP. IX.	*Espagne.*	317
CHAP. X.	*Portugal.*	323
CHAP. XI.	*États-Unis.*	326
CHAP. XII.	*Empire ottoman.*	332
CHAP. XIII.	*États d'Italie.*	335
CHAP. XIV.	*Corps helvétique.*	338
RÉSUMÉ DE LA TROISIÈME PARTIE.		340

QUATRIÈME PARTIE.

ÉTAT MORAL.

État moral de la France et des diverses nations de l'Europe.

TITRE Ier.

État moral de la France considérée par rapport à elle-même. 351

TITRE II.

État moral de la France considérée par rapport aux principales nations de l'Europe.

OBSERVATIONS GÉNÉRALES.		402
CHAP. Ier.	*Angleterre.*	408
CHAP. II.	*Russie.*	420
CHAP. III.	*Autriche.*	424
CHAP. IV.	*Prusse.*	428
CHAP. V.	*États qui composaient la Confédération du Rhin.*	433
CHAP. VI.	*Danemarck et Suède.*	435
CHAP. VII.	*Espagne et Portugal.*	437

TITRE III.

État moral des diverses nations de l'Europe considérées par rapport à elles-mêmes.

CHAP. Ier. *Angleterre.* 441

CHAP. II.	Russie.	445
CHAP. III.	Allemagne en général.	448
CHAP. IV.	Autriche.	455
CHAP. V.	Prusse.	459
CHAP. VI.	Saxe.	465
CHAP. VII.	Bavière.	467
CHAP. VIII.	Wurtemberg.	469
CHAP. IX.	Suède.	470
CHAP. X.	Danemarck.	473
CHAP. XI.	Espagne.	475
CHAP. XII.	Piémont et États Romains.	478
CHAP. XIII.	Toscane.	481
CHAP. XIV.	Naples.	486
CONCLUSION GÉNÉRALE DE L'OUVRAGE.		480

FIN DE LA TABLE.

www.ingramcontent.com/pod-product-compliance
Lightning Source LLC
Chambersburg PA
CBHW071614230426
43669CB00012B/1930